# 波浪理论与波段炒股

## 入门技巧【实战详解】

私募基金职业操盘手 **康成福** 著

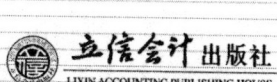

立信会计出版社
LIXIN ACCOUNTING PUBLISHING HOUSE

图书在版编目（CIP）数据

　　波浪理论与波段炒股入门技巧/康成福著.--上海：
立信会计出版社，2015.8
　　（擒住大牛/荣千主编）
　　ISBN 978-7-5429-4685-0

　　Ⅰ.①波… Ⅱ.①康… Ⅲ.①股票投资—基本知识
Ⅳ.①F830.91

　　中国版本图书馆CIP数据核字(2015)第118355号


策划编辑　　蔡伟莉
责任编辑　　蔡伟莉　张　寻
封面设计　　久品轩

**波浪理论与波段炒股入门技巧**

| | | | |
|---|---|---|---|
| 出版发行 | 立信会计出版社 | | |
| 地　　址 | 上海市中山西路2230号 | 邮政编码 | 200235 |
| 电　　话 | （021）64411389 | 传　　真 | （021）64411325 |
| 网　　址 | www.lixinaph.com | 电子邮箱 | lxaph@sh163.net |
| 网上书店 | www.shlx.net | 电　　话 | （021）64411071 |
| 经　　销 | 各地新华书店 | | |

| | | | |
|---|---|---|---|
| 印　　刷 | 廊坊市华北石油华星印务有限公司 | | |
| 开　　本 | 787毫米×1092毫米 | 1/16 | |
| 印　　张 | 14 | 插　　页 | 1 |
| 字　　数 | 220千字 | | |
| 版　　次 | 2015年8月第1版 | | |
| 印　　次 | 2015年8月第2次 | | |
| 书　　号 | ISBN 978-7-5429-4685-0/F | | |
| 定　　价 | 39.00元 | | |

　　股市是充满智慧和富有挑战性的竞技场。如果你想在股市一显身手，甚至成为股市中的风云人物，通过阅读本书，你将知道：通过股票投资成为百万富翁不是梦。中国股市跌宕起伏，投机性强，只要善于把握中线机会，波段操作，肯定会体会到投资盈利的喜悦。

　　笔者亲历了中国股市十几年的跌宕发展。通过自己和其他人炒股的实践证明，"中线投资，波段操作"的投资策略是广大股民在中国股市赚钱的有效途径。

　　本书不仅从投资理论的高度简述中国股市的特色（如波动较大、板块连动、题材横飞、政策主导和各股轮涨等）、中国股市投资的原则与策略，而且给出了具体的方法和技巧：投资股市，要有充分的思想准备（高收益伴随高风险）；要掌握必要的炒股知识和分析技能；要客观理性地分析，对自己和庄家的操盘手法有明确、清晰的认识；要充分认识技术分析的重要性……

　　股市没有绝对的最佳买卖点，只有现实可行的较好方案。对于普通股民，既不要单纯从公司基本面信息选股，也不要超短线频繁买卖。客观选股、理性分析、波段操作，乃股市制胜之道。

　　为广大股民提供一整套的投资策略、方法和实战技术，让股民能够有效、稳定地获得较高的收益，同时回避股市的风险是笔者最大的心愿。本书也许不是最好的，但一定是有效的、实用的，可作为读者提高股市盈利水平的投资参谋。如果读者已经有一定股市常识和炒股经验，则能够借助本书，迅速、有效地提高投资收益和炒股水平。

　　需要强调的是，为了说明中国股市"波动较大，题材横飞，各股轮涨"的特点，书中结合现在的股市行情，不仅选取了最新的股市案例，也有意选取了2008年前后股市大起大落的典型例证，以期达到"前车之覆，后车之鉴"的作用。

　　本书是笔者对十多年来中国股市的研究和操作总结，特别适合中国股市投资者，在不十分成熟但迅速发展的中国股票市场上炒作Ａ、Ｂ股赚钱，分享中国经济改革取得的巨大成果。

　　"赚钱才是硬道理"，祝愿每位读者在2015年这一波牛市中发财！

# 目录

contents

## 导 论

## 艾略特波浪理论

## 寻找上升浪

## 介入反弹浪

## 识别浪潮中的骗钱形态

## 判断上升浪的K线组合

## 判断下跌浪的K线组合

导 论

# 神奇的波浪理论和波段交易

　　股价的走势总是跌宕起伏的，如潮水般一浪接着一浪。如果你在大多数时候，能够猜对起伏的节奏，在低买高卖之间，总会博得丰厚的收益。可以说，波段获利是所有股票投资者所渴望的境界。在关于波段交易的所有技术和理论中，最具实用价值的当是"波浪理论"。

　　波浪理论是技术分析大师R.E.艾略特所发明的一种价格趋势分析工具，它是一套完全靠而观察得来的规律，可用以分析股市指数、价格的走势，它也是世界股市分析上运用最多，而又最难于了解和精通的分析工具。

　　艾略特认为，不管是股票还是商品价格的波动，都与大自然的潮汐、波浪一样，一浪跟着一波、周而复始，具有相当程度的规律性，展现出周期循环的特点，任何波动均有迹有循。因此，投资者可以根据这些规律性的波动预测价格未来的走势，在买卖策略上实施适用。

## 1. 波浪理论的四个基本特点

　　（1）股价指数的上升和下跌将会交替进行。

　　（2）推动浪和调整浪是价格波动两个最基本型态，而推动浪（即与大市走向一致的波浪）可以再分割成五个小浪，一般用第一浪、第二浪、第三浪、第四浪、第五浪来表示，调整浪也可以划分成三个小浪，通常用A浪、B浪、C浪来表示。

　　（3）在上述八个波浪（五上三落）完毕之后，一个循环即告完成，走势将进入下一个八波浪循环。

　　（4）时间的长短不会改变波浪的形态，因为市场仍会依照其基本型态发展。波浪可以拉长，也可以缩细，但其基本型态永恒不变。

　　总之，波浪理论可以用一句话来概括：即"八浪循环"。

　　那么，如何来划分上升五浪和下跌三浪呢？一般说来，八个浪各有不同的表现和特性，依次介绍如下。

### 2. 第一浪

几乎半数以上的第一浪，是属于营造底部型态的第一部分，第一浪是循环的开始，由于这段行情的上升出现在空头市场跌势后的反弹和反转，买方力量并不强大，加上空头继续存在卖压，因此，在此类第一浪上升之后出现第二浪调整回落时，其回档的幅度往往很深。

另外，半数的第一浪出现在长期盘整完成之后，在这类第一浪中，其行情上升幅度较大，经验看来，第一浪的涨幅通常是五浪中最短的行情。

### 3. 第二浪

这一浪是下跌浪，由于市场人士误以为熊市尚未结束，其调整下跌的幅度相当大，几乎吃掉第一浪的升幅，当行情在此浪中跌至接近底部（第一浪起点）时，市场出现惜售心理，抛售压力逐渐衰竭，成交量也逐渐缩小时，第二浪调整才会宣告结束，在此浪中经常出现图表中的转向型态，如头底和双底等。

### 4. 第三浪

第三浪的涨势往往是最大，最有爆发力的上升浪，这段行情持续的时间与幅度，经常是最长的，市场投资者信心恢复，成交量大幅上升，常出现传统图表中的突破讯号，如裂口跳升等，这段行情走势非常激烈，一些图形上的关卡，非常轻易地被穿破，尤其在突破第一浪的高点时，是最强烈的买进讯号，由于第三浪涨势激烈，经常出现"延长波浪"的现象。

### 5. 第四浪

第四浪是行情大幅劲升后调整浪，通常以较复杂的型态出现，经常出现"倾斜三角形"的走势，但第4浪的底点不会低于第一浪的顶点。

### 6. 第五浪

在股市中第五浪的涨势通常小于第三浪，且经常出现失败的情况，在第五浪中，二、三类股票通常是市场内的主导力量，其涨幅常常大于一类股（绩优蓝筹股、大型股），即投资人士常说的"鸡犬升天"，此期市场情绪表现相当乐观。

### 7. A浪

在A浪中，市场投资人士大多数认为上升行情尚未逆转，此时仅为一个暂时的回档现象，实际上，A浪的下跌，在第五浪中通常已有警告讯号，如成交量与价格走势背离或技术指标上的背离等，但由于此时市场仍较为乐观，A浪有时出现平势调整或者"之"字型态运行。

### 8. B浪

B浪表现经常是成交量不大，一般而言是多头的逃命线，然而由于是一段上升行情，很容易让投资者误以为是另一波段的涨势，形成"多头陷井"，许多人士在此期惨遭套牢。

### 9. C浪

C浪是一段破坏力较强的下跌浪，跌势较为强劲，跌幅大，持续的时间较长久，而且出现全面性下跌。

从以上看来，波浪理论似乎颇为简单和容易运用，实际上，由于其每一个上升/下跌的完整过程中均包含有一个八浪循环，大循环中有小循环，小循环中有更小的循环，即大浪中有小浪，小浪中有细浪，因此，使数浪变得相当繁杂和难于把握，再加上其推动浪和调整浪经常出现延伸浪等变化型态和复杂型态，使得对浪的准确划分更加难以界定，这两点构成了波浪理论实际运用的最大难点。

### 10. 波浪之间的比例

波浪理论推测股市的升幅和跌幅采取黄金分割率和神秘数字去计算。一个上升浪可以是上一次高点的1.618，另一个高点又再乘以1.618，以此类推。

另外，下跌浪也是这样，一般常见的回吐幅度比率有0.236（0.382×0.618）、0.382、0.5和0.618等。

### 11. 波浪理论内容的几个基本的要点

（1）一个完整的循环包括八个波浪，五上三落。

（2）波浪可合并为高一级的浪，亦可以再分割为低一级的小浪。

（3）跟随主流行走的波浪可以分割为低一级的五个小浪。

（4）第一、三、五浪三个推浪中，第三浪不可以是最短的一个波浪。

（5）假如三个推动论中的任何一个浪成为延伸浪，其余两个波浪的运行时间及幅度会趋一致。

（6）调整浪通常以三个浪的形态运行。

（7）黄金分割率奇异数字组合是波浪理论的数据基础。

（8）经常遇见的回吐比率为0.382、0.5及0.618。

（9）第四浪的底不可以低于第一浪的顶。

（10）波浪理论包括三部分：型态、比率及时间，其重要性以排行先后为序。

（11）波浪理论主要反映群众心理。越多人参与的市场，其准确性越高。

**12. 波浪理论的缺陷**

（1）波浪理论家对现象的看法并不统一。每一个波浪理论家，包括艾略特本人，很多时候都会受一个问题的困扰，就是一个浪是否已经完成而开始了另外一个浪呢？有时甲看是第一浪，乙看是第二浪。差之毫厘，失之千里。看错的后果却可能十分严重。一套不能确定的理论用在风险奇高的股票市场，运作错误足以使人损失惨重。

（2）甚至怎样才算是一个完整的浪，也无明确定义，在股票市场的升跌次数绝大多数不按五升三跌这个机械模式出现。但波浪理论家却曲解说有些升跌不应该计算人浪里面。数浪（wave count）完全是随意主观。

（3）波浪理论有所谓伸展浪（extension waves），有时五个浪可以伸展成九个浪。但在什么时候或者在什么准则之下波浪可以伸展呢？艾略特却没有明言，使数浪这回事变成各自启发，自己去想。

（4）波浪理论的浪中有浪，可以无限伸延，亦即是升市时可以无限上升，都是在上升浪之中，一个巨型浪，一百几十年都可以。下跌浪也可以跌到无影无踪都仍然是在下跌浪。只要是升势未完就仍然是上升浪，跌势未完就仍然在下跌浪。这样的理论有什么作用？能否推测浪顶浪底的运行时间甚属可疑，等于纯粹猜测。

（5）艾略特的波浪理论是一套主观分析工具，毫无客观准则。市场运行却是受情绪影响而并非机械运行。波浪理论套用在变化万千的股市会十分危险，出错机会大于一切。

（6）波浪理论不能运用于个股的选择上。

以上内容是读者应该事先阅读的篇目，其中的概念和理论背景，书中在讲解实战技法时，不再一一赘述。

# 艾略特波浪理论

本部分为美国证券分析家拉尔夫·纳尔逊·艾略特(R.N.Elliott)原著编译。艾略特以波浪法则解释市场的行为，并特别强调波动原理的预测价值，他的波浪理论帮助无数股民洞悉股市，是我们最常用的趋势分析工具之一。在本书中，我们精选了其理论中最具实操价值的内容，让读者能够掌握原汁原味的艾略特波浪理论。

# 一、波浪原则与股市的波动

世间万事皆有其运行法则，有生命的和没有生命的事物本身都存在着一定的运行规律，因为大自然本身就是在以自己的方式运行，亘古如此。既然规律最重要的特征就是秩序，那么如果我们明晰了规律，就能预见事物未来的发展趋势。

人类与太阳和月亮没什么两样，不过都是自然的产物，因此我们认为人类社会行为的发生也是可以测度和分析的。大量关于人类行为的研究表明，由社会经济的进步所带来的社会各方面的发展，事实上都在遵循着某种特定的法则，这就使得社会经济发展本身会按照某种稳定的模式发展，不断重复与以往相似的波浪式脉冲。随着时间的流逝，你会发现这些波浪或脉冲的强度其实是一致的。为了更好地说明和论述这一现象，在研究中引入人类的活动是十分必要的，股票市场为我们提供了众多可靠的数据，它显然是个不错的选择。

有两个原因使得人们对股票市场非常关注：

其一，除了股票市场，还没有哪个领域能有那么多预测未来的文章，但能够预测成功者却寥寥无几的。经济学家、统计学家、技术人员、商业领袖以及银行家都尝试预测纽约证券交易所市场中股票未来的价格，甚至还出现了一种以市场预测为目标的职业。然而就在1929年，美国有史以来最大的牛市突然之间变成了最大的熊市，套住了几乎所有对熊市缺少警觉的投资者。甚至连很多大的投资机构也损失惨重，尽管他们每年花费数十万美元用于研究市场，但因为股票套在手里的时间太长，所导致的价格缩水使其遭受了数以百万计的经济损失。

其二，之所以选择股市作为经济社会活动的代表来阐释我的波浪理论，是因为这样做有非凡的价值——只要能够成功预测股市的未来走势，它就必能带给你巨大的经济回报。即便只是碰巧对某个特定时间段的股市预测成功，都能在短期内赚取巨额财富。比如，在1932年7月至1937年3月的上涨行情中，30只主要的代表性股票的平均指数上涨了惊人的373%。而在这一轮持续时间长达5年的牛市中，个股所上涨的比例更是让人惊叹。当然这些上涨并非呈直线性的单边上涨，而是经过了一系列涨涨跌跌、震荡攀升的步骤，或者说是持续数月之久的"之"字形运动。这些小范围价格波动的存在实际上为我们提供了更多的获取利润的机会。

就像自然界的其他事物一样，股票市场自有其运行法则。虽然从表面上来看，每天的价格波动是杂乱无章毫无规律可言的，但是进一步对市场进行研究就会发现，事实其实并非如此。我们可以看到市场有节奏或者说是有规律、可测量的持续运动着。只有从正确的角度看待市场并进一步分析才能发现市场背后的规律。在接下来的章节里，我将说明通过以往的市场运动记录下来的揭示人类反应的规律或者韵律，这种规律或者韵律事实上是按照一种确定的波浪原则波动而形成的。

波浪原则是一种在每一个人类活动中都会发挥作用的规律。不管是否存在一种记录体系，不同级别的波浪都会暗自出现。如果符合下述情况，那就表明波浪模式是完全适用的，经验丰富的人可以从中看出其运行模式。这包括如下一些情况：

（1）以公司为代表进行的大规模商业活动，且公司的所有权高度分散；

（2）一般市场，在那里买卖双方可以经由代理人快速接洽；

（3）完整可信的记录及发行的交易记录；

（4）关于公司一切事务的充分的统计数据；

（5）能够揭示所有浪级的每日最高、最低价图表。

股票交易的每日价格记录从1928年开始，而小时价格记录从1932年开始，为了便于观察小浪和细浪，特别是快速变动的市场，这些记录是非常有必要的。

　　波浪理论不需要两种平均价格指数的相互印证，每一种平均指数、股票群、个股或是任何人类活动都通过其自己的波浪进行研判。

　　一次完整的波浪运动是由5浪组成的。为什么是5浪而不是其他数字呢？这是宇宙的秘密之一。我不会对其中的原因进行解释，但还是有必要说明一下，其实我们很容易看出数字5在其他基本的自然模式中的重要性。比如人的躯干有5个延伸——一个头，两条腿，两条手臂；头上有5个延伸——两只耳朵，一双眼睛，一只鼻子；每只手臂有5个延伸——五根手指；每只脚上也是各有5个脚趾；人具备5种感官——味觉，嗅觉，视觉，触觉，听觉。在其他很多地方还会看到同样的情况。

　　任何一次完整运动中的5浪中，有3浪会与整个浪型的运动方向相同，另外2浪的方向则会相反。浪1、浪2和浪5代表前进的动力；浪2和浪4则是反向浪，或者说是修正浪。这条规律也可以换句话说：奇数浪指示主要方向；偶数浪则与主方向相反（如图1所示）。

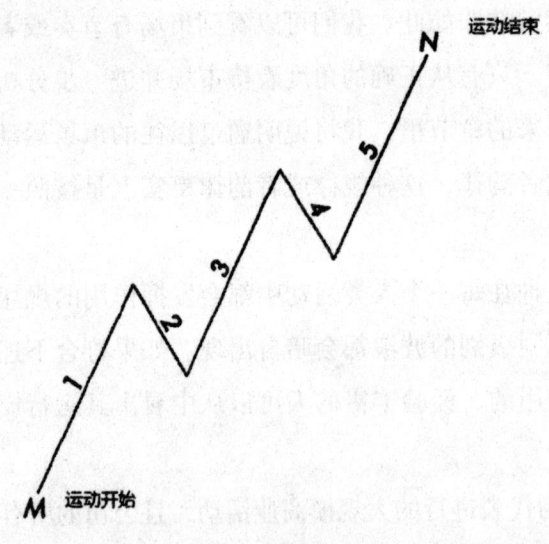

图1

　　一个维度上的五个浪会成为下一个更大维度或浪级的第1浪。比如说，在图1中从点M行进到N的五个浪，图2表示的运动与图1的相比是更大级别的浪型运动。从图上可以看到，从M到N成为从M到R的5浪运动中的1浪。以此来推，从M到R的波浪运动也将会成为下一个更高级别浪级运动中的1浪。

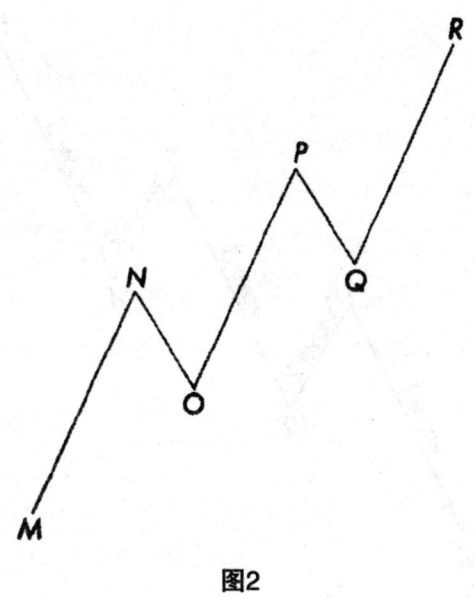

图2

# 二、奇数浪与偶数浪的识别

我在之前的讨论中只是对股票价格的波浪运动进行了一般处理，所要确定的要点是：一轮股价波动是由5浪组成，而这一轮波动的5浪实际上等同于下一个更高级别波动的第一浪。现在我要介绍波浪运动的第二个基本概念，它主要是探讨波浪运动中奇数浪和偶数浪的差别问题。

请回忆一下，第1浪、第3浪和第5浪是主要方向上的驱动力，而第2浪和第4浪则与运动方向相反。第2浪起到修正第1浪的作用，而第4浪起到修正第3浪的作用。主方向浪与反方向浪的差别在于，前者可以细分成5个次一级的浪，而后者只能细分成3个次一级的浪。在前面的讨论中，从M到N的运动如图3所示。

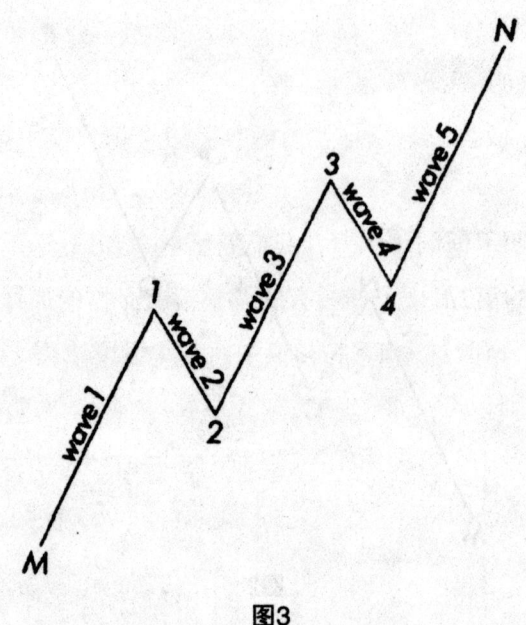

图3

上述运动也可以分解成更低一级的浪，如图4所示。

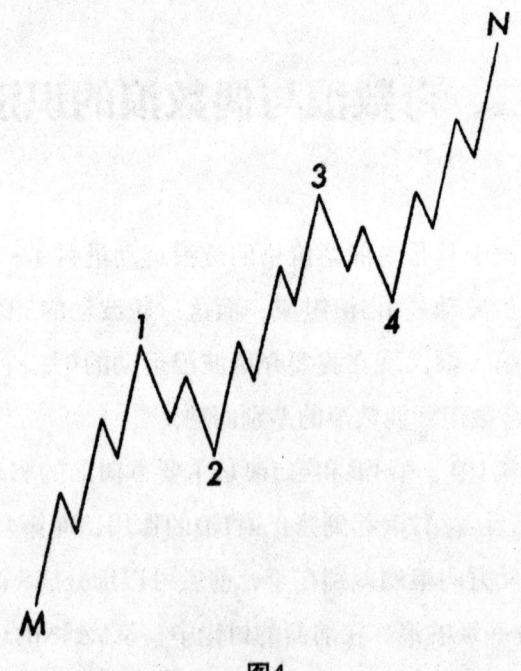

图4

请注意，在图4中，第2浪（1到2之间的浪）和第4浪（3到4之间的浪）各由3个更小的浪组成，而第1浪、第3浪和第5浪则各由5个更小的浪组成。通过以上叙述可以得出的规则包含了以下两则，它们是整个波浪理论的基础：

（1）主方向上的浪，或者说是奇数浪，是由5个更次一级的浪组成的；

（2）调整浪，或者说是与主方向相反的浪（偶数浪）则是由3个次一级的浪组成的。

为了进一步说明上面的规则，让我们对图4中1到2的运动进行考察。这是从M到N的5浪运动中的第2浪，正如所有的调整浪所必需的那样，这个浪型也是由3个浪组成的。而从1到2这个浪型的3浪中，如果独立来看，是一次明显的调整运动。根据上述规则，奇数浪（或者称之为浪a和浪c）由于在整个1到2的调整运动方向上，应该各由5个更小的浪组成。而偶数浪（或称之为浪b），与1到2的运动方向相反，应该由3个更小的浪组成。如果我们将1到2的运动用更小的浪级来表示，将会如图5所示。

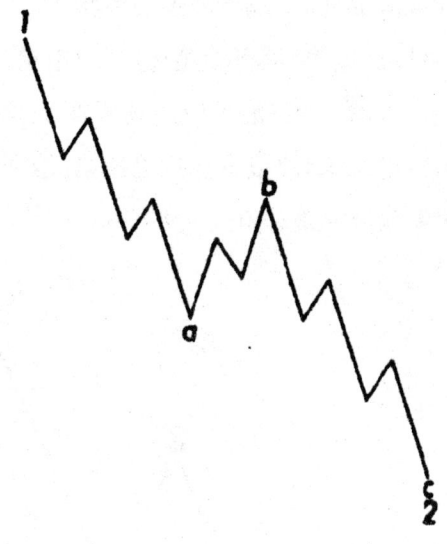

**图5**

为了方便起见，让我们把一轮运动的奇数浪称为基本浪（cardinal waves），偶数浪称为调整浪（corrective wave）。请记住，基本浪包含5个次级浪而调整浪包括3个次级浪。其他关于波浪的规则和要点则与前面所述别无二致。

波浪运动适用于股票平均指数，如道琼斯（DOW Jones）、标准统计（Standard Statistic）及《纽约时报》（New York Time）的平均指数，也适用于股票组合，如钢铁股、铜业股、纺织股，还适用于股票个股的判断。在对个股进行研究时，可能会发现有些股票上涨的时候其他股票在下跌或处于调整过程中。但是对于大多数个股来说，不论在什么时候，通常都会按照相同的方向模式进行波动，其结果就是平均指数或者说是总体市场将会表现为波浪现象。推而广之的结论就是，某个市场平均指数包含的股票数目越多，那么它所呈现出来的波浪模式 就会越完美。

在波浪理论中，波浪一般是没有统一的长度和持续时间的。一轮由5浪组成的完整的波浪运动总是会受到一个或更多控制因素的影响，但是3个上升浪（第1、第3和第5浪），两个调整浪（第2和第4浪）肯定会组成一轮完整的运动，并使自己与当前的发展 相适应。这一运动背后的基本因素通常在这个因素的影响全部发挥作用 （表现为运动的结束）之前无法识别。每个人都了解当前的新闻，因此组成完整运动的5浪的范围和程度都有可能被修正（能够影响股市的消息看起来会影响小浪级（sub-minor）以下波浪的形状）。

就一般情况而言，可以假设第3浪将会到达比第1浪更高的水平，第5浪也将走到比第3浪更高的点位。同样，第4浪不应该到延伸第2浪的水平。第2浪很少会抵消掉第1浪所上涨的幅度，第4浪很少会抵消掉第3浪所上涨的幅度。换句话说，完整的5浪运动通常表现为一条对角线，如图6所示。

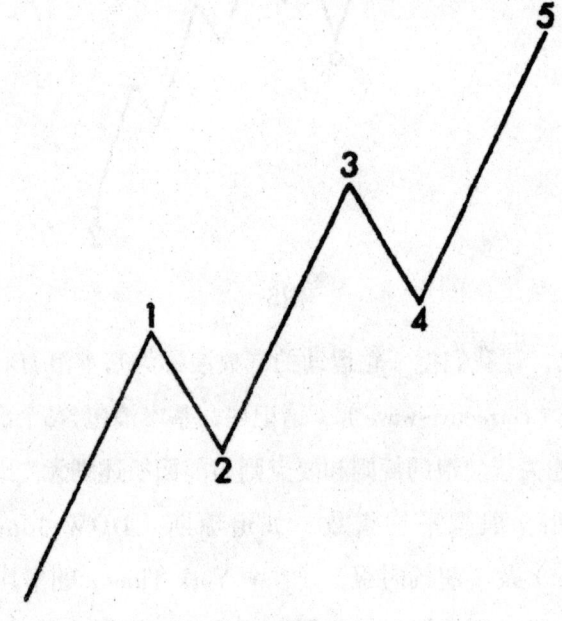

图6

如果想要正确地观察一轮股票市场的波动，并以此来区分这一轮波动中的各个波浪，那么这一波动就必须处于两条平行的直线之间。大多数文具店都有平行直尺出售，显然使用这种工具会有助于我们为股市的波动画出通道。

在第1浪和第2浪结束以前，是没有通道出现的。如图7所示，第1浪和第2浪已经结束，留下3个接触点，也就是图中的3个凸点。第一个接触点是第1浪的起点，第二个接触点既是第1浪的终点，也是第2浪的起点，而第三个接触点则是第2浪的终点。为了便于说明，这3个接触点分别被标记为M、N和O。在画通道时，首先，先连接点M和点O，以这两点为基准作一条基线。经过N点画一条线与基线平行，标记为"上通道线"。这一上通道线应延长到N点右侧。经过如上操作，通道就会如图8、图9所示。

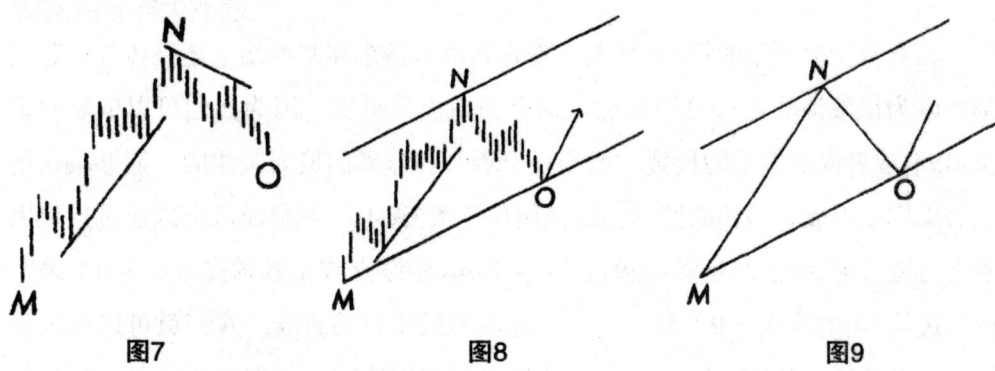

图7　　　　　　　图8　　　　　　　图9

第3浪通常会在上通道线附近结束，如果第3浪成功穿越了上通道线，那就说明上升行情暂时较为强劲，但是如果第3浪的终点位于上通道线以下，那就说明上升运动暂时较弱。无论如何，一旦第3浪结束，就可以抛弃旧的通道用一个新的通道来代替。这条新通道是通过连接N点和P点，或者说第1浪和第3浪的终点而建立起来的。穿过接触点O，与新上通道线做平行线，就可以得到另一条线。我们把这条线仍旧标记为基线，将其延长到P点右侧。第4浪的终点应该就在这条线上。图10显示了旧的或者说废弃掉的通道和新的通道。当然，如果第3浪的终点刚好在原来画的上通道线上，那么废弃掉的通道就会和新通道重合。

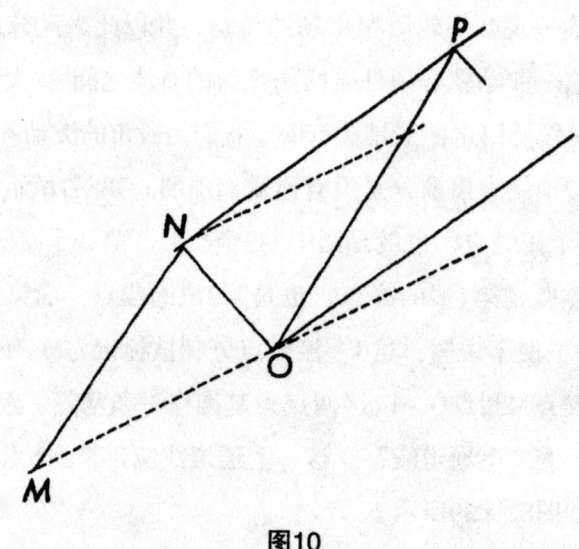

图10

只要整个浪型中的第4浪结束，不管其终点是落在基准线上还是线外，我们都可以为该波浪画出最终的通道。这个通道极其重要，因为我们可以依靠它定位第5浪或者说最终浪的位置。股票投资者和炒作者们最为关注的、能够决定他们的操作是否成功的长期波动的终点就位于第5浪上。最终通道可以通过连接极限终点或者说第2浪的暴露接触点（O）和第4浪终点或是暴露接触点（Q）来定位。过第3浪的终点（P）做一条与上述基准线平行的直线，我们就可以得到另一条上通道线。如图11所示。为了让读者看得更清晰，已作废的第一个和第二个通道线已经擦去。通常的规律是，第5浪会在上通道线附近结束。由于这种规律非常重要，这个主题将在后续波浪特征的讨论中还会加以详尽解释。

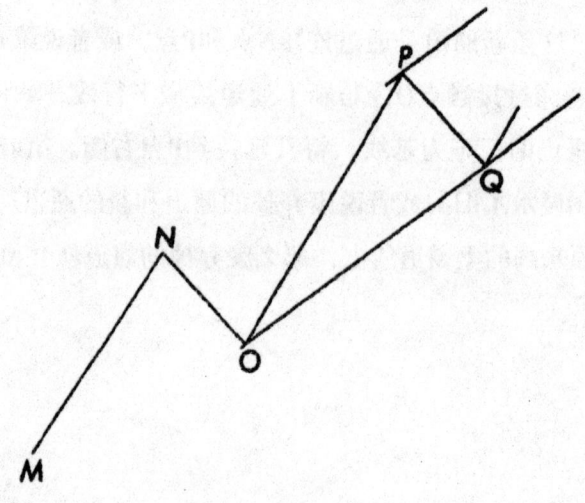

图11

当第5浪结束后，股市将会出现一轮下跌或者说调整运动，其幅度将比之前的在前面讨论的通道中进行的调整幅度大很多。这会成为下一轮更大级别波浪运动的第2浪和第4浪，此前通道中的前5个波浪现在将被重新编号，成为下一轮波浪运动的第1浪。更大范围的通道可以按照前面描述的原则，从第2浪的终点开始，重新予以绘制。

# 三、波浪命名法

在将波浪理论应用于股市的过程中，我们需要对波浪运动进行区分，以分辨股市中的波浪运动与其他领域中的波浪运动的不同之处。因此，设计一些专有名词是非常必要的，这样就可以把任何一个浪级的波浪与其他更低或更高浪级的波浪区分开来。出于实践应用的需要，下列各个浪级的运动将涵盖股市研究。正如我们在这里所呈现的那样，作为市场趋势研究的学生，我们在对现象进行研究时，不可避免地需要这些分类。下表中的浪级就是按照从低到高所进行的排列，某一级中的5浪组成更高浪级中的第1浪。比如说，5个次微浪组成微浪运动的第1浪，5个微浪等于一轮子浪运动的第1浪，依次类推。顺序如下：

次微浪（Sub-Minuette）

微浪（Minuette）

小浪（Minute）

子浪（Minor）

中浪（Intermediate）

基本浪（Primary）

循环（Cycle）

超级循环（Supercycle）

大超级循环（GrandSupercycle）

为避免产生混淆，上述波浪的命名与图表中波浪对应关系如下表所示。在这个表1中，任何级别的运动我们都可以一眼就能分辨出来。

表1

| 浪级 | 数字 | 说明 |
|---|---|---|
| 次微浪(Sub-Minuette) | a ~ e | 小写字母 |
| 微浪(Minuette) | A ~ E | 大写字母 |
| 小浪(Minute) | 1 ~ 5 | 阿拉伯数字 |
| 子浪(Minor) | I ~ V | 罗马数字 |
| 中浪(Intermediate) | ① ~ ⑤ | 单圈罗马数字 |
| 基本浪(Primary) | ⓘ ~ ⓥ | 双圈罗马数字 |
| 循环(Cycle) | c I ~ c V | "c"开头 |
| 超级循环(Supercycle) | sc I ~ sc V | "sc"开头 |
| 大超级循环(GrandSupercycle) | gsc I ~ gsc V | "gsc"开头 |

大家现在还无需对上面表格中波浪的命名和标记方法太过关注，随着学习的深入，你自然会发现它们越来越有用。

1857年到1928年的大超级循环浪我们可以将其称作"第1浪"，但是也可能是第3浪或是第5浪。1854年到1857年发生了一次严重的衰退，其持续时间与幅度都与1929年到1932年的衰退非常相似。

这次大超级循环的第3浪是整个波浪运动的上升浪，从1857年一直持续到1928年为止，它由5个级别低一级的浪组成。这5个浪合在一起就成为了一个完整的超级循环。这一超级循环可以细分如下（见图12）：

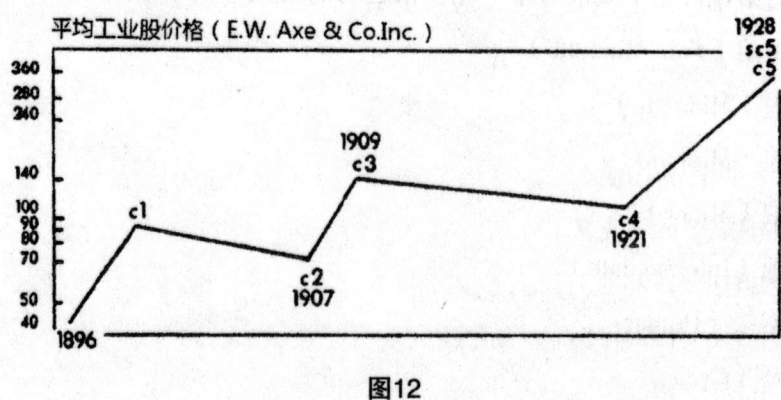

图12

1857—1864年—超级循环第1浪

1864—1877年—超级循环调整（第2浪）

1877—1881年—超级循环第3浪

1881—1896年—超级循环调整（第4浪）

1896—1928年—超级循环第5浪

艾克斯—霍顿指数（Axe-Houghton lndex）记录了从1854年开始至今一些代表性股票的价格（这些股价都在纽约时报年鉴上公布过），这是现有的唯一可追溯到目前的大超级循环开始的资料。

为了进一步的解释波浪循环理论，让我们从超级周期的第5浪入手，将其细分为更小的浪级。第5浪从1896年持续到1928年，根据前面所说的命名法，我们可以把这称为一个循环，这一循环由5个次级浪组成，如下图所示（见图13）：

1896—1899年——循环第1浪

1899—1907年——循环调整（第2浪）

1907—1909年——循环第3浪

1909—1921年——循环调整（第4浪）

1921—1928年——循环第5浪

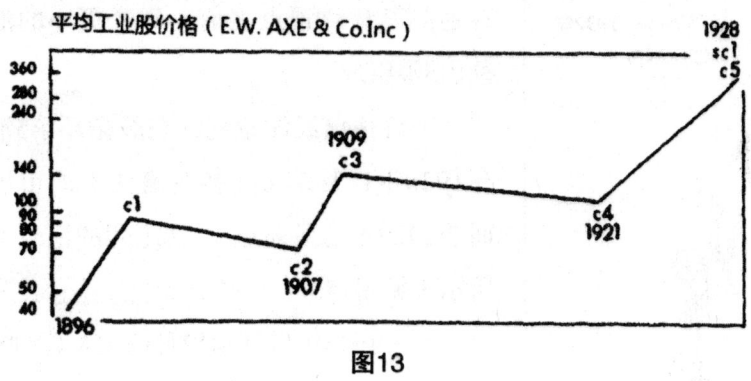

图13

如果这个循环中的第5浪（1921—1928年）再分成更小的浪级，那么它将由如下5个标准浪组成（见图14）：

1921年6月—1923年3月——基本第1浪

1923年3月—1924年5月——基本调整（第2浪）

1924年5月—1925年11月——基本第3浪

1925年11月—1926年3月——基本调整（第4浪）

1926年3月—1928年11月——基本第5浪

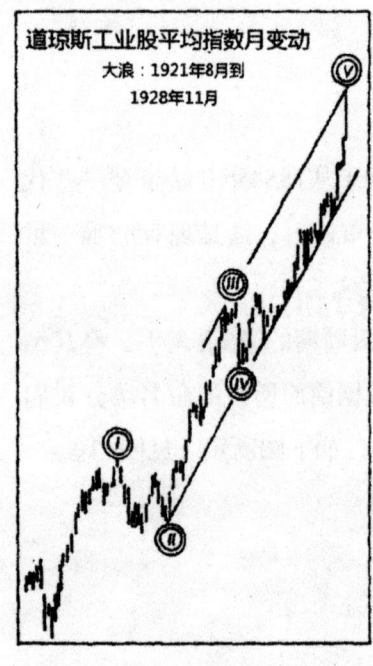

**图14**

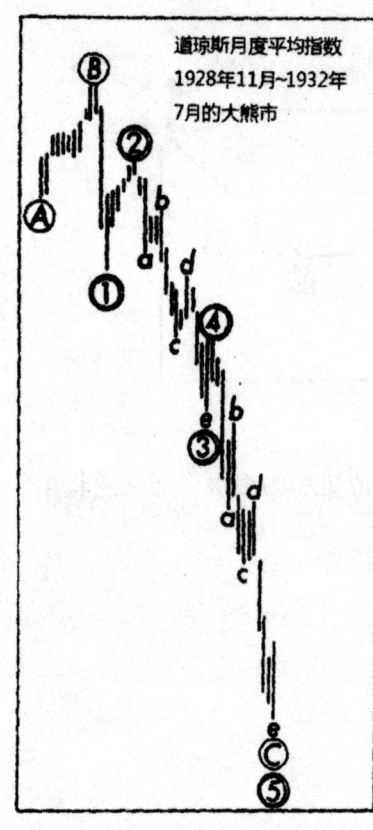

**图15**

同理，在1921年6月到1928年11月的循环浪中，每个基本浪都可以被细分为中浪，这些中浪每个又都可以被分成子浪，就不断细分，直到所记录到的最小运动都能得到正确的分析和区分。

1928年11月28日，道琼斯30只工业股票平均价格指数为295．62点，成为大超级循环第1浪中的第5超级循环浪中的第5循环浪中的第5基本浪中的第 5中浪的第5子浪中的第5小浪中的第5微浪。换句话说，那些追踪着十年、年、月、周、日、时的波浪运动来研究股市运动模式的人不会被过去数十年以来任何一段时期的市场趋势所迷惑，他们不仅能够计算出大牛市的年和月，还能够精确到天和小时，甚至还可以预测到分钟。从大超级循环一路细分到最小的运动记录，市场在达到其最终顶点之前，每个更小的浪级都必须由5浪组成。

或许你已经注意到，超级循环第5浪的顶部在1928年11月结束（传统意义上的市场顶部）而非1929年的最高点 。这之间的记录点如下图所示（见图15）：

——1928年11月到12月的浪A（下降）；

—— 1928年12月到1929年9月的浪B（途中由三个上升子浪构成的一段上涨），处于一种不规则的反转。

——1929年9月到1932年7月的浪C。浪C进一步分成5个下行浪，而不规则顶部预示了一波迅速的直线下跌运动。1928年11月的延伸第5浪（子浪）的上升预示了1928年12月的第一次快速的反转下降。

同样的不规则模式发生在1937年8月的头部。关于这种不规则模式我将会在"调整"这一章中做出具体说明阐释。

# 四、第5浪和调整浪特征

在之前的论述中，我尽可能简单地解释了波浪运动中的5浪现象。在本章中我将更加细致地说明，以使波浪运动的学习者能够完全掌握波浪运动的规律，从而可以为自己的价格研究以及其他人类活动的起源和影响的研究做足准备。

股市中的投资者和炒作者通常对第5浪的终点非常关注，因为这一点标志着此前的整个波浪运动将被一个具有同样级别的反转运动所修正。股市波动中的重要参数，如持续几个月的中浪级别波动，持续数年的基本浪级波动等，都将在终点遇到非常大的价格调整，而这样的终点则预示着我们要清空手中所持有的股票。同时，找出股市调整结束的点位也同样重要，因为这些点位是股票长线的建仓价格区间。下面我将全面介绍第5浪和调整浪，并会论述与波浪运动终点有关的其他一些因素。

### 第5浪

在确定股价的上升或者下跌行情是否已经到达尾声时，读者一定要记住在一轮波动走向终点之前必定会有5个属于次级运动的浪。不用说，这个次级运动中的第5浪必定也有5个更次一级的浪。举例来说，一轮中浪级别的波浪运动将会以第5子浪中的第5小浪中的第5微浪为终点。在图16中我们可以看到上述原理，第5子浪已经被分解为5个小浪，而其中的第5小浪又被分成5个次微浪。

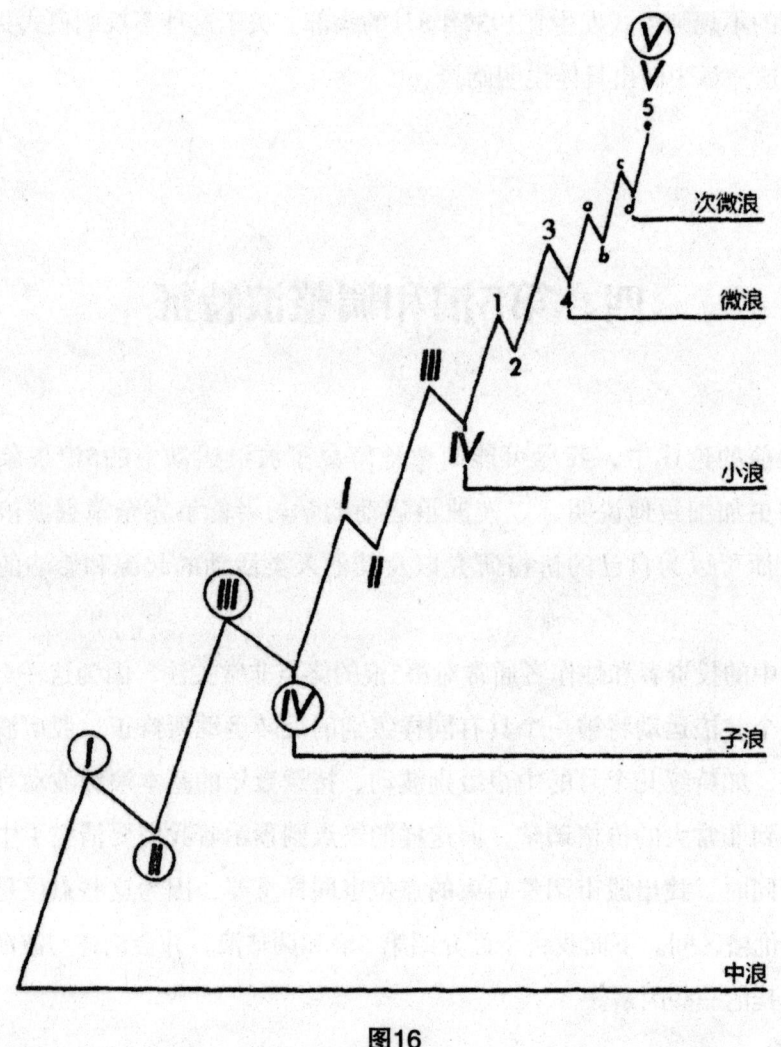

**图16**

一轮波浪运动中的第5浪，比如说中浪或者以上级别波浪的第五浪，通常会穿透或者"穿越"（throwover）股价运行的上通道线，这条上通道线是根据先前的介绍，通过第2浪、第3浪和第4浪的终点绘制出的通道得到的，如图17所示。

读者可能会注意到，在股价上穿波动通道的上轨时，成交量往往也会随之上升。如果股票一轮波浪运动的基本轨迹被第5中浪穿越，成交应该放出巨量情况才正常。如果任一级别的第5浪未能穿透或者说穿越其上通道线，并且很快出现下跌走势，那么这就是市场转弱的信号。而走弱的程度取决于所在的浪级。

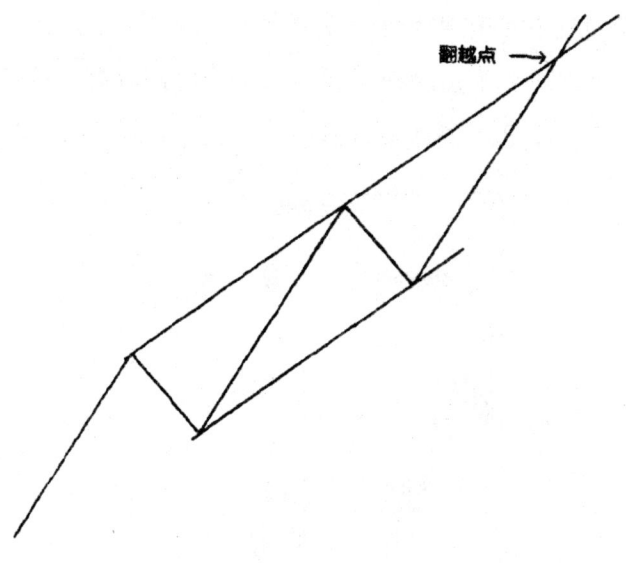

**图17**

在穿越点附近，有时第5浪不能马上完成，此时第4浪会在第5浪走出之前，出现震荡走平形态（见图18）。

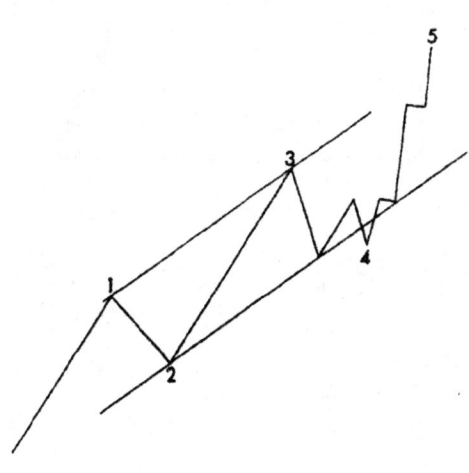

**图18**

在确定浪型将要穿越上通道线时，我强烈建议在大盘或个股的周线价格走势上使用对数刻度（log scale）；而对于日线价格或小时价格等短期股价走势图，则建议使用算术刻度。在基本浪或者更高浪级的运动顶部，算术刻度表更容易出现穿越的情况，而在上述运动的底部，应用对数刻度更容易出现穿越。在这两种情况下，运用算术刻度则会具有一定的欺骗性。比如说，在30点或更大的波浪中，我们就不能运用算数刻度来确定穿越。为了让读者更清楚地了解这个问题，我们可以看一下道琼斯工业股票平均价格指数，该指数在1929年到1932年这3年间的对数刻度及算术刻度月线价格走势如图19所示。

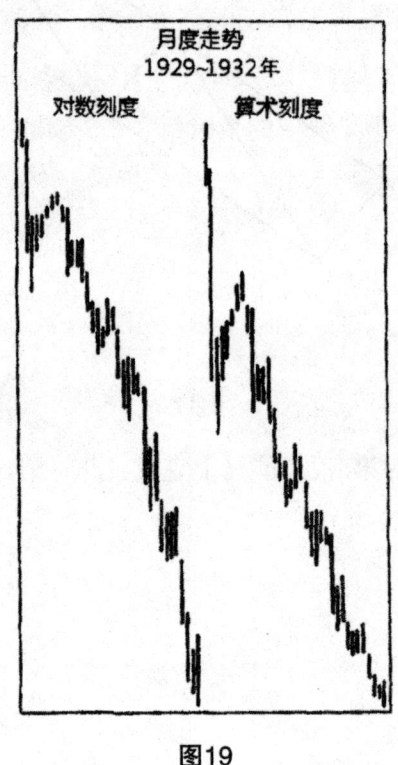

**图19**

在波浪运动中，第5浪有时会出现扩张或扩张的现象，这可以视为"波浪延长"（stretching）的类型之一。当这种情况出现时，第5浪将不会再走出它自身原本所属的波浪运动走势的终点，而是被四个更小浪级的波浪跟随。也就是说，第5浪已经被细分成五个波浪。延长通常是超强（或者超弱，此时伸长会出现在向下的运动中）市场的一个特性。上涨伸长的例子出现在1921—1928年的股市指数上涨中，这是市场72年以来的上涨行情的顶峰。

**调整**

尽管波浪理论非常简单明了，而且在对股价走势进行预测时极为有用，但这并不意味着其中不存在一些会难倒学习者的微妙细节，这些困难尤其体现在波浪运动刚刚形成的时候。解决这些难点的最佳途径就是通过绘制图表来观察细节。这些例子在理论上是完美无缺的标本，但是在实际的运用过程中，学习者将会发现股价的实际波动模式并不是如此简单。

调整永远是由3个浪组成，它们的形态可以分为4种，但是在其形成的过程之中，我们很难看出其确切的形态和波动幅度。一旦波浪成型，我们就可以根据其形态预示了随之而来的股价波动的强度。图20到图23显示的是那些比较小的调整形态，各种形态的总体外形特征在所有浪级中都是相同的。图24到图26展示的形态与上面相同，但是对应的浪级相对来说要更大。

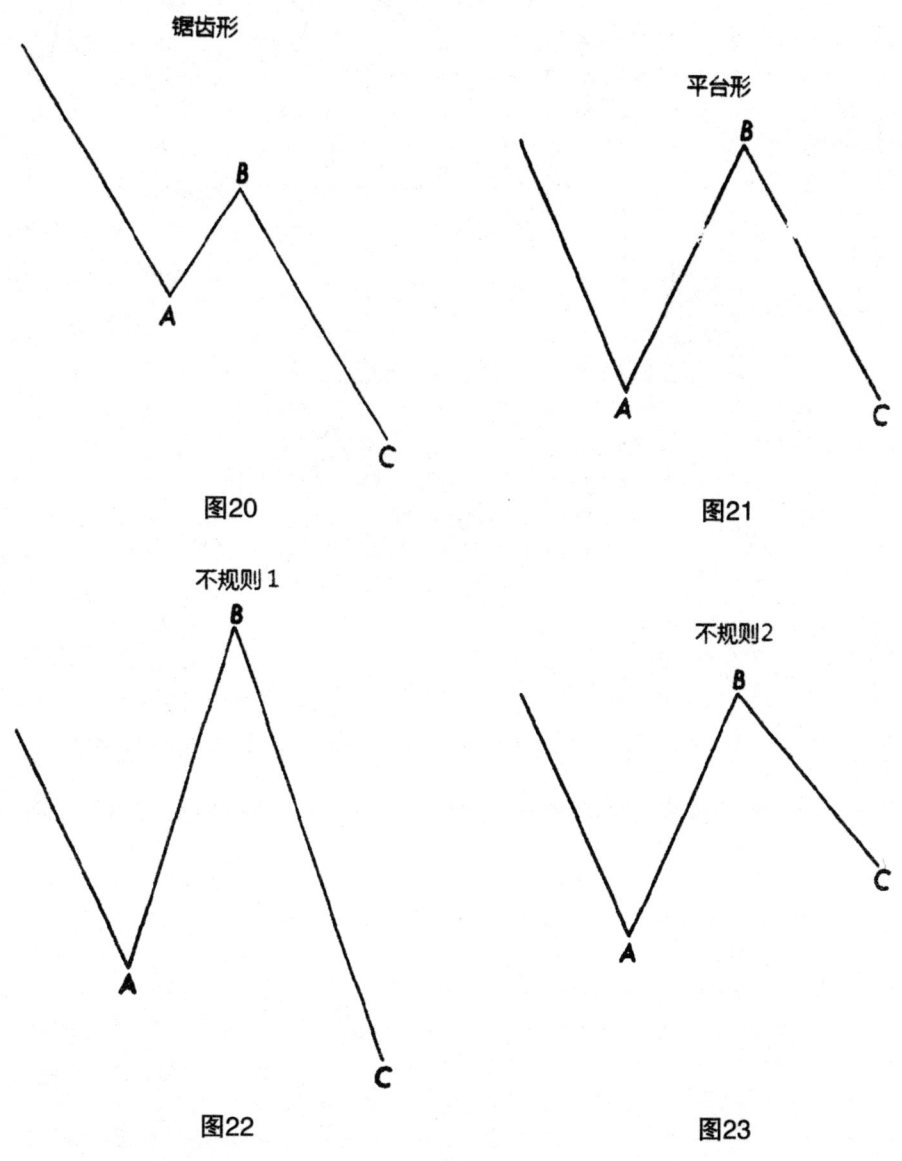

锯齿形

图20

平台形

图21

不规则1

图22

不规则2

图23

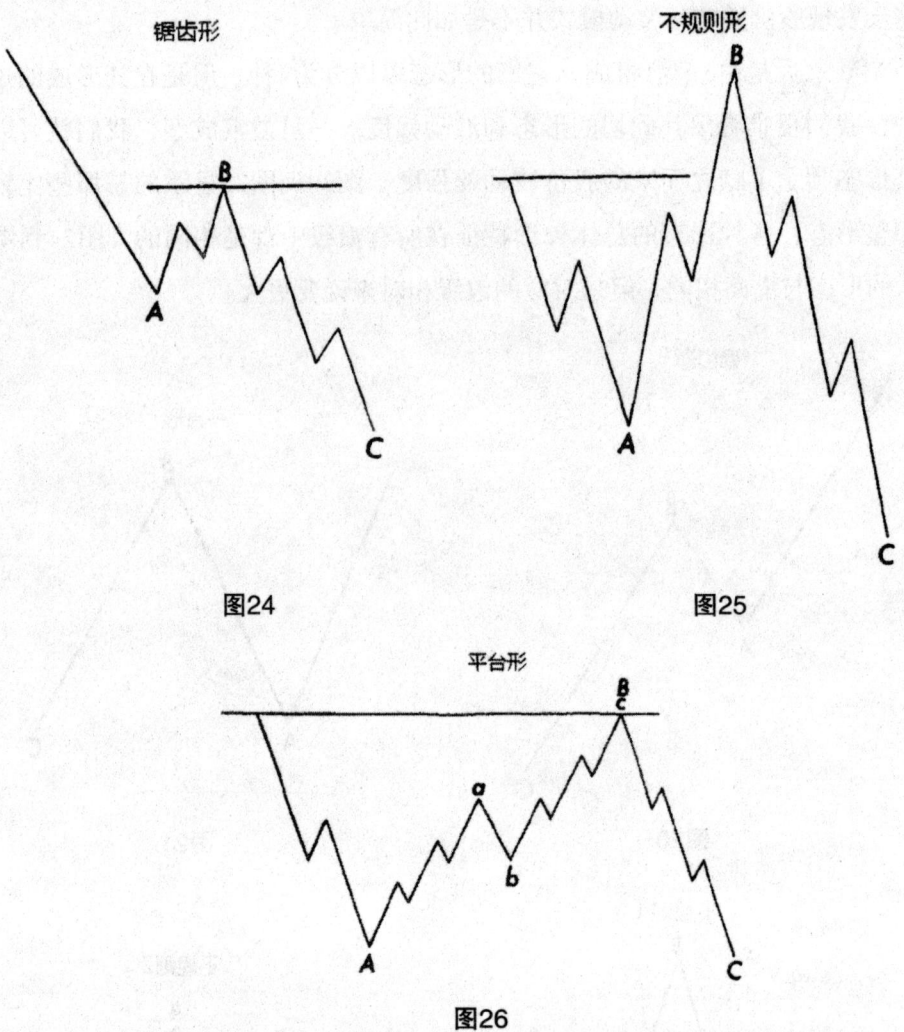

图24　　　　　　　　　　　　图25

图26

　　下面介绍的是更大浪级的调整形态。尽管总体上来看与一般形态大体相同，但是在中浪级或基本浪级运动中可以见到调整浪型更多。如图27到图29所示。

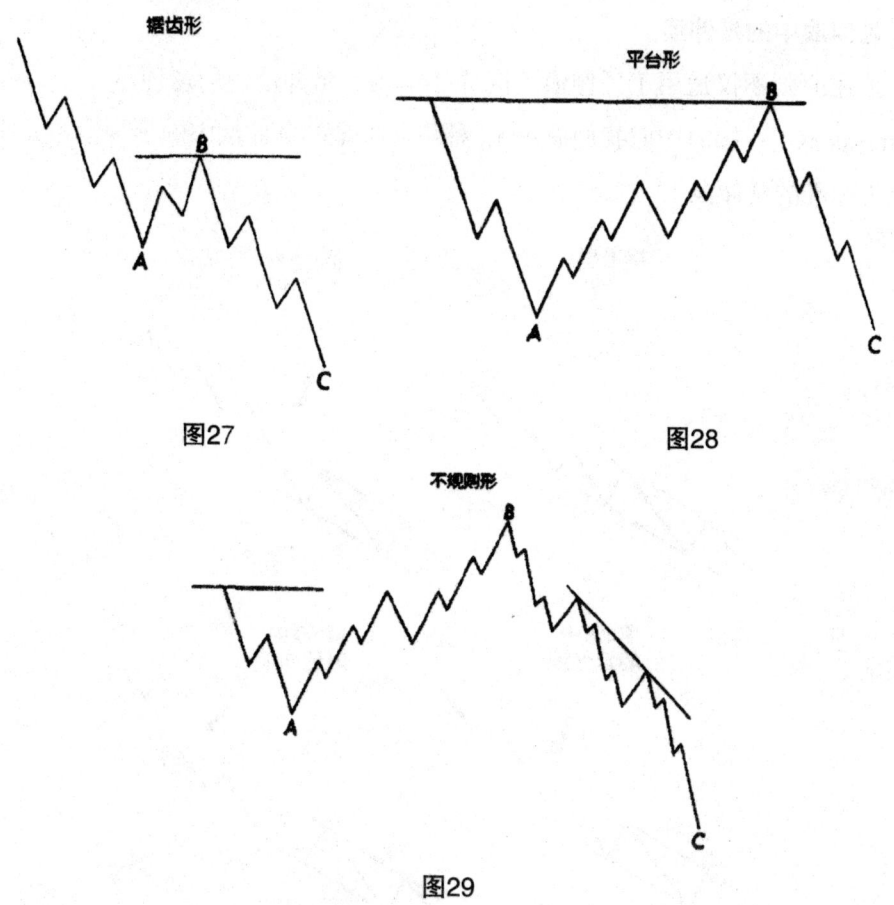

图27　　　　　　　　　　　图28

图29

## 延伸浪

延伸浪（extensions）可能会在任何一个上升驱动浪中出现，如第1浪、第3浪和第5浪，但是很少会超过一个。它们通常最容易出现的地方是在第3浪和第5浪，具体例子如图30所示。

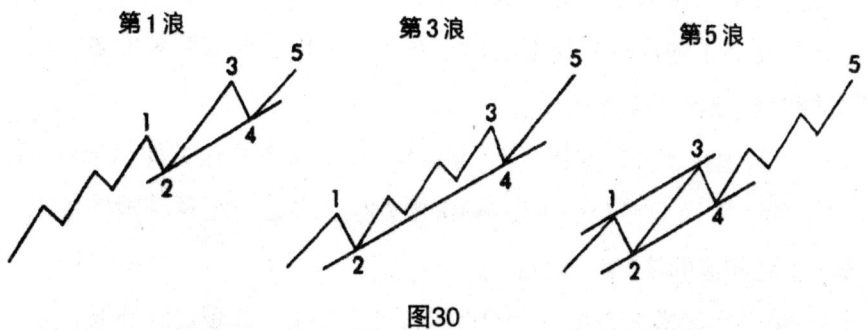

图30

### 延伸浪中的延伸浪

上述原则不仅适用于延伸浪，同样还适用于延伸浪中的延伸浪（extensions of extensions）。图31中向我们展示了3种不同类型的延伸浪中的延伸浪，其中第一幅为标准的延伸浪。

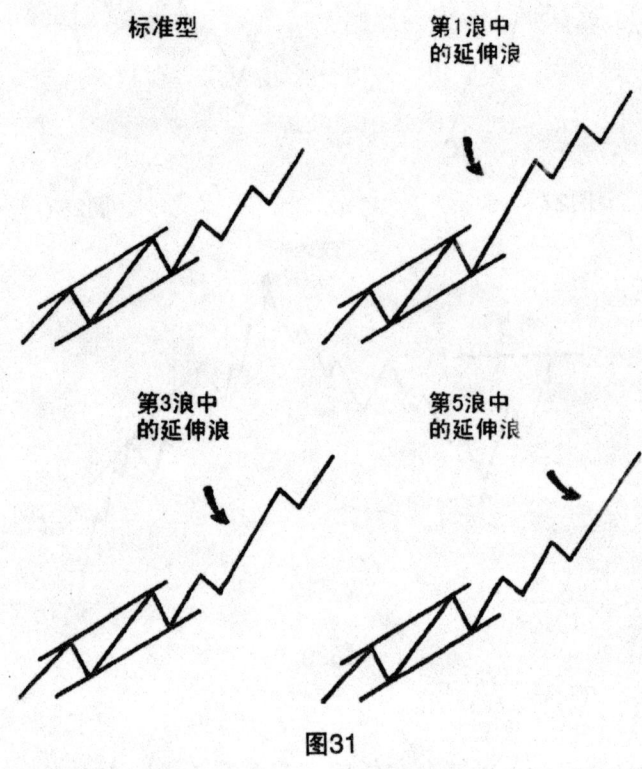

图31

### 延伸浪后的市场行为

对延伸浪进行透彻的了解和掌握至关重要。如果想提前找到出现延伸浪现象的征兆，那么这只是徒劳，而且可能由于某种原因这些征兆根本就不曾存在。尽管如此，了解出现延伸浪后的市场操作，你就可以避免更多的损失，保住既得的利润。这些规则包括：

（1）延伸浪在当前循环中开辟了新区域，并且会有两次回撤（retracement）。

（2）第一次回撤将会很快在第3浪中发生，并运行至延伸浪的起点（它事实上成为了延伸浪的第2浪）附近。

（3）第二次回撤将会在通常的市场行进中发生，并超过延伸浪。

（4）如果延伸浪出现，比如说恰好出现在第5基本浪的终点（一次大的

反转会从该点开始），那么第一次和第二次回撤就会成为不规则调整浪中的浪
"A"和浪"B"。这也符合双回撤的原则。而浪"C"将会由5个下行浪组成，
它会迅速下跌，并且很可能回到先前牛市中的第5基本浪的起点。

这种特殊调整的唯一例子，而1930年反弹为"B"（一个颠倒的锯齿
形），可以更好地满足双重回撤的原则。这次波浪运动是从1928年11月开始下
跌，再上涨至1929年9月，然后再下跌到1932年（参见图15）。

（5）延伸浪有的时候还会按照相同的规则发生在熊市中，比如说1937年10
月期间出现的延伸浪。

（6）延伸浪不可能成为一轮运动的终点（即当延伸浪发生在上升第5浪中
时，一个不规则的顶部将会推动市场进入更高的水平，从而把"运动"扩展到
第5浪的正统顶部之上）。但这并非意味着，没有了延伸浪就看不到更高或者更
低的价位水平。

（7）回撤的意思是，位于两个定点之间的运动轨迹会多次重复出现。比如
说，趋势的调整和回复是双重回撤。

如果投资者在向下的延伸浪出现的时候正持有股票并较高仓位，那么他就
不应该在此刻卖出，因为市场会立刻以三浪的形式回撤，然后再一次地在下行
第5浪中出现。尽管第一次回撤会立即出现，而且以三浪方式运行，但第二次回
撤可能不会持续很长时间，但它最终会在当前的循环中结束。延伸浪④以及双
重回撤如图32所示的方式回撤延伸浪，然后下跌行情继续。

美国股市中已经出现过的重要延伸浪如下图所示：

尽管第一次回撤会立即出现，而且以三浪的方式运行，但是第二次回撤可
能不会持续太长时间，不管如何，它最终都会在当前的本次循环中结束。延伸
浪以及双重回撤的运行模式也如下图32所示。

工业股上涨
1925年7月~11月
1928年10月~11月
1933年7月
1936年3月

工业股下跌
1929年11月
1937年10月

铁路股上涨
1936年2月

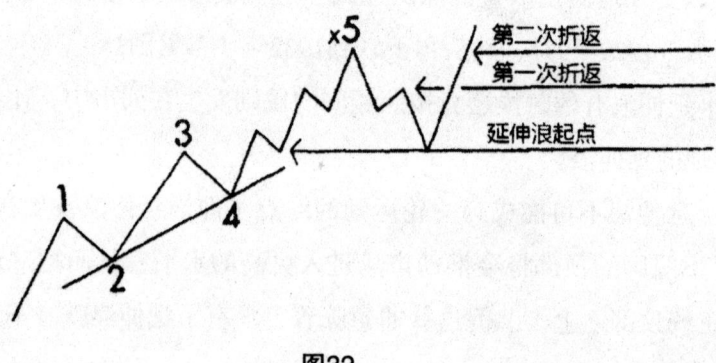

图32

### 不规则调整

我们已经介绍了各种各样调整浪的例子，但还有一种类型没有说到，那就是作为前一轮运动一部分波浪的调整的情况。类似的例子如图33和图34所示。字母A、B和C代表调整运动中第1浪、第2浪和第3浪，这是不规则形态。请注意，第2浪"B"超过了先前运动的传统顶部（浪5），这是这种类型的调整浪的不同之处。

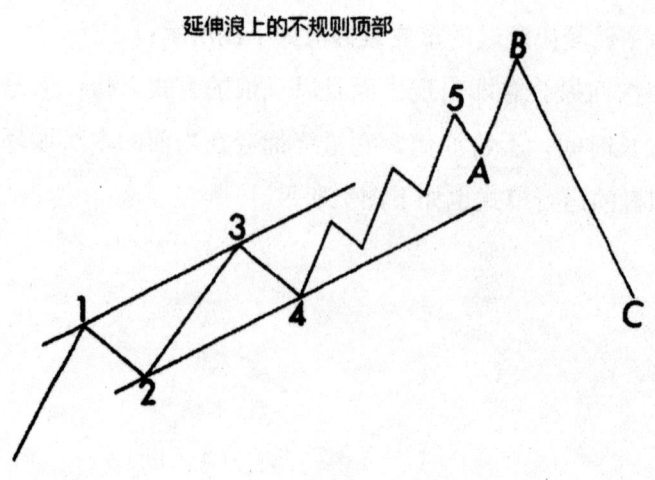

延伸浪上的不规则顶部

图33

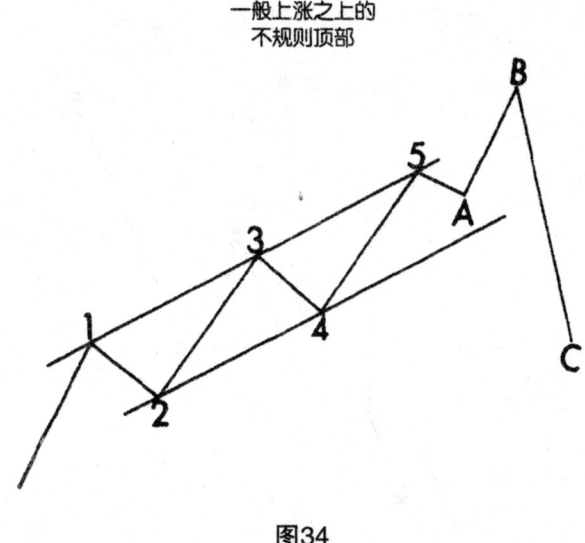

一般上涨之上的
不规则顶部

图34

### 强势调整

实践证明，对于调整浪的研究在预警股价未来是否会强势波动方面很有效。图35是一个规则的锯齿形调整浪，它预示着后面出现的运动强度属于中等水平。而图36是一个平台形调整浪，这意味着后续的股价走势会很强势（见1933年7月到1934年的第4基本浪）。

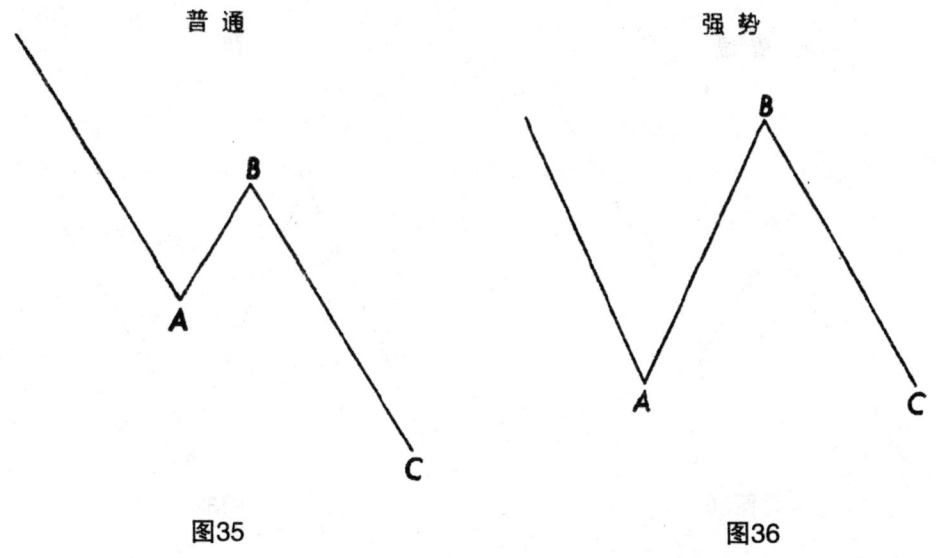

普　通　　　　　　　　　　　　　　强　势

图35　　　　　　　　　　　图36

图37显示了调整浪类型中的一种，这种调整浪的终点位于"2"并且比调整浪"A"的终点位置更高，这就表明后续股价走势的强度非同一般（图37中显示

的第二次调整更弱些），能够走出较强的上升行情。

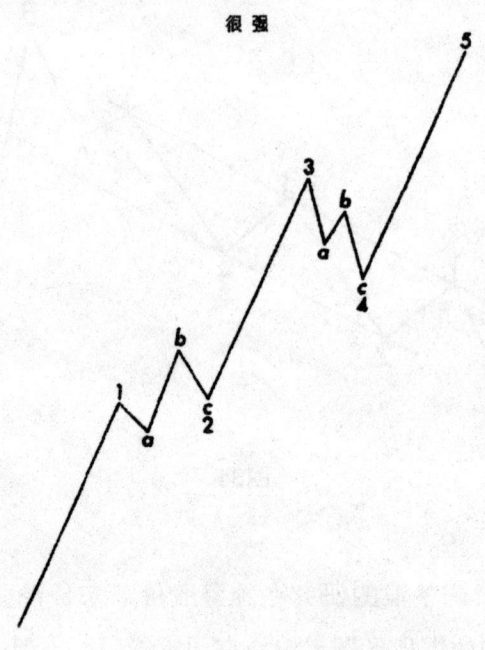

图37

熊市中的调整浪，也就是单边下跌行情后的调整浪，与上升运动后的调整浪的特征相似，但是方向完全相反（见图38到图40）。

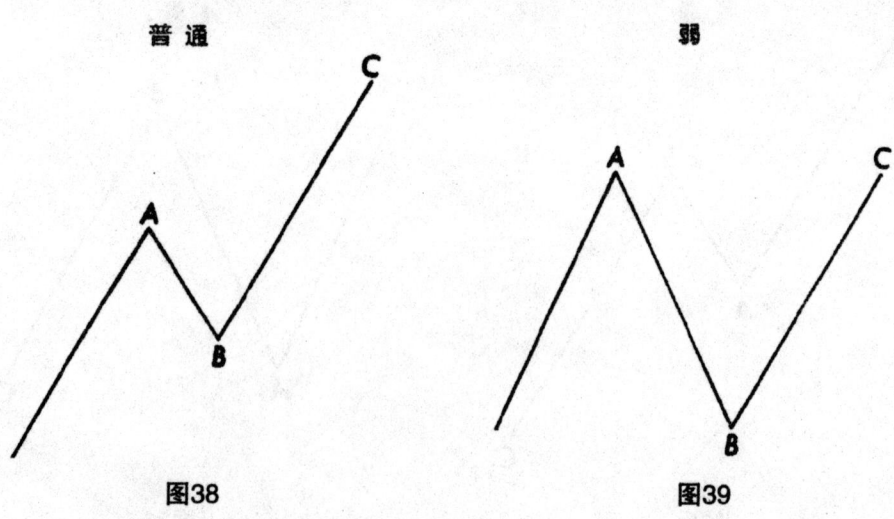

图38　　　　　　　　　　图39

很弱

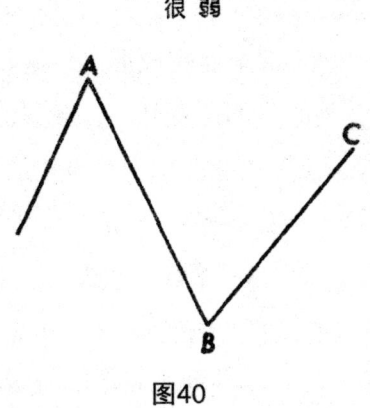

图40

不规则的调整浪在熊市中也能看到，但是非常罕见。请注意，在出现一次5浪下跌后，可能会出现如图41所示的不规则调整浪。

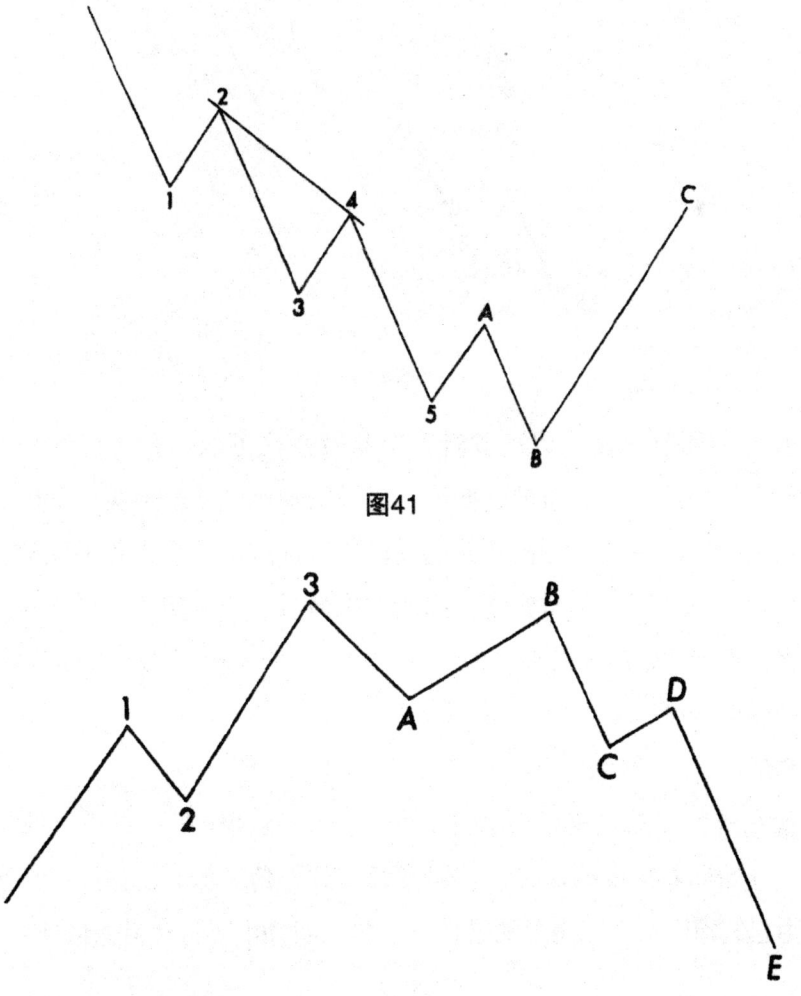

图41

图42

### 波浪形态失败

在图42显示的波浪中，第5浪未能完成形态，这时我们应该在"B"点位卖出股票。请注意，从"3"处的顶部位置开始，股票的走势已经是5浪下跌，调整浪应当是由3个浪组成。"B"点是股价走势真正的顶部，从这个点位开始只有向下的3个浪。也就是说，下跌行情从上涨行情那里"偷走"了两个浪。换言之，常规的上升浪是5个，加上3个常规下跌浪，一共8个浪。但是在这种情况下，有3个上升浪和5个下跌浪，总数仍然是8个，但是波浪形态已经发生了很大改变。这种形态非常少见，但却是一种非同小可的预兆，因此应当立刻做出反应，将股票在高位清空。

### 学习波浪理论过程中的疑惑

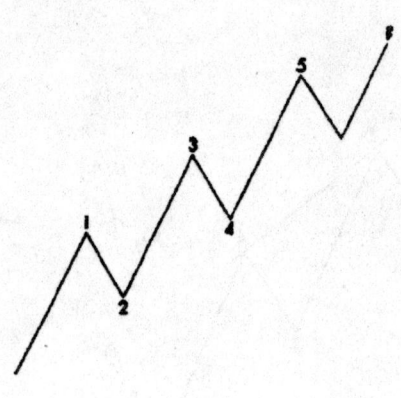

**图43**

当股价走到图43显示的点位时，交易者往往可能不知道接下来的走势会呈现出什么样的形态，比如是延伸浪，还是不规则的调整浪呢？此时，成交量可能会给出明确的答案。我在其他地方曾说过，成交量会在各种调整浪（锯齿形，平台形，三角形）期间萎缩，因此如果最后一浪期间成交量很小，那么它就是一个不规则调整浪中的浪"B"。而如果成交量相对较大，那就说明股价走势正在形成延伸浪。

### 三角形

股价在进行波浪运动的过程中，常会出现逐渐向某一点进行收缩、或者从某一点开始向外扩展的情况，从而形成一种三角形形态。这些三角形非常重要，因为它们指明了在三角形的结束点或顶点附件市场将会何去何从。

三角形可以分为两类：水平三角形和斜三角形。水平三角形表示股票价格走势出现犹豫，在水平三角形的终点处，股价将会恢复先前的趋势——要么上升，要么下降——它将沿着三角形出现之前的趋势继续前进。水平三角形表示股价波动趋势的暂时停滞，其意义与平台形浪相同。在水平三角形形成过程中，如果在第2浪后面出现锯齿形浪，那么一个平台形或是三角形调整浪就会作为整个波浪运动的第4浪出现（见图44）。如果是在整个波浪运动形态的第2浪出现平台形或是三角形调整浪，那么锯齿形调整浪将作为第4浪出现，三角形调整浪总是在一个5浪中的最后一个驱动浪之前出现。因此，三角形调整浪永远不会作为一个5浪序列中的第2浪出现，而只会作为第4浪出现，或者是A— B—C调整浪中的"B"浪出现。（见图45）。

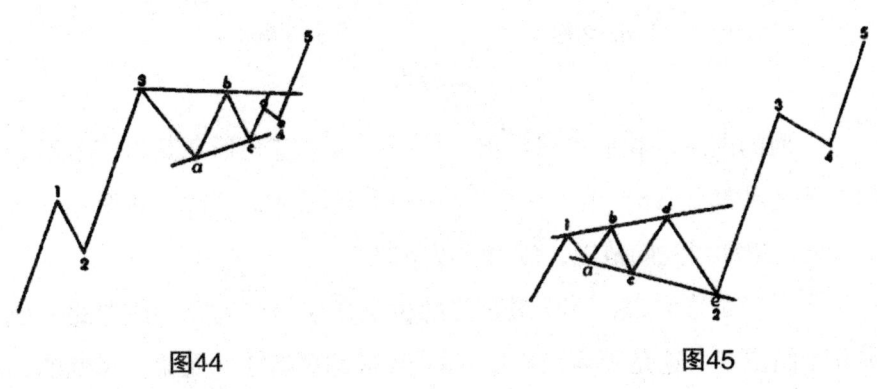

图44　　　　　　　　　　　　图45

水平三角形有四种类型，如图46所示。

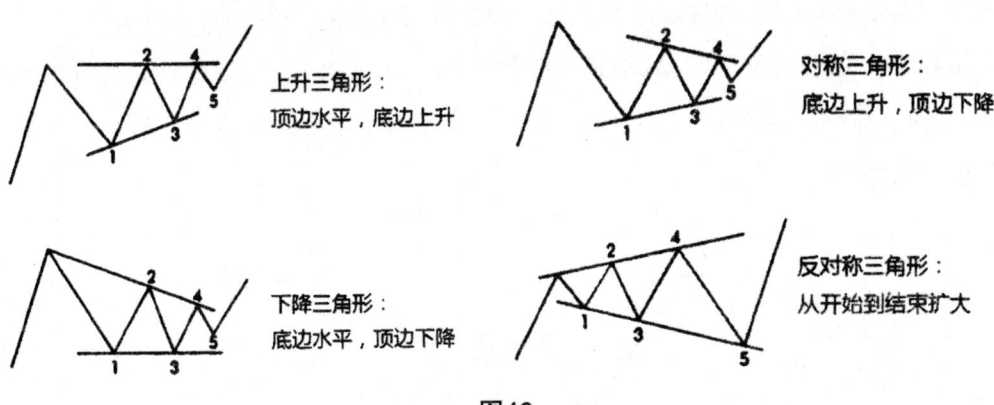

上升三角形：
顶边水平，底边上升

对称三角形：
底边上升，顶边下降

下降三角形：
底边水平，顶边下降

反对称三角形：
从开始到结束扩大

图46

斜三角形有两种类型，如图47所示。

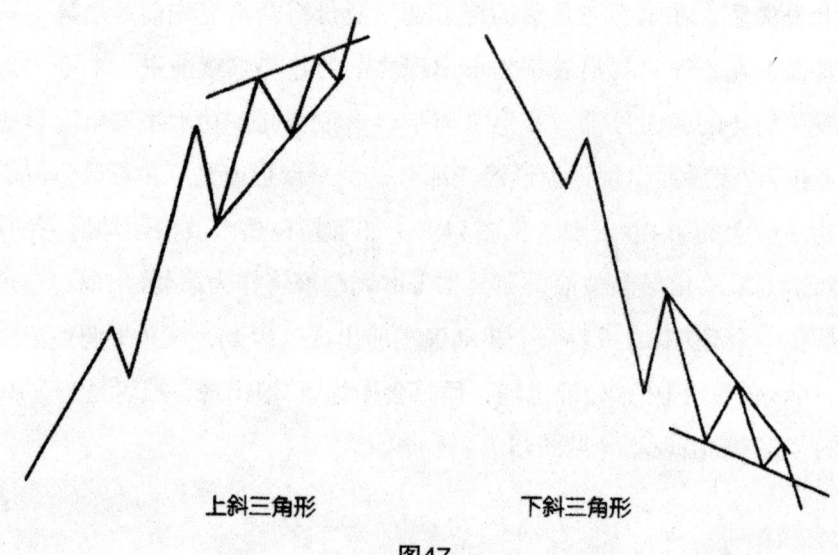

上斜三角形　　　　　　下斜三角形

图47

经过上面的图示，我们可以看出，无论是水平三角形还是斜三角形，三角形内的波浪运动都包含5个浪。在少于5个浪的情况下，这种三角形就不属于波浪理论所要讨论和研究的范围，应当予以忽略。

对于水平三角形而言，其中最重要的也是最应当引起我们注意的，是三角形刚刚开始的位置。这是因为三角形中的第2浪的位置必须是确定无疑的，而为了确定第2浪的位置，就必须先确定第1浪的位置。第2浪之所以非常重要，是因为当三角形形态结束的时候，股价仍然会沿着与第2浪相同的方向运动。例如，在图48中，水平三角形的第2浪是下降的。在三角形第5浪的终点，在股价走出M—N向下运动形态之后，又经过处于停滞状态的三角形波浪运动之后，市场最终重回跌势。

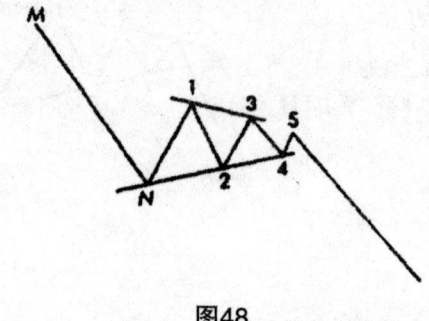

图48

在图49中，三角形5浪之前的记录是向上的。市场在M处筑底向上运动，经过M—N的攀升阶段后停滞了一段时间，股价进行三角形整理，最终再次恢复了上涨行情。

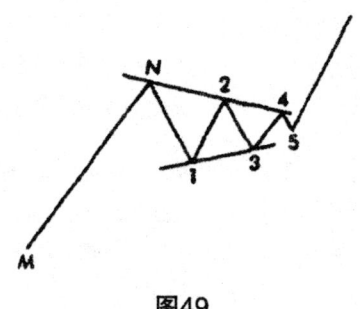

**图49**

在图50中，上斜三角形中的第2浪向下。市场将会在斜三角的终点反转（即当三角第5浪结束后）并且将如图所示回到三角形的底部位置附近。

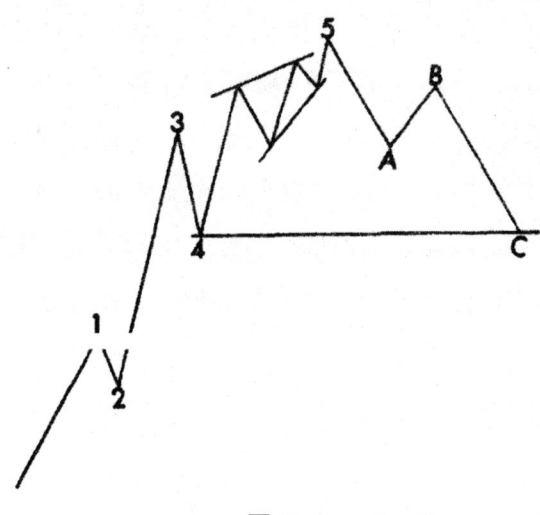

**图50**

除了反对称三角形之外，所有三角形第5浪常常不能达到它的通道线或者三角形边线。如上面的图中所显示的那样，第5浪常常会刺穿它的三角形边线。

如果一轮基本运动的最后浪（第5中浪）发展成一个斜三角形，那就表明行情将会快速反转，我们就需要做好相应的操作准备。

三角形中的所有浪必定是沿着同一个方向运动的一部分。否则就不会有三角形出现，而只有巧合，不能形成规律。

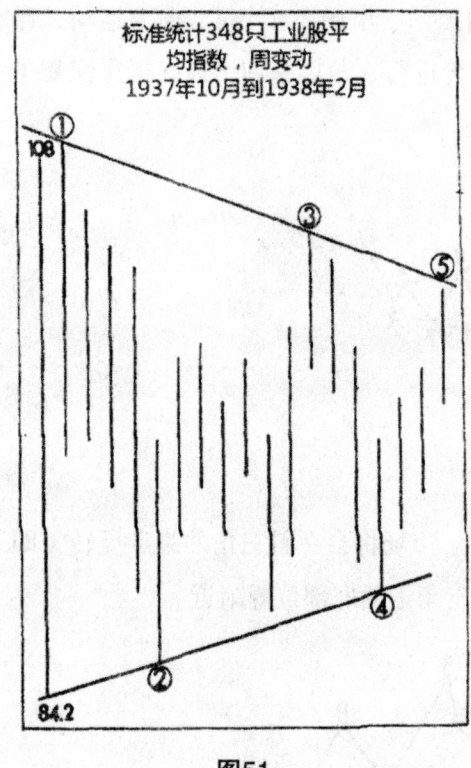

标准统计348只工业股平
均指数，周变动
1937年10月到1938年2月

图51

斜三角形只能作为第5浪出现，也就是说在它之前应当有四个浪，且与该三角形一样，处于同一浪级。

当三角形内股价的变动范围（周波动或者日波动都包括在内）占据了三角形的整个宽度时，就说明三角形的终点即将来临。此时应当对第5浪进行确认，穿越与否并不构成股票操作的必要条件。

通常情况下，三角形都非常小，而且并不是所有的波浪都会完全展开。1937年10月到1938年2月，美国股市第一次出现了足够大的三角形，可以用于证明所有5浪都必须由3个子浪组成，而这5个浪形成的模式各不相同。

道琼斯工业股票平均价格指数在这期间并没有出现三角形，但由348个股票组成的标准统计指数的周变动却形成了一幅完美的三角形图案，如图51所示。该指数的价格走势不仅构成了一个完美的三角形，而且是有记录以来能够看到的最大的三角形。

# 五、延伸浪

"延伸浪"尽管并不是经常出现，但它确实是波浪理论可以测量的一种重要的市场现象。延伸浪的范围和程度（及浪级）比正常的大多了，需要说明的是延伸浪的规模更大，但是其浪级（小浪、中浪或大浪）与两个未延伸的波浪相同。它可能作为浪1或浪3的一部分出现，但是通常都是作为主要运动的浪5的一部分出现。延伸运动通常由常规的5浪组成，之后是一轮三浪回撤调整浪，然后是由三个阶段组成的第二轮上升运动。常规5浪的第5浪通常是最大而且最为活跃的，结果成了延伸浪中的延伸浪。

当浪1和浪3的长度较短，而且符合规则，且在我们所绘制的通道之内时（因为延伸浪通常在三个驱动浪之一出现，因此当第1浪和第3浪短而且结构简单（只要第3浪比第1浪长）时，第5浪就很有可能出现延伸。），就要注意浪5可能会出现延伸。延伸浪中的第1调整浪会在我们所绘制的通道上轨附近结束。重要延伸浪的长度会很长，可能是最初通道宽度的数倍。

通过绘制通道的方法对于我们在测量延伸浪的运行长度时非常有用。因此，在图52和图53中，直线"b～d"代表基线，上通道线"c～e"是对延伸浪"第一顶部"的理论预期。

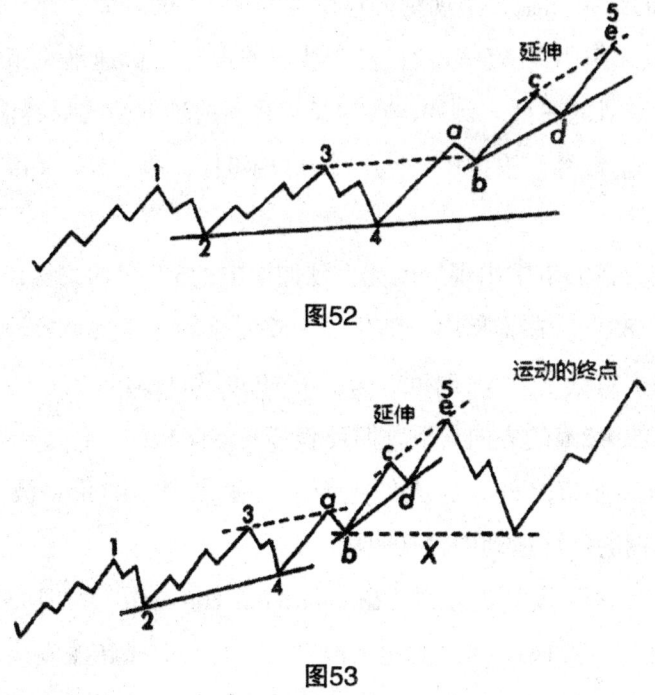

图52

图53

延伸浪中的正常5浪或开始5浪的完成，不可能成为这一轮波浪循环运动的终点，但其中确实包含了牛市循环即将告罄的预兆——牛市还要依靠最后的力量攀升一段，而这最后一段升势只有剩下两大波浪（一个向上一个向下）来反映出来。

　　延伸浪的最初5浪结束后，剧烈的调整浪（通常以3浪方式，但也可能是三角形调整浪）就开始了。这一调整浪成为不规则循环调整浪中的浪"A"。浪"A"通常会带动市场下跌（跌破根据调整浪所绘制的下降通道）到延伸浪的起点水平，当然，其中会有一轮保护性的支撑或是装填（在这一在顶部位置行为的标准技术名称是"派发"。）来对这种剧烈调整进行中和与对冲。图20中标记为"x"的虚线表示对浪"A"终点的一般预期。

　　当浪"A"完成时，循环运动中的主要波段就会通过三个阶段的波动使股指再继续上行，这种上行可以看做使指数经过一段时间的调整后得到了恢复，而这种恢复会把市场带入新高。图52和图53中的"e"可能已经是大浪级牛市运动的"正统的顶部"。这个新的顶部，或者称其为"不规则的顶部"，正是牛市的最终高点。这轮三浪上升阶段就成为不规则循环调整浪中的浪"B"。

　　浪"B"的结束标志着不规则循环调整浪"C"的开始，这一阶段是一轮比较重要的熊市。浪"C"应该是通过5个波浪的形态，快速地将市场带到先前牛市运动中的大浪Ⅵ的底部。例如，在1928年有利的延伸浪之后，浪"A"从1928年11月一直跌到12月，浪"B"上升到1929年9月，浪"C"又再次下跌到1932年7月。

　　延伸浪也会在熊市中出现。因此，延伸浪中的5浪在1937年10月19日结束，市场到达115.83点。在本例中，随后是一轮明显的三角形调整浪（而非不规则A—B—C形态）持续了4个月时间，最终在1938年3月31日到达97.46点。这个三角形调整浪的第2浪的方向与下跌循环趋势的方向相同。

　　除了牛市和熊市之外，巨大的延伸浪还曾在商品的价格波动中出现，在1937年春电解铜的价格运动中尤其明显。

　　在个股中，国际收割机公司（Intemational Harvester）在1937年1月到达其"正统的顶部"，为111~112美元。浪"A"由于支撑和派发运动降低了调整的强度，将股价带到4月份的109美元，浪"B"在8月到达120美元这一新的顶部（总体市场是在3月见顶），浪"C"将股价又向下带到了11月份的53美元。

　　延伸浪可以出现在任何三个驱动浪之中。例如，浪1、浪3和浪5，但是从来不会超过1个，如图54、图55和图56所示（向上）以及图57、图58和图59倒置的、向下）所示。

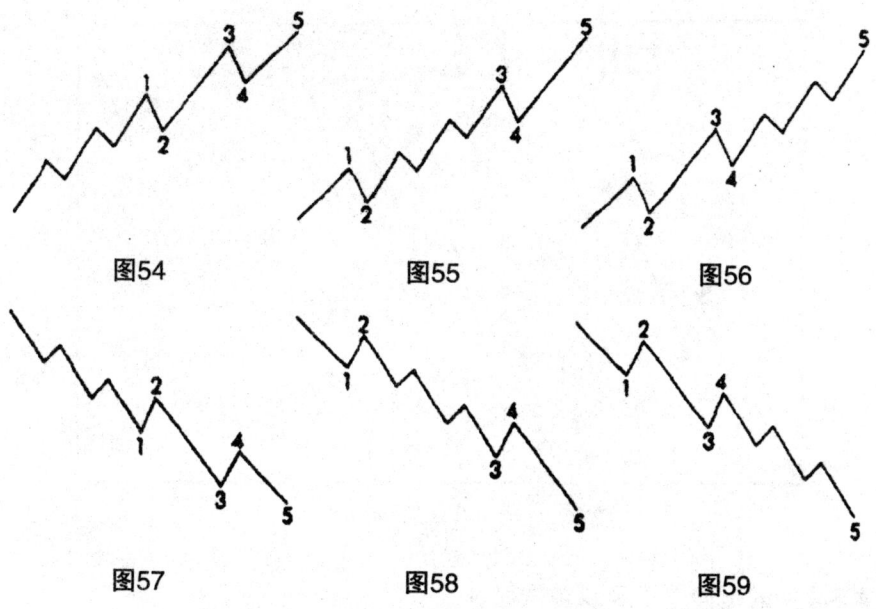

图54　　　　　　图55　　　　　　图56

图57　　　　　　图58　　　　　　图59

　　我们可以注意到，在上面的每个例子中，无论是何种延伸浪形态，总共都是有9个浪，我们应该将延伸浪数成5个浪，而非当做一个浪来算。在极少数的情况下，一个延伸运动将由9个相同规模的浪组成，如图60和图61所示。

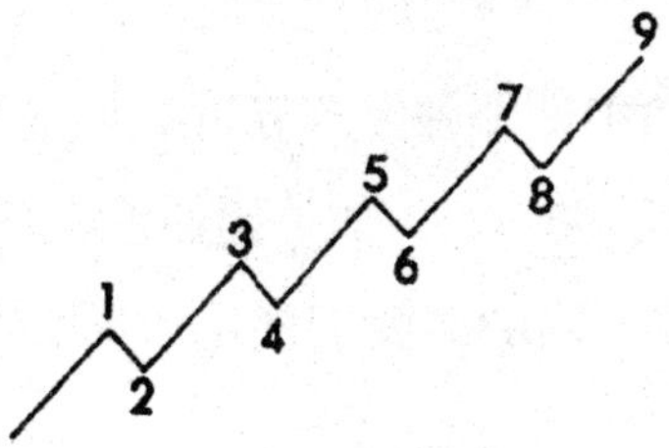

图60 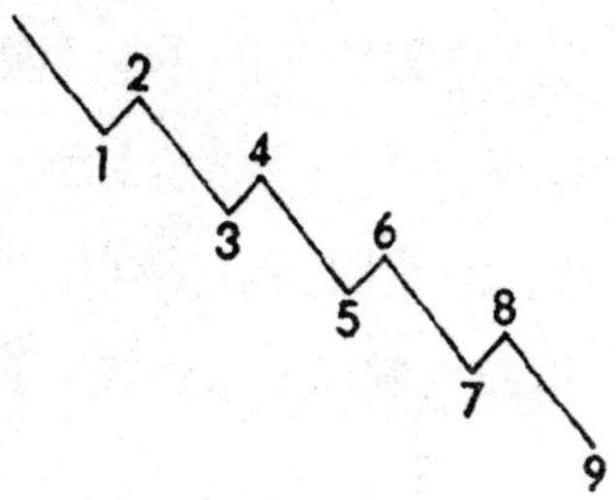　　　　　　　　　　　　图61

　　延伸浪只会出现在当前循环的新区域，也就是说，它们不会作为调整浪出现。

　　延伸浪中还会出现另外一种复杂形态：延伸浪中的延伸浪（见图62）。

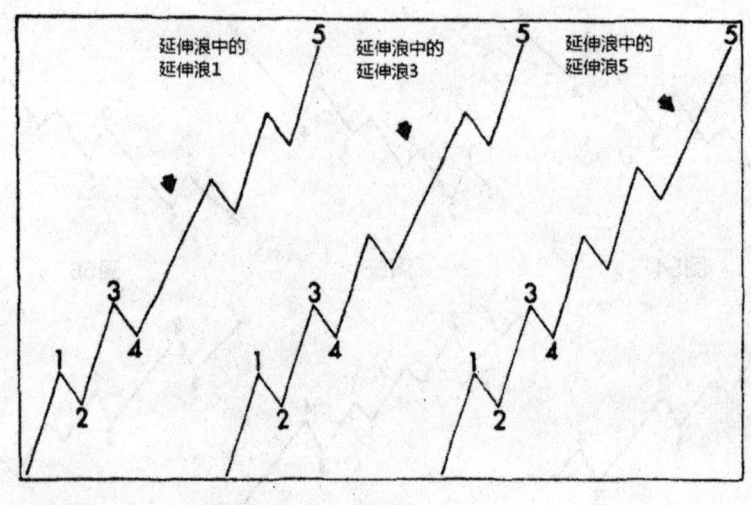

图62

### 第5浪中的延伸浪以及双重回撤

很多时候，延伸浪会出现"双重回撤"现象，也就是说，一个调整浪会经过相同的点位两次，向上和向下的时候各一次。当延伸浪在第1浪和第3浪时，不必在意这种情况，但是如果延伸浪出现在第5浪，我们就需要格外小心。如果延伸浪出现在第1浪，双重回撤将会自动受到浪2和浪3的调整（当然，第1浪或第3浪的延伸部分将会出现回撤，但不会以第5浪中的那种方式进行。只有在第5浪之后，第一次回撤才会回到延伸浪第2浪的最低点。）。如果延伸浪出现在第3浪，那么双重回撤会受到第4浪和第5浪的调整。图63向我们展示了第5浪中的延伸浪以及后续的双重回撤现象。

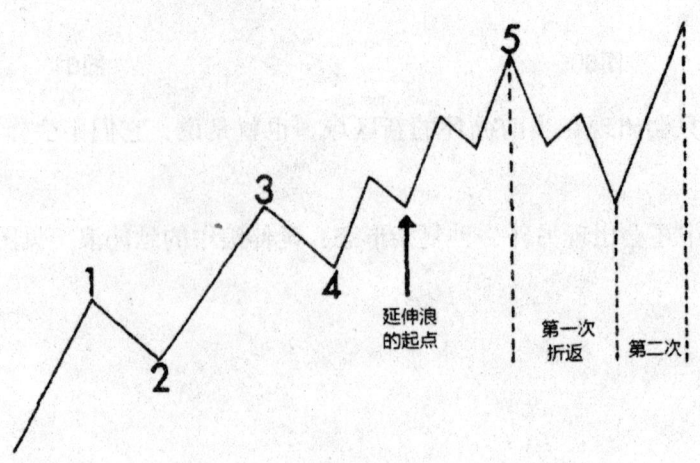

图63

如果延伸浪属于较小的浪级，那么回撤会立即出现。但如果属于中浪或大浪级别，那么双重回撤将在整个上升运动结束后才出现。第5浪中的延伸浪的双重回撤一直要等到第一个A—B—C不规则调整浪发生之后才会结束。其中调整浪"c"是1929~1932年的"暴跌"，因此浪"A"非常的小，第一次回撤在浪"C"的尾部结束，此时正统顶部和不规则顶部都已经完成了，第二次回撤在随后的市场运动中完成。）当一轮运动以高速运行时，相同的点位在反转时会以几乎相同的速度回撤。

**错误的数浪方法**

在波浪运动的三个驱动浪中，浪1、浪3和浪5的长度很少是相同的。这三个浪中的其中个浪通常要比其他两个浪长得多。非常重要的是，我们应该注意第3浪永远不会比第1浪和第5浪都短。例如，当浪3像图64所示那样比浪1和浪5都短时，就表明我们数浪的方法错了（如果数浪正确的话，第3浪不可能是最短的波浪），正确的数法应该如图65所示。

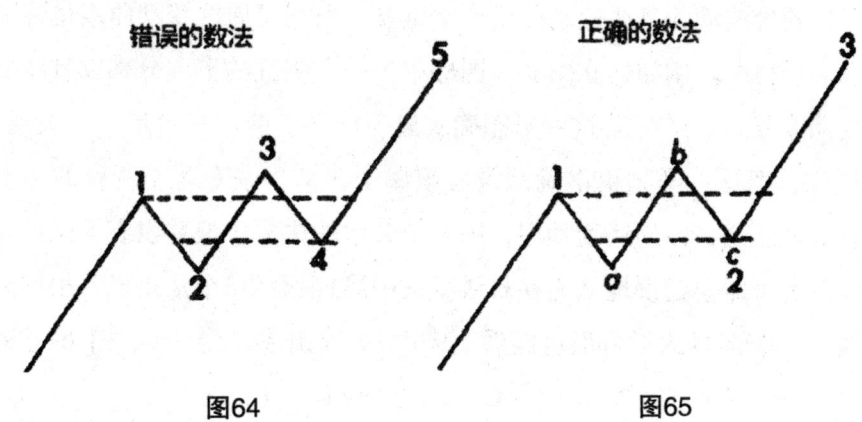

图64　　　　图65

需要注意的是，当浪4与浪1发生重叠的时候，就不应该这么数。重叠意味着浪4终点的位置低于浪1的顶点。倒置的例子中的数浪方法如图66和图67所示。

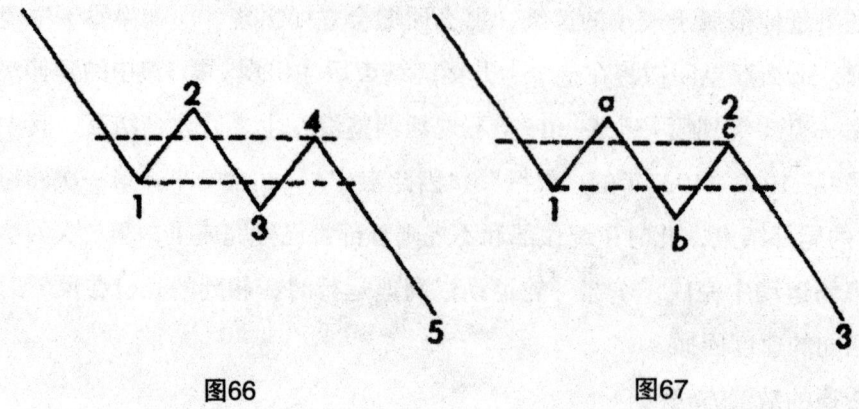

图66                图67

在"复合"波动中，有一种现象非常值得我们认真研究，那就是"重叠"。有时，复合波浪会发展成"双重三浪"或是"三重三浪"，如第五章的图表所示。

**调整浪的放大**

为了能够观察到股价的第一轮上升运动究竟是包含3个还是5个浪，动手绘制一轮股价波动的日线变动曲线非常重要，而利用周线变动曲线也许无法反映出真实的情况。例如，在图68和图69中，一个倒置的平台分别以日线变动和周线变动来显示。（尽管这些形态确实属于广义上的"平台形"，表现为3—3—5模式，但这一类型更准确地说应该属于在第一本专著中所说的"不规则形"。）请注意，在周线变动中，第一上升浪的构成子浪并没有准确地反映出来，学习者可能会错误地认为在日线变动中第1浪会由5个浪组成。根据周线变动曲线，一个倒置的平台形可能看上去由7个浪组成，但它是一个倒置的平台形，即A、B、（1、2、3、4、5）C，如图68所示。

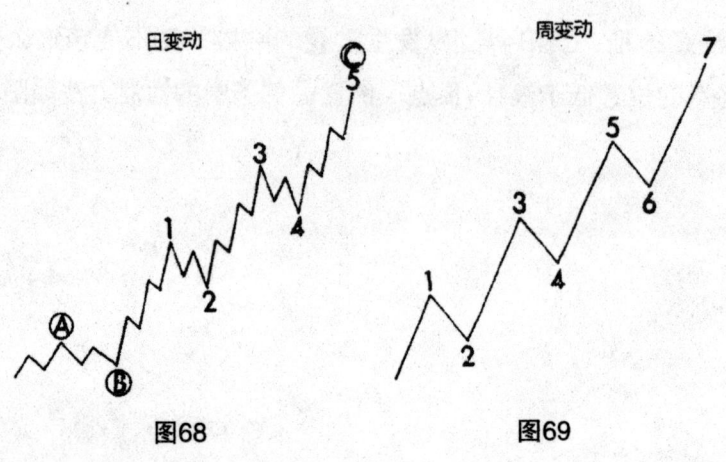

图68                图69

　　相同的情况还可能会在锯齿形调整浪中出现。锯齿形调整浪不会变长，但可以说它会变大或是出现对折，如图70和图71所示。无论锯齿形调整浪是单个的还是双重的，其调整特征都是一样的。

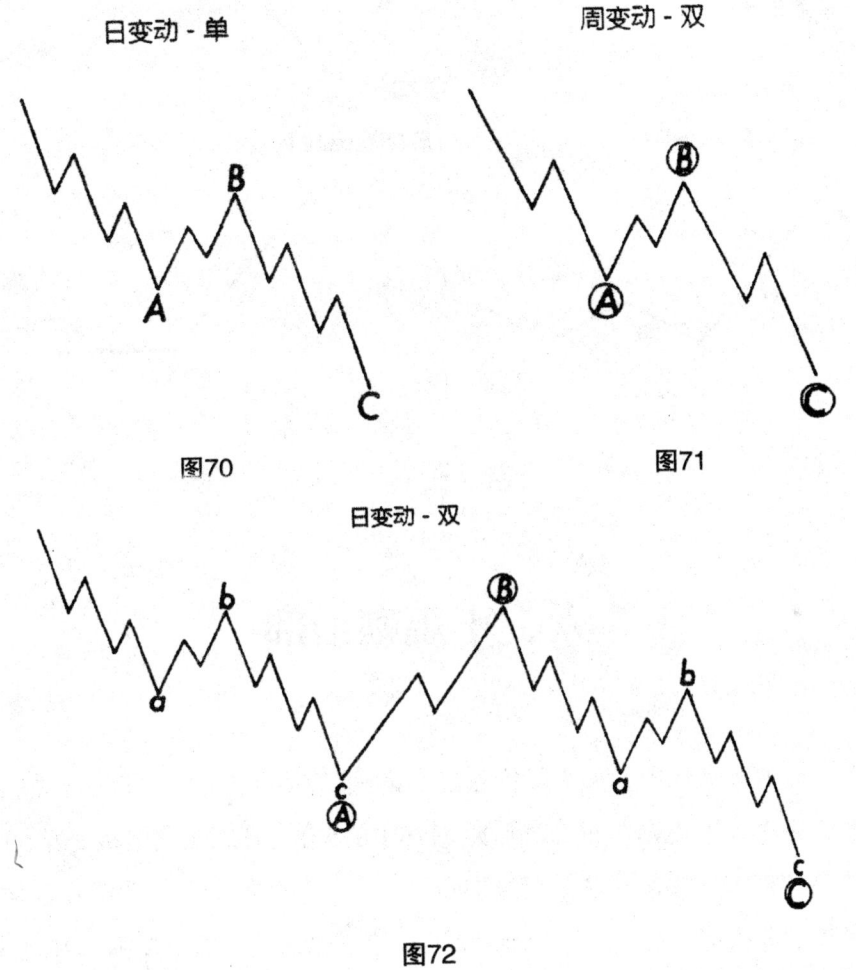

日变动 - 单

周变动 - 双

图70　　　　　　　　　　　　　图71

日变动 - 双

图72

## 横向运动

　　正如我们已经注意到的那样，所有的调整运动，不管它属于什么浪级，都必然是由3个浪组成。横向运动也遵循相同的行为规则，具有与此相同的特征。图73向我们展示了上升运动后的两种横向运动。而在图74中，股价的主要波动趋势是向下的。

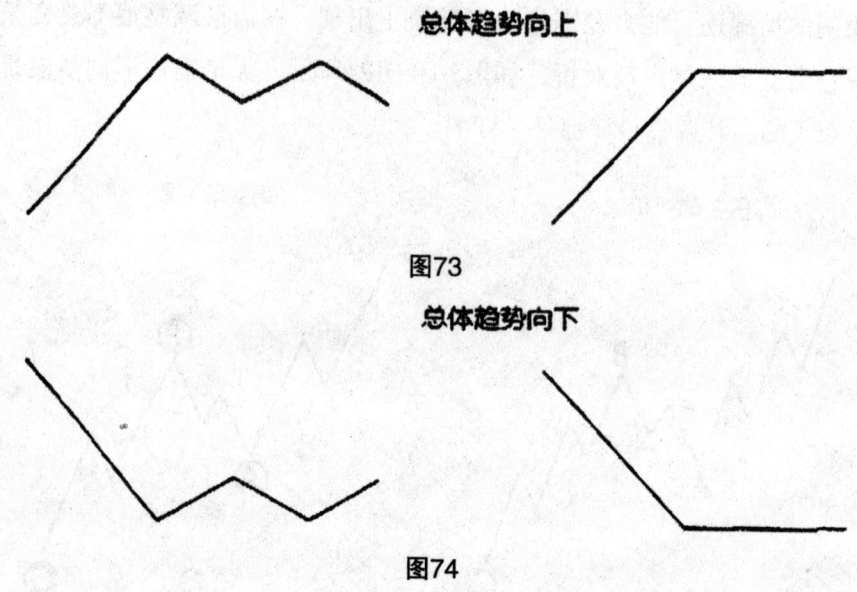

总体趋势向上

图73

总体趋势向下

图74

# 六、不规则顶部

在一轮波浪运动中，如果股价超出了第5浪的顶部（正统顶部），整个运动就会形成一个"不规则"顶部。假定图76中的5浪上升属于大浪级，第5浪的顶部就将是"正统"顶部。从第5浪的顶点位置开始的第一轮向下的运动由3个浪组成，我们把这第一次下跌记为浪"A"。第二轮运动将向上反弹，并且反弹点位会超过第5浪的顶部，我们将其记为浪"B"。和浪"A"一样，它也将由3个浪组成。再下一轮的运动则将由5个下跌浪组成，我们记之为浪"C"。

尽管浪"B"的终点会比浪5的终点高，但是浪"A"、浪"B"和浪"C"仍然是一起组成了一个调整浪。这曾出现1928年11月到1932年7月的美国股市中。对波浪运动的这一特性进行彻底的理解和掌握非常重要。

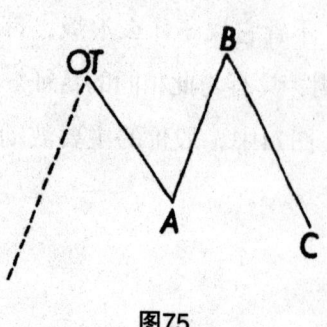

图75

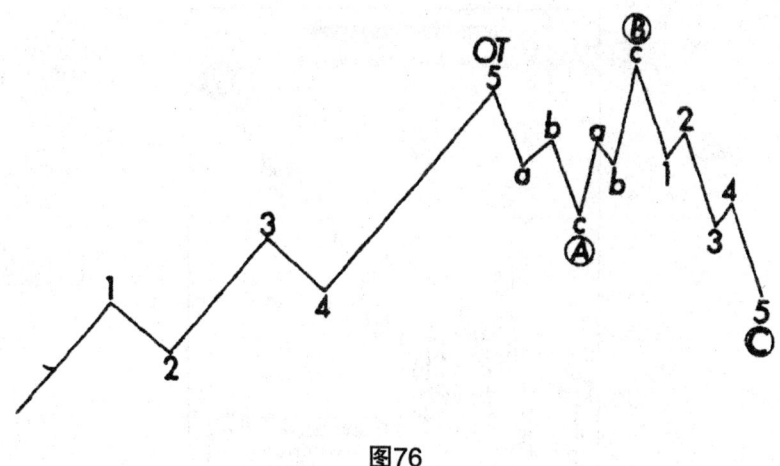

图76

　　如果浪 "A" 是一个简单的锯齿形,那么浪 "B" 将是一个倒置的平台形。出现这种情况下,交替原则将会给我们发出警告。所谓"交替"(alternation)是指两件事情或一系列事情的依次出现或依次活动。

　　在股市中,牛市和熊市会交替出现。一轮牛市由5个浪组成,而一轮熊市由3个浪组成。因此5浪和3浪互相交替,所有的浪级都会受到这一规则的主导。一轮牛市运动由5个浪组成,第1浪、第3浪和第5浪向上,第2浪和第4浪向下或者横向运动,因此,奇数与偶数互相交替。


# 七、涨跌速度、成交量与图表分析


　　当市场沿着某个方向高速运动一段时间后必然会出现趋势的反转,几乎总是不可避免地,在反转后市场也会沿着这个相反的方向进行相应的高速运动,例如,1932年仲夏的上升行情涨了40个点(道琼斯工业股票平均价格指数),也就是说9个星期内股指上涨了100%。这相当于每周上涨4.5个点。我们可以注意到,图77中1932年到1937年牛市行情中,随着时间的推移,股指的上涨速度呈现逐渐降低的趋势。

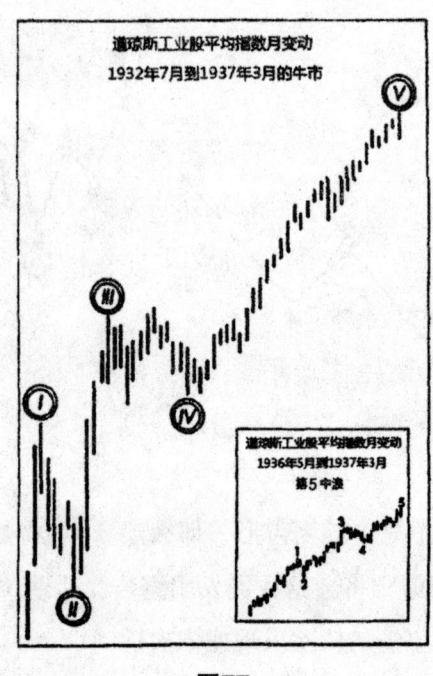

**图77**

股指在1932年和1933年出现了一波快速上涨行情，在本轮市场中，同时观察股指的日线波动和周线波动是非常必要的，否则就发现不了股指变动的一些重要特点，比如说股指波动中出现的三角形和延伸浪。

在随后的"图表研究"这一节中，有一段内容会涉及"线"的概念。在一般的市场中，如果市场运动速度缓慢，此时仅仅使用日线变动，会隐藏很多重要的形态。以1904年1月的最后一个星期到6月的第一个星期这段时期为例，在这五个月里，日收盘价（道琼斯工业股票平均价格指数）的最大变动仅有4.09点（50.50～46.41点）。在日线走势图上可以看出，股指所走出来的是一条乏善可陈的线。但是如果将这段股价波动浓缩成周线走势图，就会发现一个完美的三角形，它的第2浪趋势向上，因此投资者就可以确信，在三角形形成之后，市场将会继续向上运动。

### 成交量

无论是波浪运动形成水平三角形、平台形还是其他类型的调整浪，从其起点到终点，成交量都会逐渐萎缩。了解成交量的变化通常有助于我们弄清一轮股价波动的性质。然而，当市场出现反常的"交易清淡"时，常规的成交量信号有时会具有欺骗性。

如果联系起5浪循环结合考虑股价的变动情况，那么成交量的特征是显而易见的。例如，在一些重要的上升或下降阶段，成交量会在第1浪期间增加，在第2浪期间减少，在第3浪期间增加，在第4浪期间减少，在第5浪期间增加。在第5浪期间，成交量应该能很好地维持住，而如果价格有所上升而成交量很小，就意味着股价趋势即将出现反转。

此处所涉及的重要概念包括成交量和比率，"成交量"是指所成交的股票的实际数量，而"比率"是指成交量相对于纽约股票交易所发行的股票总数的比例。

在纽约证券交易所1938年7月的简报中，有一个关于成交量走势和比率走势的比较。这个比较很有意思，从1914年开始的向上的比率循环浪——完整的5个大浪，在1929年结束后开始了向下的循环浪，并在1938年6月结束（见图78）。同样的现象出现在纽约股票交易所的席位价格上（见图79和图80）。

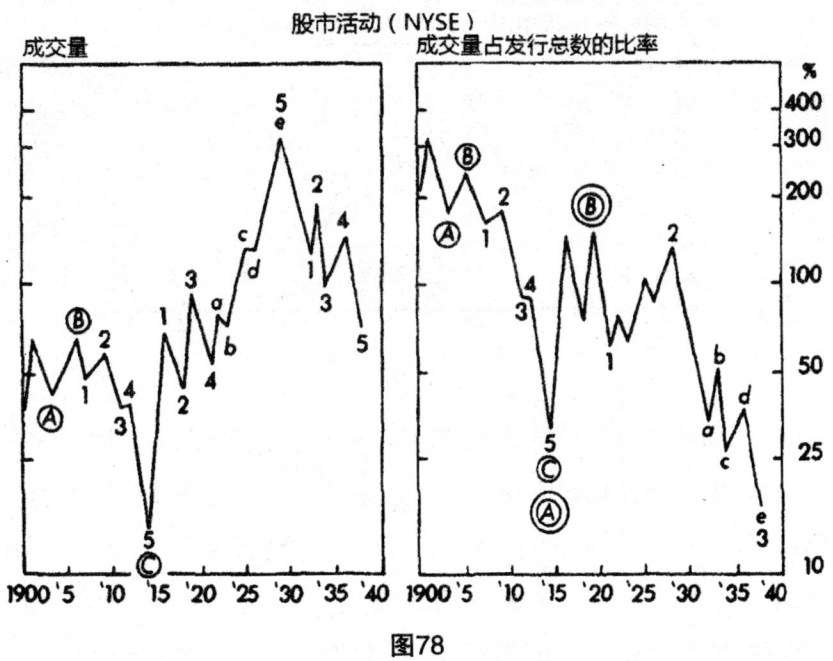

图78

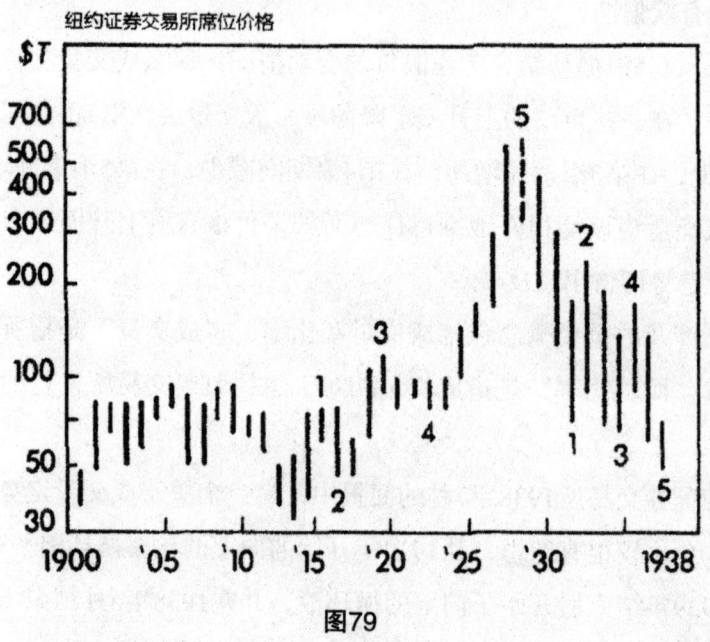

图79

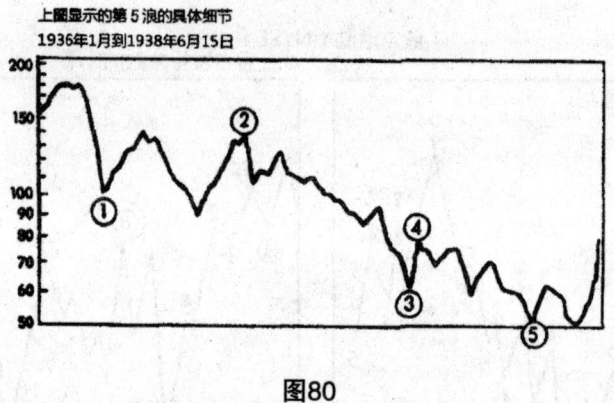

图80

对比率变动所形成的波浪的密切追踪并不是件容易的事，因为成交量会随着市场的瞬时走向的变化而变化。然而，由于股票交易所席位价格的波动并不那么容易受到市场瞬时走向的变化，因此价格波动就成为比率浪的有效反映。可以参见第十一章"其他领域中的波浪理论"。

根据纽约证券交易所简报第11页提供的信息，1928年5月的比率是12.48％，而1938年5月的比率为0.98％。我计算出的1938年6月头18天的比率是 0.65％。1938年6月18日星期六，实际的成交量是104000股，相当于每5小时成交200 000股。在6月18日之前的几周里，股市交易量极低，因此平均价格指数中的重要股票的卖出间隔很长，结果次微浪经常不能在小时浪中出现，而总是在本不应该出现的时候出现。同样地，小时成交量也常常有欺骗性。幸运的是，如此低迷的成交量在20年内应该不会再次出现。

　　纽约证券交易所在1937年11月简报的第一页中记录了从1937年8月14日到1937年10月及其他7个等长时期的成交量比率与价格的变化。我将这些数据换算成了百分比的形式，发现1937年这个阶段极为特别。

　　这些比较很有意思：

最近的熊市数据

| 顶部，1937年3月10日 | 195.59点 |
| --- | --- |
| 底部，1938年3月31日 | 97.46点 |
| 下降 | 98.13点或50.1% |
| 持续时间 | 1年零3个星期 |

NYSE股票交易的资金量

| 1937年3月 | 2612000000美元 |
| --- | --- |
| 1938年5月 | 499000000美元 |
| 1938年6月(估计值) | 187000000美元 |
| 下降 | 92.9% |
| 持续时间 | 1年零4个月 |

价格一成交量比率，以64天为一个周期

（1937年8月14日到1937年10月19日的下跌与其他时期的比较如下）：

| 1937年8月14日～10月19日 | 22.2% |
| --- | --- |
| 1937年3～5月 | 10.9% |
| 1929年年底 | 11.1% |
| 1934年2～4月 | 6.5% |
| 其他时期 | 1.0%～2.1% |

纽约证券交易所席位的价格

| 顶部，1929年 | 625000美元 |
| --- | --- |
| 底部，1938年6月15日 | 51000美元 |

| 下降 | 92% |
|------|------|
| 持续时间 | 9年 |

从1937年3月到1938年6月，此期间股市成交量下降了87. 5%。

从公共关系部（public relations department）获得的与交易资金有关的数据如图81所示。

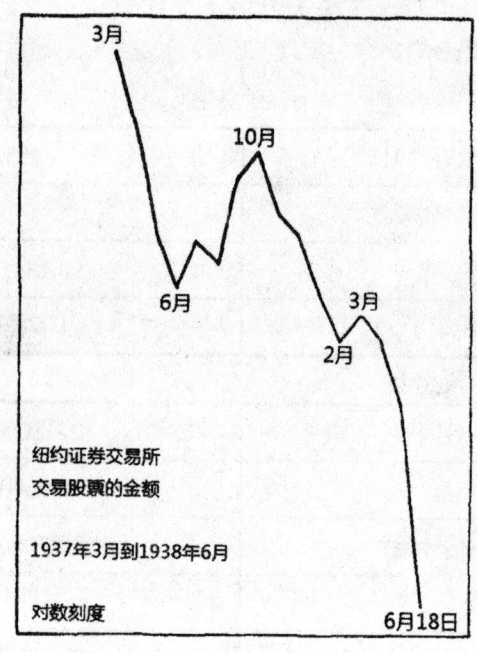

图81

# 八、股价走势图应用分析

下述规则是为我对股价走势图的一些分析注解。

1）不同板块或个股到达顶部的时间，与大盘指数达到顶部的时间是不一致的，而处于底部的时间却是统一的。也就是说，不同板块或个股往往会在同一时间段内筑底。比如说，1932年7月，债券、股票、产量、保险销售以及其他人类经济活动的很多领域都同时见底。当然，那是大超级循环第2浪的底，这个现象自然应当得到特别的重视。

2）在一轮波浪运动中，当波浪数量变得混乱不清时，波浪的相对大小可能有助于区分一轮运动相对于另一轮运动的浪级。运用暴露接触点（the exposed contacts）（即根据这些接触点绘制通道）应当有助于区分这些波浪运动之间的差别。

3）永远记住要在两个暴露接触点之间进行连线，或者根据这些接触点来绘制通道，以确定波浪运动的趋势。

4）要等待第四个点的出现，并据此绘制最终通道，而后才能确定波浪运动顶点的位置（也就是第5浪应当终结的大致位置）。

5）同一类别波浪运动的通道，其宽度必须保持一致。也就是说，同一波浪运动的通道宽度必须得到保持，即使通道线保持平行。除非第5浪未能达到上通道线。

6）波浪运动的级别越大，出现穿越通道线的可能性越大。

7）在绘制通道的过程中，如果股市属于上升行情，那么作为支撑线的基线在下；如果属于下跌行情，那么作为压力线的基线就在上。

8）波浪运动中主要运动波浪的强度会在接近基线时得到指示，例如，图14中1927年1月至1928年6月的行情，最后一段波浪在接近通道上轨的基线时，出现了急速拉升，这就构成了应该卖出的暗示。

9）为了在更大的范围内让波浪运动准确地显示出来，掌握走势图的如下绘制方法是必需的：

在对数刻度上，每日最高与最低点的周线变动应当比通常的应用放大2到3倍。

将每一个完整的5个上升基本浪及其调整浪绘制到一张纸上。

10）这些建议适用于三个主要的平均指数（工业股，铁路股及公用事业股），小盘的股票板块及个股。投资者可能会感兴趣的三种平均指数、板块以及个股的日线变动走势图应该继续保持，而且使用普通的算术刻度就能满足需要。

11）同时有必要留意股票的周线变动走势图，这主要是由于以下三点原因：

只有留意周线变动，才能够在足够长的时间段内观察股价的波动情况，以确定不同浪级的性质，尤其是较大级别的波浪。

将周线中所谓的"直线"转换成平台或是三角形形态，这些形态分别由3个浪和5个浪组成（这些形态在确定未来股价运动走势方面非常有用）。利用周线变动走势图可以排除任何短时间的日线变动的欺骗性。

12）始终在同一张图表中关注某一特定级别的波浪运动，不管它是小浪、子浪、中浪、基本浪还是更大的浪级。否则，波浪的标示、它们的相对大小以及运动将要达到的点位就可能变形，从而容易发生混淆。

13）要测定基本浪和更小浪级运动的时间周期，最佳方法就是综合考察周线、日线及小时线的变动走势图。绝不能仅仅根据其中的某一种时间周期来对波浪进行考察。在变动较快的市场中，小时线和日线变动走势是最佳的参考；对于股价变动较慢的市场，则需要采用日线变动和周线变动走势来测定。

14）自1928年以来，股票、债券和成交量比率第一次开始运用是在1938年6月18日，只有具备波浪理论的知识，这些现象才能得到观察与追踪。

15）某些指标看起来已经呈5浪下跌形态。在这种情况下，一个"不规则"顶部会出现，而且浪"C"将会由5浪组成，正如在"调整浪"章节所解释的那样。

16）在某些情况下，我们不可能获得用以绘制走势图的数据，例如房地产行业价格走势图，因为没有一个中心市场，没有一个可以标准化的指标，而交易商开出的价格往往是"名义上的"。对于这种情况，我们解决的方法是采用"丧失抵押物赎回权的住房抵押贷款数据"（foreclosed mortgage），这些数据可靠而且可以得到。当丧失抵押物赎回权的住房抵押贷款数据处于底部时，房地产就处于顶部位置，反之以此类推。

17）在其他情况下，尽管可以得到可靠的数据，但却很难定义子浪。例如成交量，它会随着市场的暂时方向以小浪级波动。这时可以用纽约证券交易所的席位价格作为指标进行考量（因为席位的交易不够活跃，因此其价格并不能以小浪级记录下来，所以很难通过其价格波动来表明成交量的短期趋势）。

18）在统计数据和绘制走势图时，季节性的波动因素会带给我们许多困难，对此，我们可以通过使用相同的基础比率绘制10年的平均周线、月线或是季度线变动走势图来克服。例如，我们可以得到周火车货运量的统计数字，因此当前这一周相对于10年平均数的比率图就能够绘制起来，并由此利用波浪理论揭示我们需要的数据事实。

19）当两个并不总是同时运动的指标时常合为一体时，反常的扰动就会出现，正如在"成交量"这一章节中所介绍的那样。

20）并非所有股票的表现都是同步的。尽管主要的平均价格指数在1937年10月触顶，但也有几个标准统计指数群在1936年11月就已经开始筑顶，并逐渐在1937年3月就达到最高点，随后逐步减少直到5月份。但是另一方面，个股往往会同时筑底。

# 九、波浪理论的实际应用

如前面章节所述，股票投资者和炒作者最关心的是第5浪的终点会出现在哪里，因为这个点位标志着整个一轮波浪运动即将告罄，一场反转向下的波浪运动即将开幕。较高浪级的股票市场运动，尤其是持续时间长达几个月的中浪级和几年的基本浪级运动，在5浪终点位置将会遇到相当大幅度的股价调整，因此需要我们在终点位置清空多头仓位。确定向下调整的波浪运动的5浪位置也同样重要，因为在这个位置处建立多头仓位，将使我们获得最大的长期利润。

在炒股过程中，操作者首先需要确定的是，他希望在哪个级别的波浪运动中持有多头仓位。很多投资者喜欢在基本浪级运动中操作，而这也正是我们将要讨论的波浪运动类型。当然，同样的原理也适用于更大浪级或者更小浪级的波浪运动。

假设投资者已经在1921年6月正确地建立了多头仓位。通过对于大超级循环（见前文图12所示）的研究，他看到市场的大超级循环运动始于1857年，而且整个大超级循环运动中的第1浪、第2浪、第3浪以及第4浪都已经完成。大超级循环中第5个循环运动始于1896年，而且已经临近结束，前面4浪已经利用1896—1921年的时间成功完成。第5基本浪刚刚开始，它将由5个中级浪组成。第5中浪不单会终结整个基本浪运动，也会结束整个循环和大超级循环。换句话说，即将到来的这段时期必将相当吸引我们的注意。

根据他对基本运动第5浪之前的第1浪以及后4浪的研究，这位投资者对于本轮波浪运动的范围和长度有了某种判断。尽管如前所述，由于这仅仅是通过对另一个相同浪级的波浪进行修正而来，因此只能作为大致的判断。更进一步的判断可以通过绘制通道来获得。从1857年开始的大超级循环已经完成了4个次一级的波浪（循环级运动），因此通过连接大超级循环第2浪、第4浪终点这两个暴露连接点，并通过第3浪的终点做出一条平行线，那么就可以得到一条上平行线，而这正是第5循环浪或者说从1896年开始运行的第5循环浪应该到达的终点线位置。同样地，从1896年开始的循环运动已经完成了4个浪（基本浪运动），因此就大超级循环浪而言，就可以得到它的最终上通道线，这也是第5基本浪运动应该结束的地方。

此时，假如投资者持有1921年6月买入的股票，并且以直到基本浪运动结束为目标，那么，遵循交易规则，将有助于他在正确的时间点进行清仓操作。这些规则有些已经在前面给出，而另一些则在此处第一次介绍。这些规则包括以下几个方面：

1）基本浪运动将由5个中级浪组成。在没有看到第4中级浪结束、并且第5浪开始运行之前，不要考虑卖出。

2）当第4中浪结束，第5中浪正在运行，那么它将由5个更小浪级的波浪或者说5个子浪组成，在第5子浪开始运行之前不要考虑卖出。

3）当第4子浪结束，第5子浪正在运行，那么在见到第5小浪结束之前，第5子浪是不会结束的，在见到第5小浪之前不要考虑卖出。

4）根据小时线平均走势图，第5中浪的第5子浪的第5小浪很有可能会由5个微浪组成，其中的第5微浪同样会由5个次微浪组成。因此，要到达始于1921年6月的基本浪的极限顶部，那么在第5中浪中的第5细浪中的第5微浪中的第5次微浪结束之前，不要考虑清仓。

5）超级循环运动中的循环运动中的基本运动中的第5浪通常会突破或者说"穿越"为每一级别运动的终点极限位置建立的通道线上轨。通道线上轨（见之前的章节）为第5超级循环浪、第5循环浪的终点设置了上限。既然始于1921年6月的基本运动将会结束一轮循环运动和超级循环运动（见图13），因此可以预测这一基本浪运动在它将市场价格（在对数刻度上）带到超级循环浪的上通道线和循环浪的上通道线之前不会结束。同样地，当前基本浪中的第5中浪运动（一个尚在前方的中浪级运动）应当突破或者穿越相对应的通道线上轨。

6）超级循环、循环以及基本运动的第5浪的终点通常伴随着巨大的成交量，比先前每一个此级别波浪运动中的波浪的成交量都要大。因此在接近当前基本运动中第5中浪顶部附近，应当可以看到相当大的成交量。

脑中有了上述的一般性规则，投资者就可以打开股票市场走势图，绘制其周线以及月线股价波动走势图，以便随时跟踪每一个中浪级运动。月线运动如图82到86所示。第1中浪在1923年3月结束，它由5个子浪组成（如图82所示）。随后的第2中浪，正如偶数浪或者说调整浪运动所必须的那样，是由3个子浪组成。第3中浪持续到1925年11月。其后是正常的3浪调整。

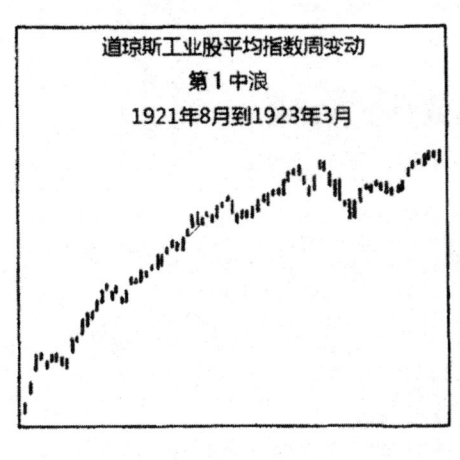

图82

图83

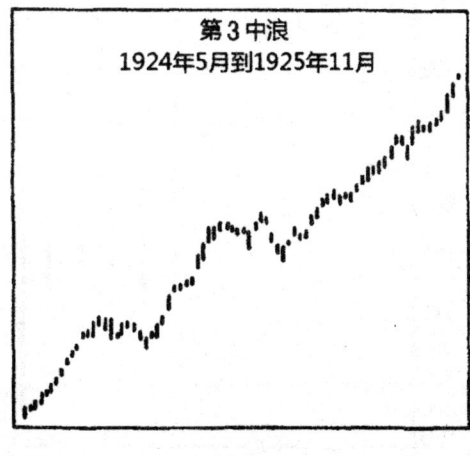

图84

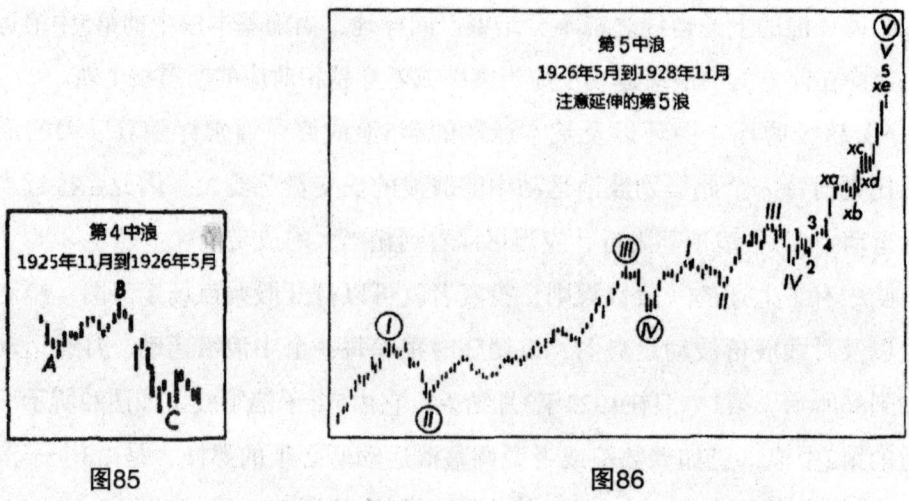

图85　　　　　　　　　　图86

# 十、调整期走势预测

1937—1938年，美国股市走熊（见图87和图88），期间发生了不少新鲜的奇事怪事，列举如下：

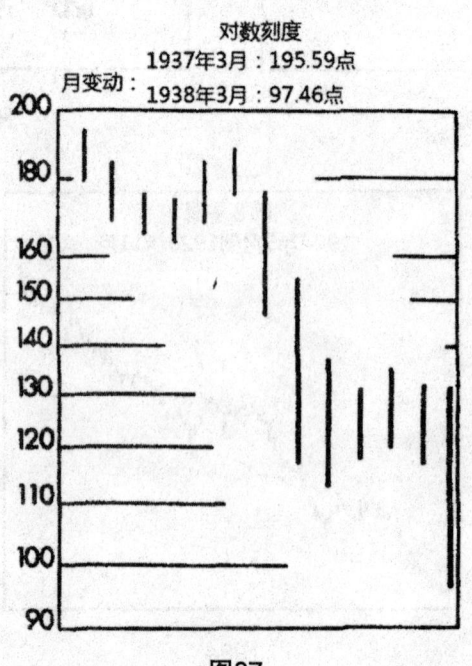

图87

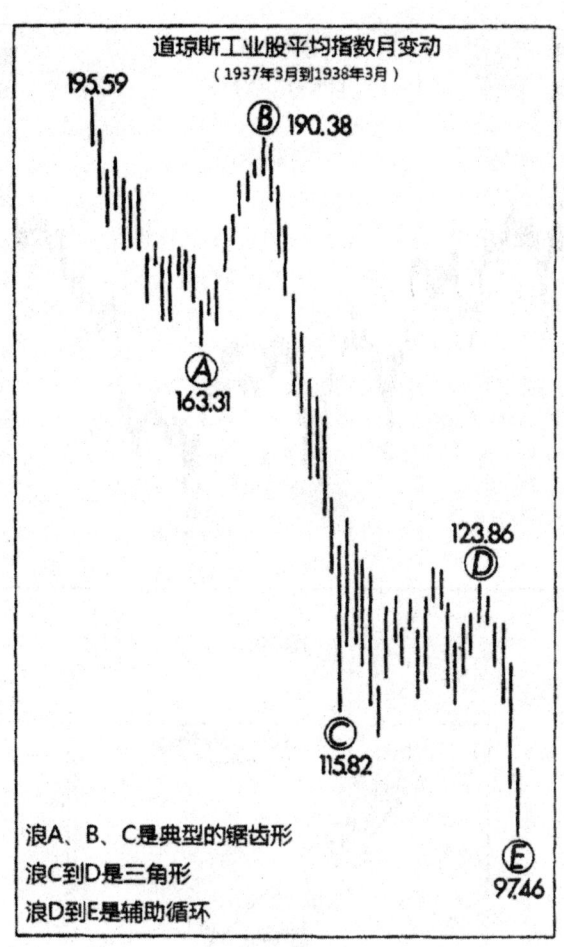

**图88**

### 平行四边形

　　1937年8月4日，美股报收187．31点，这是一轮上升行情的"正统"顶部。接下来股指走出的是三浪调整和三浪上升，并最终在8月14日达到190．38点。在这两个日子之间一轮不规则调整的浪A和浪B形成了（见图89）。浪C又急又长，在10月18日下跌到115．82点，并形成了一个完美的平行四边形。因为这个原因，它没有特别的重要意义。"不规则"顶部预示了它惊人的速度和程度，正如 1928～1929～1932年表现的刀口状那样（见图90）。

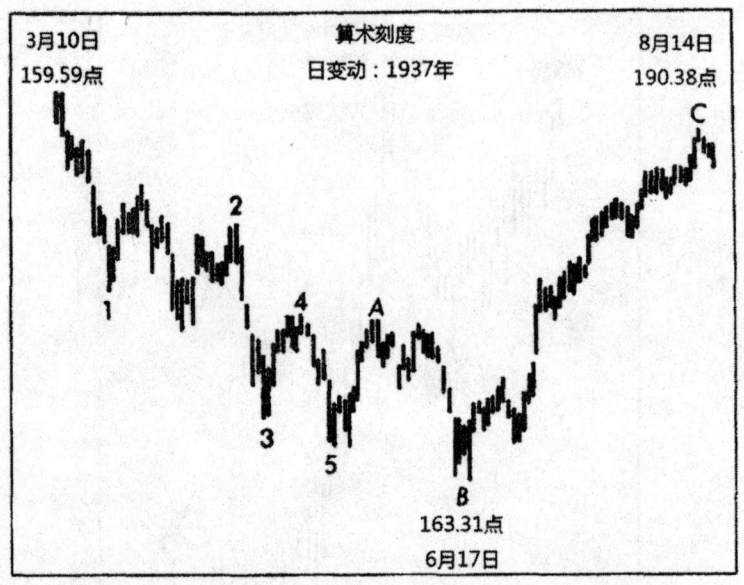

图89

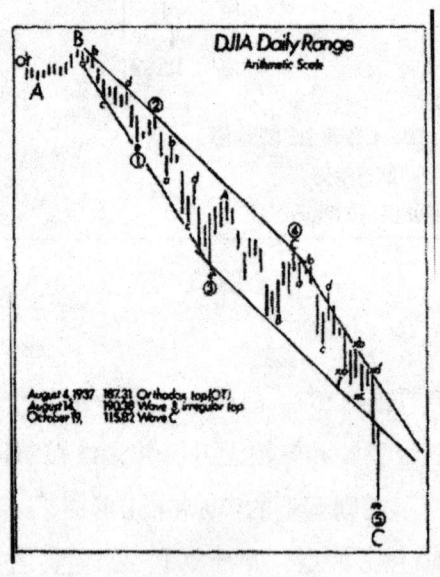

图90

　　图90中的股价走势图包含了许多有趣特征，这些特征甚至是我所知的范围内数量最多的。请注意这个平行四边形模式。OT到B的"不规则"顶部预示着市场将会出现剧烈下跌。xa到xe的延伸浪表明此轮下跌会以三浪方式立刻出现，到达xb后出现回撤，最终股市会跌到xe以下。第一次回撤如图91所示，它由三浪组

成，表明股指还会到达更低的点位。图89中的锯齿形A—B—C表明，浪C之后的调整浪将会是一个平台调整浪或是三角形调整浪（如图90）。三角形调整浪再次印证了更低的水平，如图91中1938年2月到3月的走势图所表明的那样。

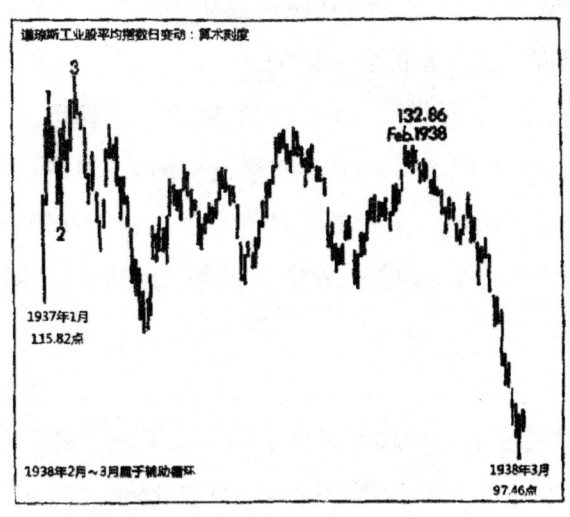

图91

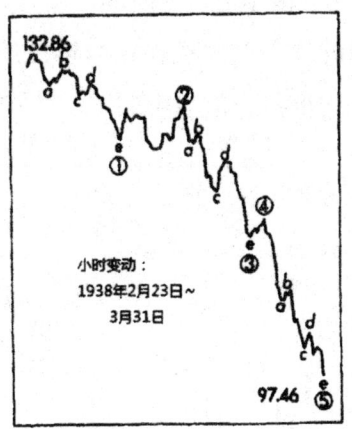

图92

## 新月

我用这个美丽的名字来描述1938年2月23日股指所处的132点，到3月31日的98点之间所形成的走势形态，这段时间股指呈曲线下降，而且到达底部时几乎垂直下跌（见图91和图92）。

股指下跌至115.82点后出现了延伸浪（参考图90），这预示着它还将创出更低的水平。从115．82点开始的第一轮上涨由三浪组成，这印证了刚才所讲得这一点。我们当然还可以通过三角形调整浪使这个论点得到再次确认。

同样的形态还曾经出现在1936年4月，股指从163点下跌到141点。上述两个都属于延伸浪的回撤。由于这段时间股指波动速度很快，因此有必要参考小时线进行考察，尤其是波浪运动的后半部分。

1929年9月到11月，股指从381点跌到195点，本轮下跌的第1浪出现延伸浪，并随即在1930年出现回撤。本轮波浪运动的第3浪或第5浪并未出现延伸浪，因为在第1浪已经出现过了。如果1932年的延伸浪在第5浪而非第1浪中出现，那么1929年到1932年7月的下跌看上去将会与1938年2月到3月的"新月"是一样的形态。

### 辅助循环

截止目前的数据显示，1938年见证了第一次工业股票平均价格指数的辅助循环（见图91和图92），即1938年2月23日的132点到3月31日的98点。在此之前由五浪组成浪"C"是一轮主要调整的终点，跟1932年的一样。1937—1938年的下跌行情形成了一个清晰地五浪形态（见图88），它仅完成了更大一级A—B—C熊市中的浪"A"。相同的现象曾出现在1934年12月的铁路股平均价格指数和1935年3月的公用事业股平均价格指数当中。

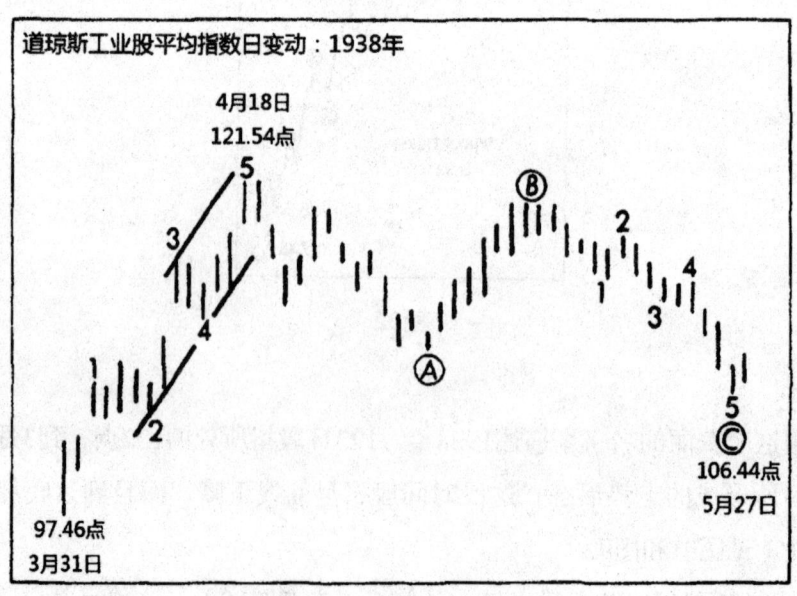

图93

从97.46点上涨到121.54点的运动（见图93）由五浪组成，也是自1937年以来这一浪级的波浪运动中的第一次五浪上升形态，这确认了3月31日的97.46点是熊市浪"A"的底部（1938年3月31日低点是A—B—C熊市中的浪"A"。这一解读是正确的，并且预测了1942年更低的底部位置）。

股指在5月27日收盘于106.44点，这是从121.54点开始的典型的平台形调整浪的终点。


# 十一、其他领域中的波浪理论


"循环"这个词虽然多年以来被广泛运用，但总以一种相当随意的方式出现，它仅仅意味着一种大概的向上和向下的运动趋势。某些经济学家曾根据美国股市交易数据，将 1921～1932年这一时期的股票市场称作一个完整的循环，这一时期包含三个强度或大或小的循环——1921年初到1924年中的运动，1924年到1927年底的运动以及 1927年到1932年的运动。总体来说，人们对循环的认识还相当表面化、粗浅化，原因在于循环已经广泛存在于我们的计划和观念之中，但是极端点说，循环的内在法则依然并不为众人所了解。

我这篇论文使用股票市场数据作为循环理论的唯一例证，已经较为充分地解释了循环原理，并且在解释和论述的过程中展示了一个循环如何成为另一个循环的起点或者是更大级别的循环运动的一部分，并且说明了循环运动与较小级别循环运动一样，会受到相同法则的影响。这种方法跟其他自然研究方法是完全一致的，因为我们知道，波浪一旦向上展开，就总会处于一种有序的前进之中。然而，这一过程中，不论在哪个领域，都有一种固定的占据统治地位的法则或者说自然运转时遵循的支配性法则统领着整个运动形态。本书的目的就在于首先介绍这一法则，然后介绍这个法则在令人迷惑的分析研究领域之中的实际应用。

我们在这里列出一些随机挑选的图标，用它们作为波浪理论在其他领域中应用的例子，以此来说明，只要有运动存在，波浪运动法则就会发挥作用（见图94到图103）。在此建议学习者在股市以外的其他领域根据这一法则进行进一步地深入研究，它会使大家相应的工作变得简单明了。

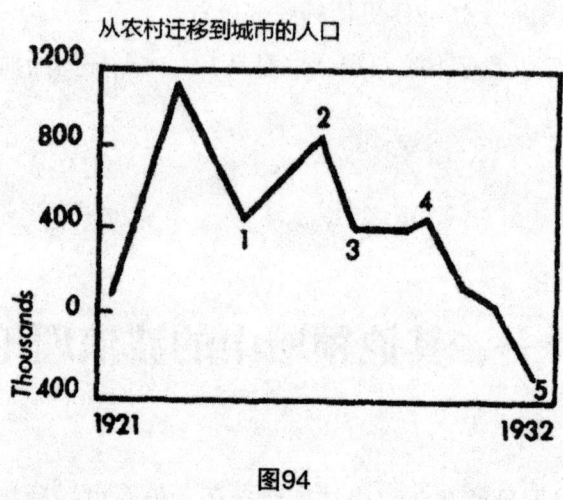

图94

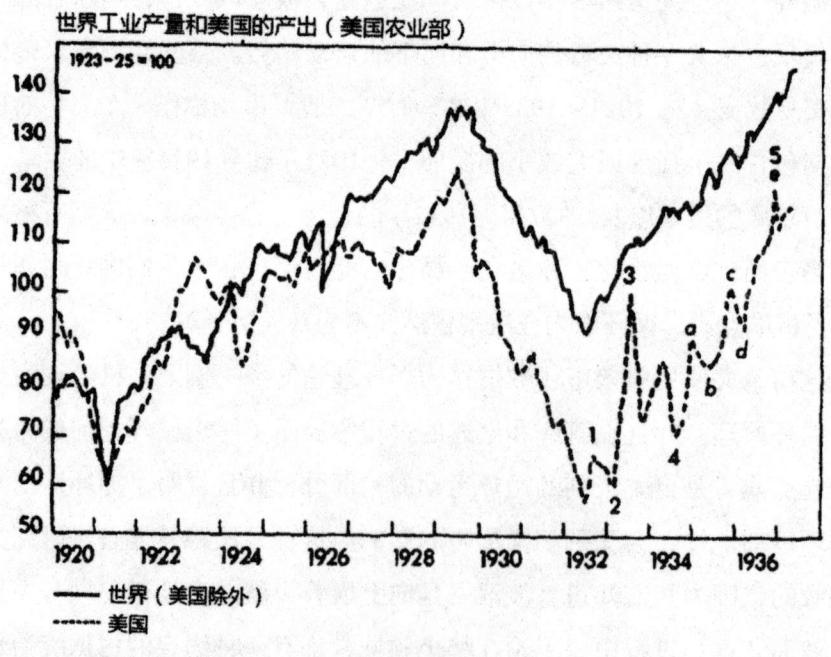

图95

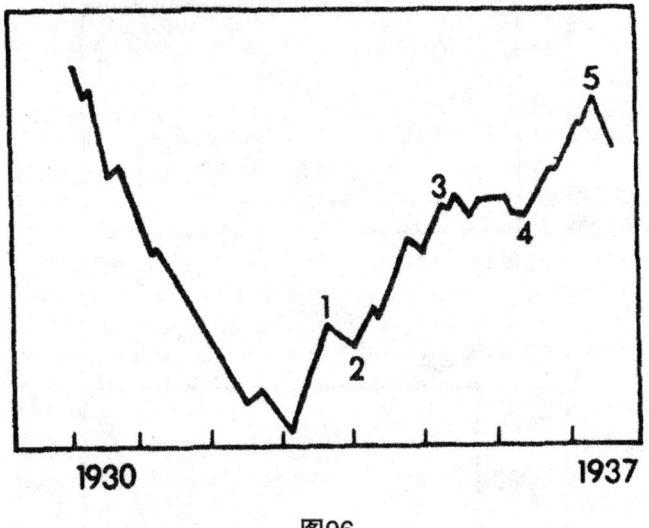

农产品价格（美国劳动部）

图96

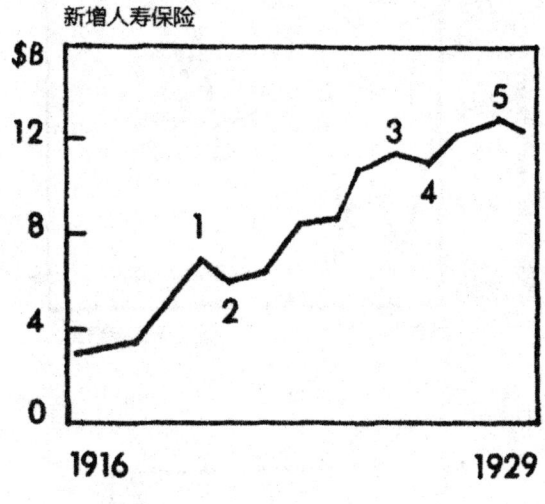

新增人寿保险

图97

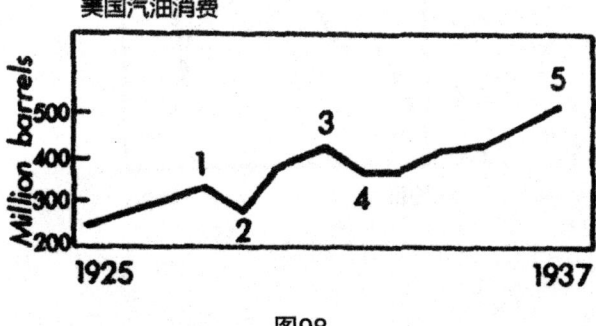

美国汽油消费

图98

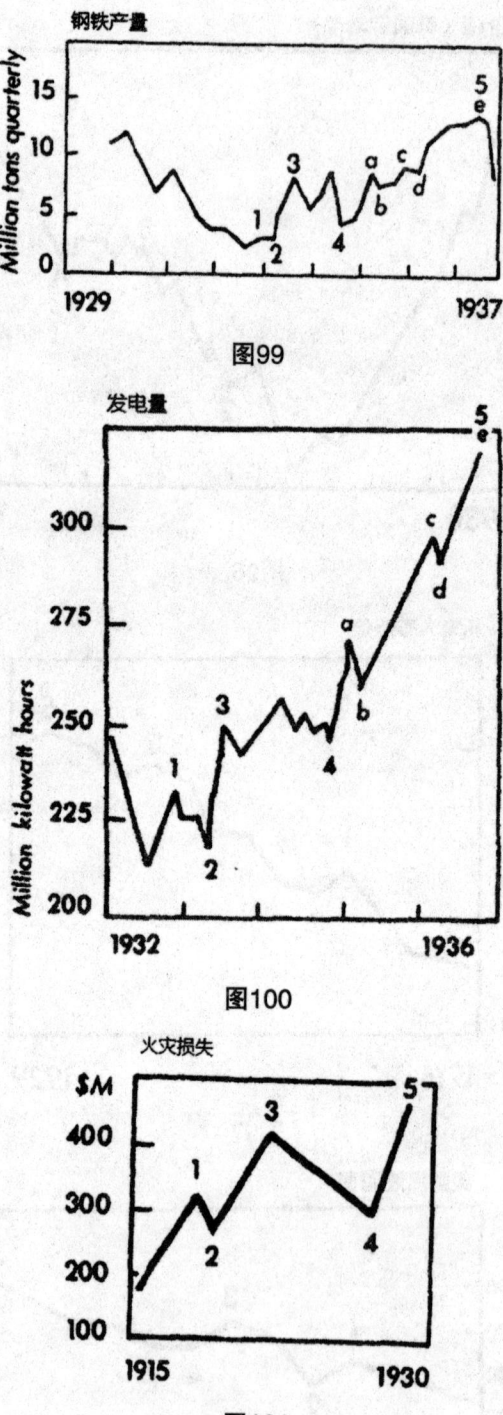

图99

图100

图101

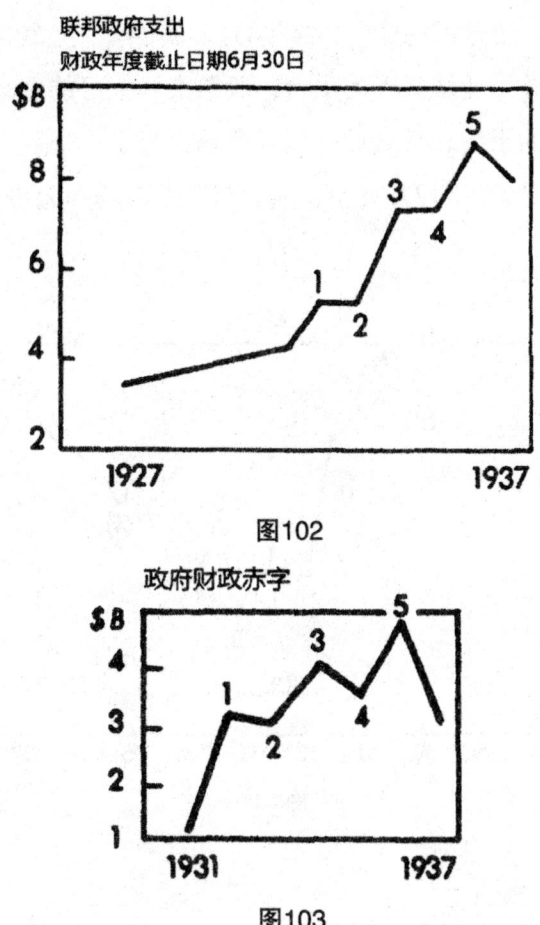

联邦政府支出
财政年度截止日期6月30日

图102

政府财政赤字

图103

不同指标都在进行波浪循环，但这种循环绝不会一起见顶或见底。几个或更多的指标可能会同时见顶但却会在截然不同的日期里见底，反之亦然。其中一些指标的记录如下：

|  | 正统顶部 | 正统底部 |
| --- | --- | --- |
| 股票 | 1928年(而非1929年) | 1932年 |
| 债券 | 1928年 | 1932年 |
| 生产活动 | 1920年 | 1933年 |
| 商品 | 1920年 | 1932年 / 1933年 |
| 房地产 | 1923年 | 1933年 |
| 成交量比率 | 1928年 | 1938年6月18日 |
| 纽约证券交易所席位 | 1928年 | 1938年6月15日 |

1932年见底后，债券市场曾在1934年4月形成了一个正统的顶部，如若不是 N．R．A（国家复苏工业法案）的出台，股票市场很可能会与债券市场一起同步见顶。在1934年的正统顶部之后，债券市场出现了一个巨大的"不规则"调整浪，其浪"B"在1936年12月见顶，随后与股票市场一起步入浪"C"，并于1938年3月见底。

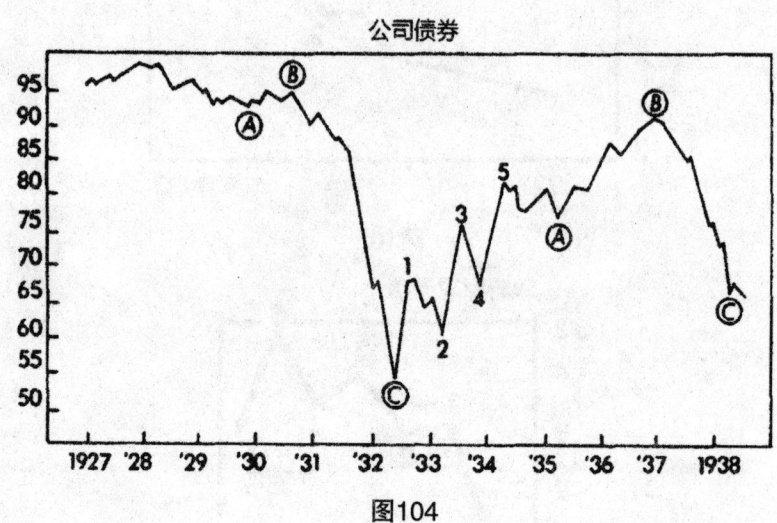

图104

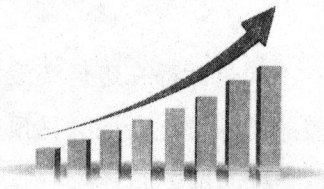

寻找上升浪

# 一、一山连两谷，右浪介入

　　"一山连两谷"是指股价跌到低位后，日K线在底部走出的W底形态（注意与K线图W底形态的区别），该形态的两个低点，在移动平均线图上如同大山中的两个峡谷。该形态的中间突出部分，如同两峡谷中间的一座山峰，将峡谷与山峰联系在一起观看，就是一幅"两谷夹山"的风景画，这幅风景画在股市行情中是投资者的聚宝盆，经常使用它，财源就会滚滚来。

　　该形态是依据"两次探底"的原理来显示买入信号的。第一个峡谷（即左边低点）为一次触底，第二个峡谷（右边低点）为第二次触底，两次低点大致处在同一个水平线上，这是股价跌不下去的支撑位，也就是股价见底的迹象，此时进场，容易获利。

　　下图是中国铝业（601600）2008年10月中旬到2009年2月下旬的日线走势图，从图中可看出，该股在2008年10月到2009年2月期间，走出了一个十分完美的"一山连两谷"形态，该形态的左谷底低点出现在2008的10月29日，当日的5日移动平均线低点为6.38元。右谷底出现2009年12月31日，当日的5日移动平均线低点为6.39元。如果在电脑屏幕上隐去均线，仅留K线系统，我们就能清楚地看到，该股恰似两个深深的山谷，挟持一座山峰，一个"一山连两谷"的形态跃然于屏幕上。这一形态告诉投资者，该股跌到底部了，已到了进场的时候，后市会有回报，不应错过这一买入机会。该股的后市走势作了有力的印证。自"一山连两谷"形态出现后，该股就奋力盘上，股价升幅接近100%。

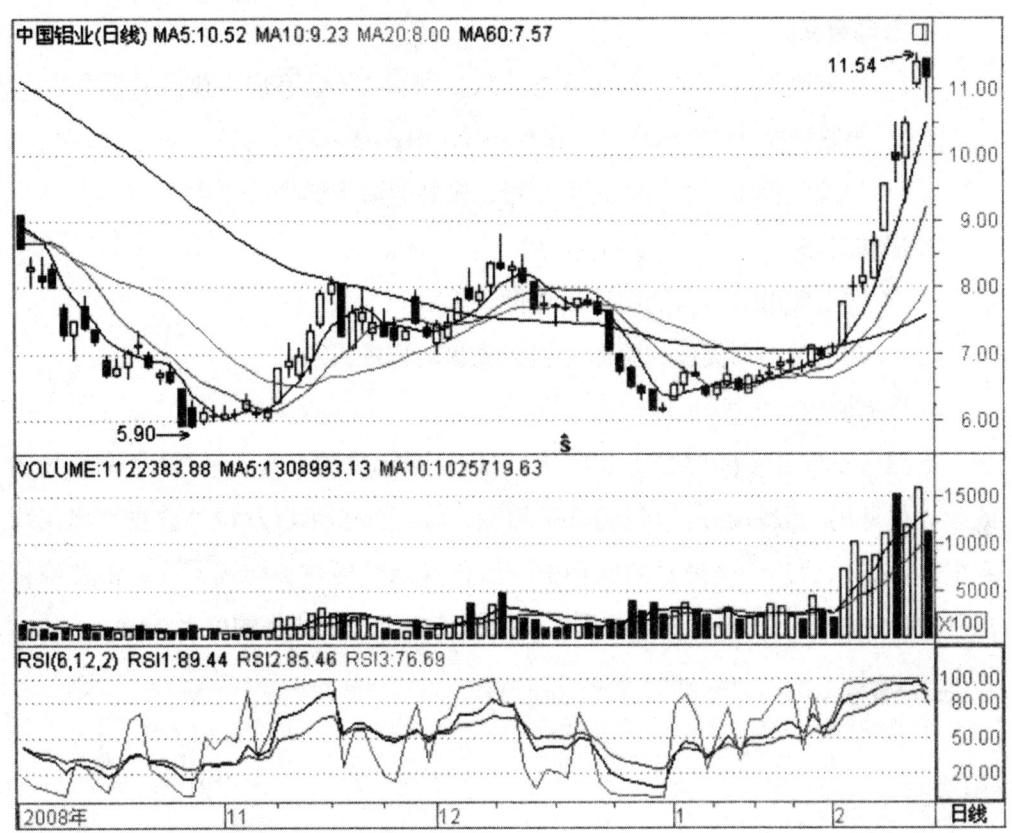

# 二、芙蓉出水，低位介入

### 1.图形特征

（1）当股价长期在季均线之下滑跌，有一天突然放量冲过季均线并能收盘在季均线之上，这一根阳线称为出水芙蓉。

（2）当股价长期在季均线之下横向震荡，有一天突然放量冲过季均线并能收盘在季均线之上，这一根阳线也称为出水芙蓉。

（3）有时股价分几次上冲季均线，其中有一根阳线最终能站稳在季均线之上，这根阳线还称为出水芙蓉。

## 2. 市场意义

（1）如果股价始终在季均线之下滑跌，则始终不会有向上攻击的爆发力。

（2）当股价放量切断季均线（或月均线）时，有可能成为向上转势的信号。

（3）如果股价能在季均线之上启稳，则转势向上的把握更大。

## 3. 操作方法

（1）在出现出水芙蓉的图形后逢低买入。

（2）在出现出水芙蓉的图形的当天收盘前积极买入。

## 4. 举例说明

下图荣华实业（600311）2008年11月7日开始放量上升，经过6个交易日的放量收集筹码，股价已运行到60日平均线边缘。2008年11月17日放量冲出均线系统，并在以后几个交易日的回档中，股价并未跌穿季平均线系统，由此确认11月17日的放量阳线有效站稳在季平均线系统之上，是典型的出水芙蓉。

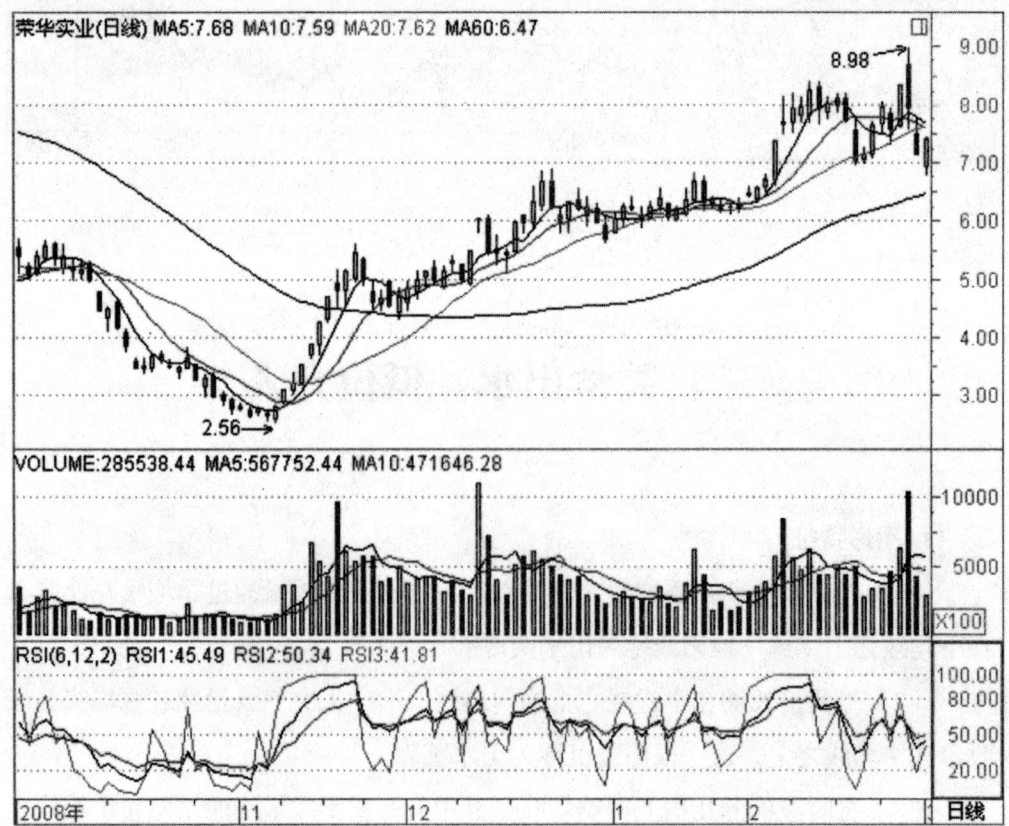

# 三、重锤坠地，掀起波浪

　　股价经过较长时间的下跌后，在低位出现了一条大阴线，紧接着出现一条向下跳空开盘，并留有跳空缺口（实体之间的缺口也可）的星形小图线（不分阴阳），就称为"重锤坠地"。也就是说，该图线必须是在低价位出现，而且最后的两条图线必须是由一条大阴线和一条留有缺口的小星形线组成，因为小星形线形似一个带柄的铁锤，故名"重锤坠地"。该形态之所以显示见底信号，是因为股价经过长期下跌后，又出现一次急跌的走势，做空能量得到了充分的释放，获利盘几乎涤荡殆尽，套牢盘该跑的早已跑了，没有出逃的，已成"铁杆多头"，不会轻易割肉斩仓。"重锤坠地"中的星形线，是卖压减轻、股价见底的迹象，先知先觉者往往利用这一形态，暗中收集廉价筹码，等到后市出现戏剧性的上涨行情、后知后觉者踊跃进场时，先知先觉者已获利颇丰，就可"落袋为安"了。

　　下图是广济药业（000952）2001年7月到2001年12月的日线走势图。图中显示，该股经过近一年的下跌后，于2001年10月15日到2001年10月19日期间，又连收5条下降的阴线，5条阴线的跌幅达7.07%，第二天（2001年10月22日）该股向下跳空0.36元开盘，收出一条带有上影线的星形小阳线（开盘价10.55元，最高价10.85元，最低价10.30元，收盘价10.60元），留下0.31元的跳空缺口（实体之间的缺口），形成标准的"重锤坠地"形态，表明该股已跌到了底部，后市即将展开反弹行情，此时介入，会有可观的收益。该股的后市走势确实如此。自"重锤坠地"形态出现后，该股就强劲上扬，股价由2001年10月22日"重锤坠地"图线出现日的10.60元，上升到2001年10月24日的12.65元，升幅达19.34%。

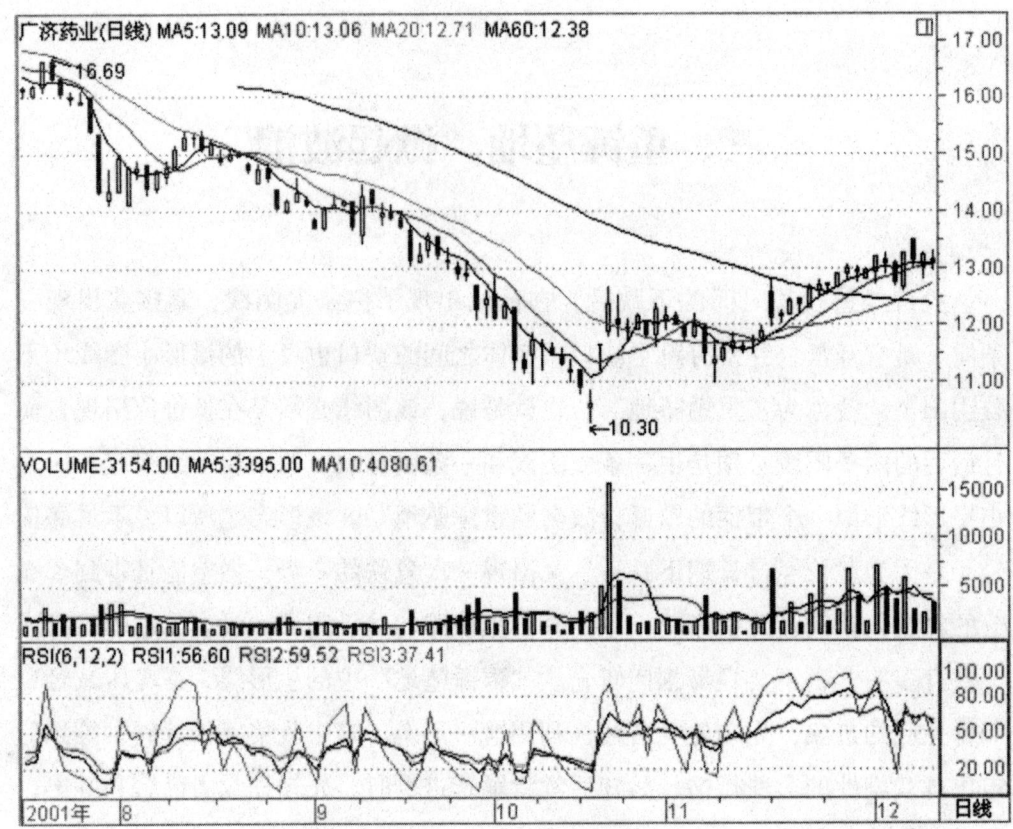

# 四、均线烘托，上升浪开始

　　将日价格平均线参数设为：5、10、20、60、120日和240日，出现了5日、10日、20日、60日、120日价格平均线和240日价格平均线。简称"六线"。

　　当5日价格平均线上穿10日、20日价格平均线，10日价格平均线上穿20日价格平均线，称"月托"。

　　当10日价格平均线上穿20日、60日价格平均线，20日价格平均线上穿60日价格平均线，称"季托"。

　　当20日价格平均线上穿60日、120日价格平均线，60日价格平均线上穿120

日价格平均线，称"半年托"。

当60日价格平均线上穿120日、240日价格平均线，120日价格平均线上穿240日价格平均线，称"年托"。

以上四个"托"，简称"四托"。

在漫长的股价运行中，有时会出现"六线四托"形态，这是很难得的买入机会。此时买入，收益大、风险小。

如下图，中南建设（000961）在2008年11月时均线开始交织，从11月18日到12月1日，均线缓慢走平黏贴，自12月2日起出现"六线四托"的走势，此时可以果断买入，如果投资者耐心足够好的话，在2009年上半年可以享受惊人投资收益。

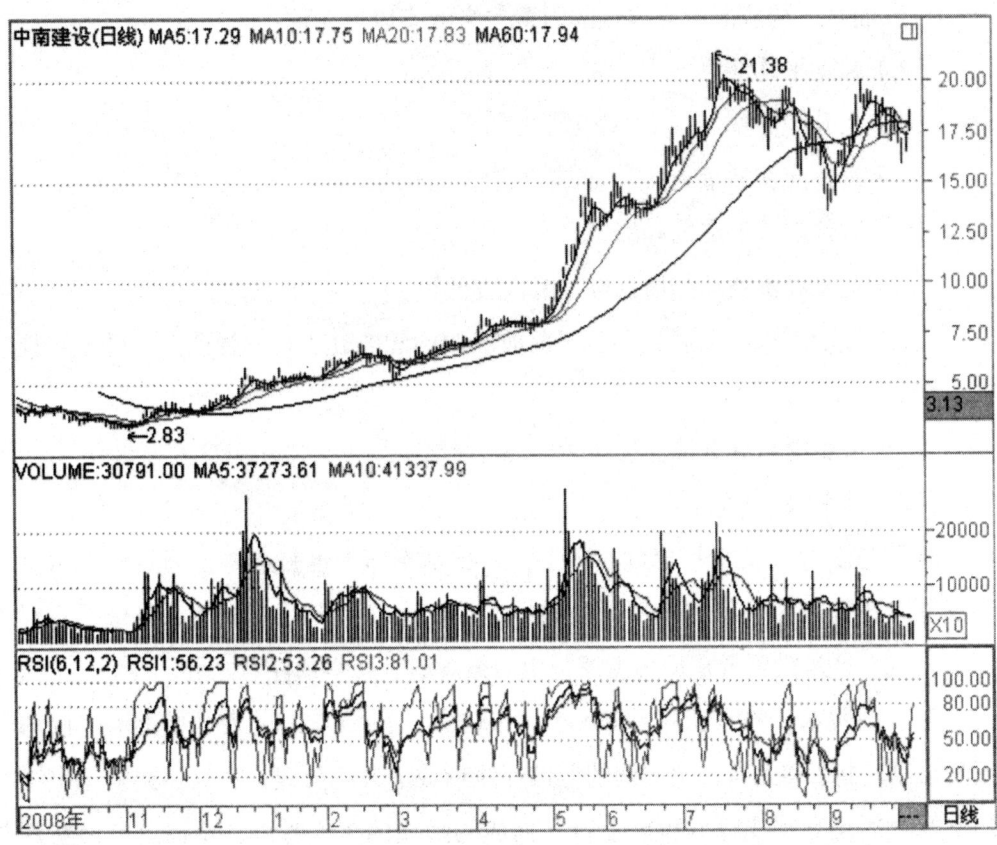

# 五、寻找浪底支撑位

所谓浪底支撑位，就是维持股价稳定，使其止跌力量的点位。当股价自高档下跌至支撑点时，由于技术上的种种原因，会有许多买盘在支撑点附近介入买进，促使股价止跌回稳，甚至反转上升。因此，在股价下跌，跌至支撑点所在时，为买进时机。

一般而言，构成股价支撑点的因素，大致有以下几种：

（1）移动平均线。

（2）上升趋势线。

（3）密集成交地带。

（4）股价前波上涨的起涨点。

（5）过去股价波动的最低价，或前波低价。

（6）股价大幅上涨后，下跌至前波涨幅的50%处（1／3处或2／3处也可能有支撑）。

（7）头肩顶与双重顶的颈线。

（8）多重底。

支撑与阻力，其实是相对的概念，在技术操作上也是这样。当股价下跌至支撑处，无法发生支撑的作用而跌破后，该支撑点反而就变成往后股价上涨时能阻力点，这是投资者在运用支撑与阻力概念时，所必须注意之处。

如下图所示，ST东北高（600003）2005年7月见底2.33元后开始上涨，底部不断抬高。将2.58元与首次回调的低点连线形成上升趋势线，在其后调整至该线的支撑处时均获得支撑并再度上行，而成为短线的买入时机，止损点可设在跌破支撑线之时。

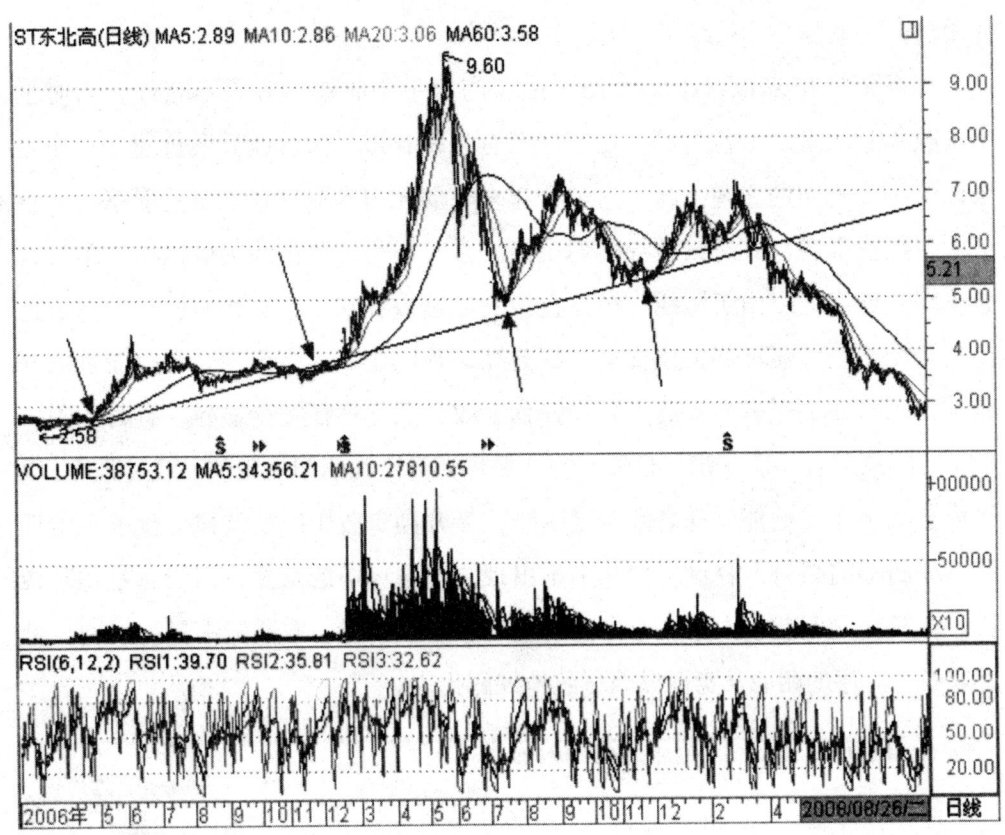

# 六、寻找稳健的盘升浪

　　盘升式方式在表现形式上不温不火，以缓慢上行的方式将股价推高，股价逐步脱离底部区域。在日K线图上，常常以两阳一阴、多阳少阴或长阳短阴交替上升，或连续小阳和十字星式上行，盘中出现的跳空缺口都将被回补，涨多跌少，循环攀升。成交量呈温和状态，偶尔有脉冲式放量出现。在形态循环间，前后循环有时会重合，即股价出现第一个循环以后，第二循环又回到了第一个循环的高点或起点位置。显示庄家控盘程度较高、资金实力强大、炒作风格稳健，后市将有较大的上升空间（但主升期往往出现在行情的中后期）。这种操作手法，一般是中、长线实力庄家控盘所为。

如下图，华夏银行（600015）由于庄家手中收集的筹码不充分，同时也为了收集到更多的低位筹码，庄家并没有急躁冒进、大幅拉升股价建仓，而是采取了阴阳相间的交替上行，这种看起来软弱无力实则后劲十足的形态，迷惑了大多数投资者，并持续诱导他们出局。常常出现，大阳线突破以后，第二天股价高开低走，收出了阴线，虽然盘中一度全数吞吃了突破长阳线，但收盘稳稳高居在阳线实体顶部，成交量大幅萎缩，表明庄家入多出少。有时股价低开高走，几乎完全光脚光头的大阳线强劲上攻，强势特征完全显露。有时一阴一阳、一阴两阳、一阴三阳、长阳短阴，循环而升。在阴阳互现的形成过程中，K线形态几乎无一例外呈现高开低走阴线，低开高走收阳线的规律，盘中不留任何不被回补的缺口，收盘股价几乎不出现二次循环中的重叠，阳线总是比阴线长。在成交量不断放大中，也出现对应的收阳线放量、收阴线缩量的规则，把庄家极为有序的耐心从盘面淋漓尽致地展露出来。

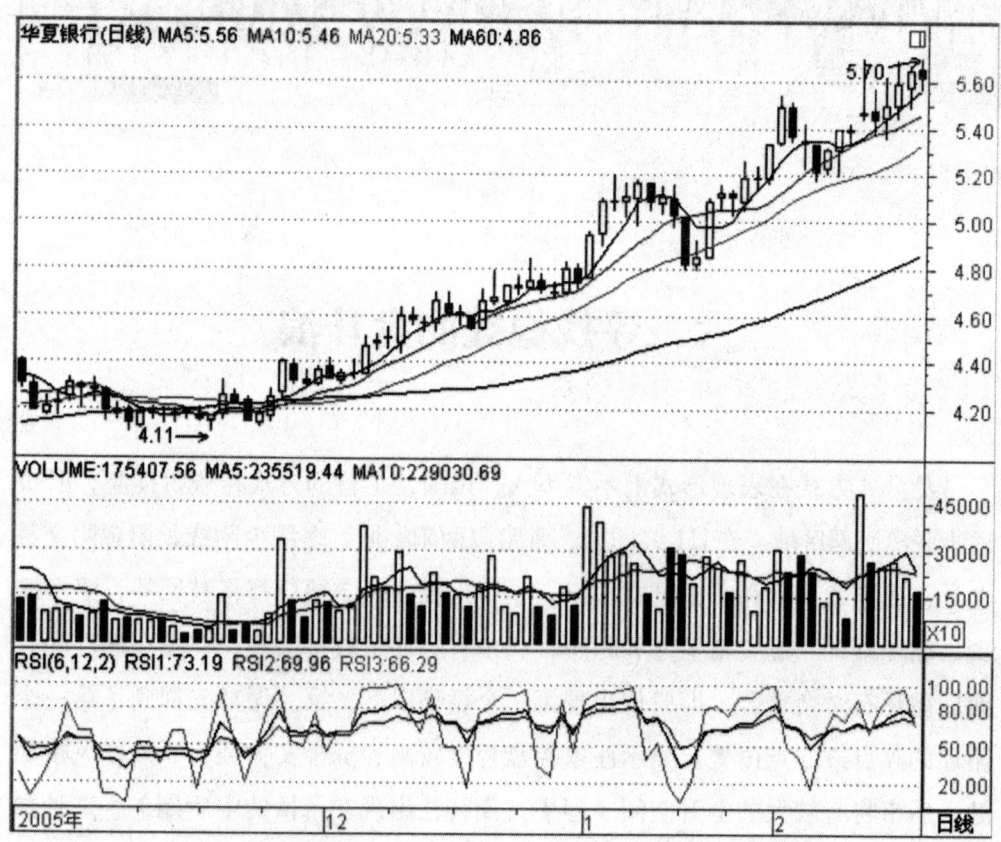

# 七、果断介入拉升主浪

这种方式比盘升式上涨凶猛得多。庄家在底部整理成功后，出现连续以中阳、大阳线往上拉升，股价明显脱离底部区域。在日K线图上，宛如一天天往上砌的"红砖墙"，红霞漫天，势如破竹，当股价回调到均线附近时，会再度拉起，常有跳空缺口出现，成交量与先前相比有所放大。在当日分时走势图上，呈现低开高走、高开高走的方式，买档中常有大单出现，股价回调至当日均线附近时企稳向上，一波比一波高，有的强庄股干脆沿一条直线上升，不管风大浪急，我行我素。这种操作手法，大多是中、长线实力庄家控盘所为。

股价通过拉升表现，吸引市场注意力，博得场外资金进场拉抬股价，为庄家减轻拉升压力。但庄家又不会把股价拉得太高，因此将股价拉升到一段距离后，停止拉升动作，让股价有所回落，或放缓拉升速度，对盘中的浮动筹码进行清理，也即进行洗盘后再行拉升。

在股价成功脱离底部，出现明显的放量过程时跟庄进入。由于上涨速度较快，持续时间较短，当股价出现滞涨时短期退出，等待股价回落时择机重新买入。通常是以均线附近作为回落位置的介入点，具体方法是：第一次到达此位置时，可重仓或加仓买入；第二次到达此位置时，可适量买入；第三次以上到达此位置时，待股价回升时减仓或退出为好。另外，股价呈缩量回落时，买入较为理想。若放量下跌，可能短线抛压较重，回落幅度较深，后市股价回升的幅度也大打折扣。

如下图，宝钢股份（600019）庄家吸足筹码并经过充分整理后，开展初升行情走势，其中多以中、大阳线或涨停的方式出现，势头十分强劲。表明庄家实力强大，有备而来，炒作手法不可忽视。其后该股经过充分的洗盘后，爆发了一轮主升行情，股价涨了3倍以上，成为众人皆知的大黑马。

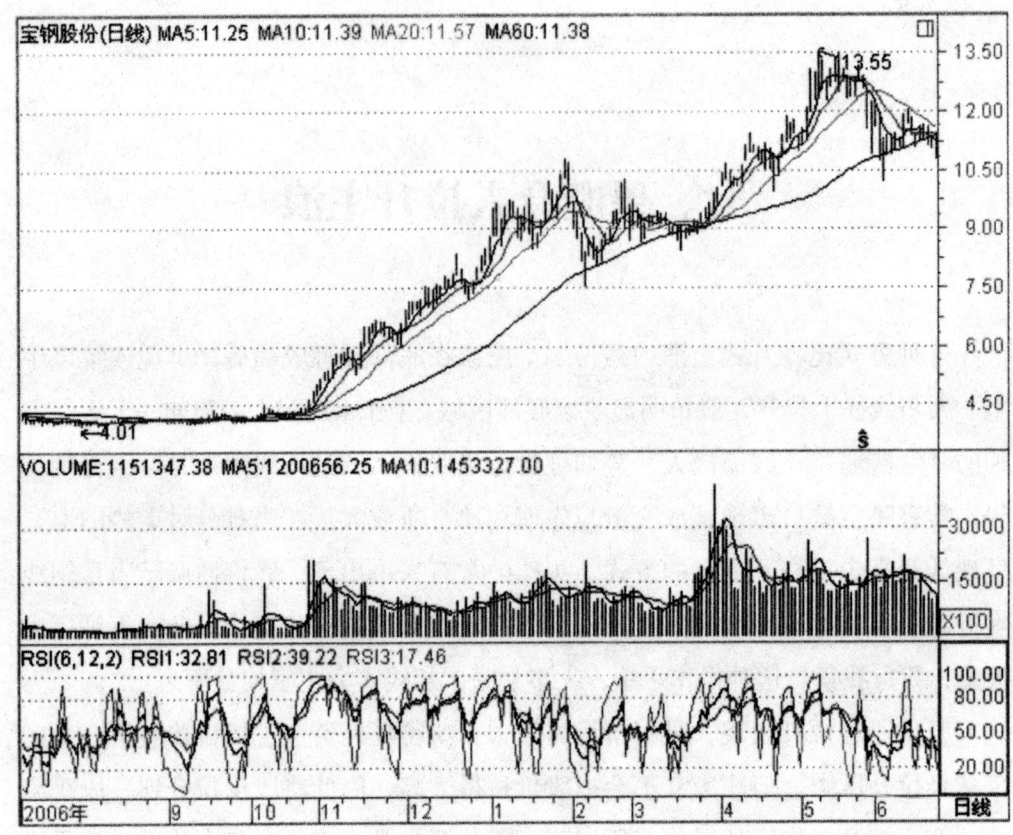

# 八、重视30度角的上升浪

　　沿30度角上升这种走势依托均线系统上行，不受大盘升跌影响，同时又受到了均线系统的制约，一旦距离均线较远时，会有集中抛盘出现，因此就形成了30度角上升形式。此盘口现象看起来庄家力量脆弱、控盘程度较低。正因为表面上有这些感觉，迷惑了不少投资者的眼睛，但到中后期均有快速拉升的动作。其实，这是长线实力庄家的一大策略，在一年半载后，当你站在高位俯视现在的股价时，大有"一览众山小"之感悟。

　　但如果低于30度的走势，又落后于大盘的涨幅，表明盘势过弱，多空双方的斗争与大势的上升不能统一，应引起注意。其原因可能是：①继续吸筹。②资金不足。③利空隐患。④无庄入驻等。

如下图，宏达股份（600331）在2005年6月开始阶段，股价上穿30日均线后，依托均线系统上行，不受大盘升跌影响，形成30度角上升形式。表明庄家实力强大，操作手法稳健，在行情进入中后期时，股价拔地而起，角度变得陡峭起来。整个行情延续1年多，股价涨幅超过5倍。

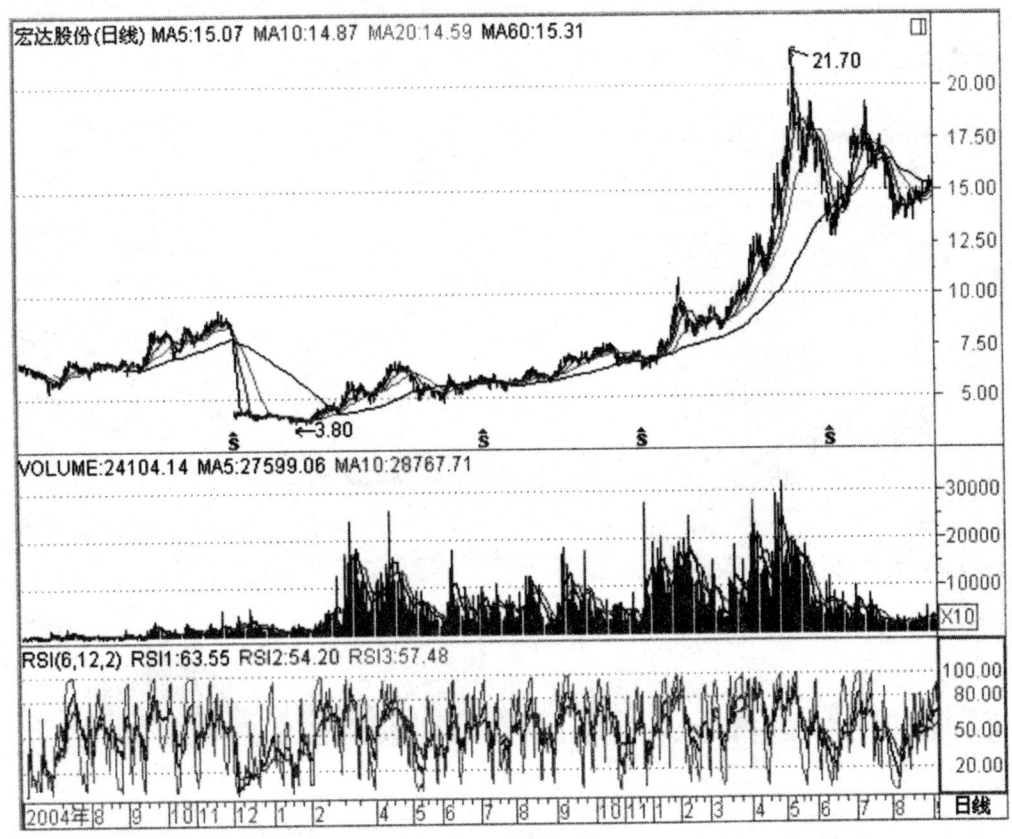

# 九、骑稳45度角的上升浪

沿45度角上升这种走势最强劲、最理想。经过仔细观察，不少大幅攀升的个股前期都在平缓的上升通道中运行一段时间，股价阴阳相间、交错上行，角度多为45度，成交量错落有致。这种形态通常是庄家控筹所为，由于庄家大规模介入，必然使股价重心逐渐上移，慢慢形成一条上升通道，且初涨期升势一般很缓慢，既可降低持筹成本，又不至于过早招人耳目。这类个股上升通道维持的时间越长，庄家准备工作越充分，日后的爆发力越大。

如下图，宏达股份（600331）股价在2008年11月见底后步入上升通道，角度约为45度左右上升，其间不理会大盘的走势。经过充分的准备工作，为该股日后惊人的表现埋下伏笔。行情延续了3多个月，涨幅接近3倍。

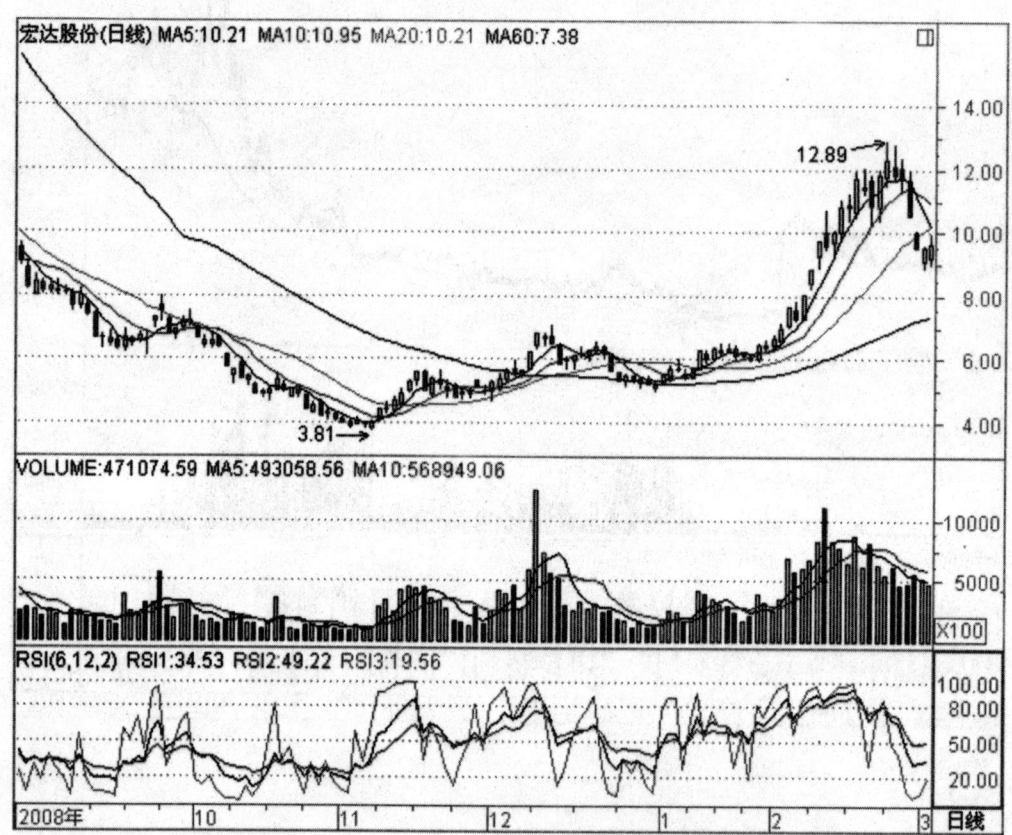

# 十、警惕60度角的上升浪

　　沿60度角上升这种走势往往预示股价背后隐藏着重大题材，加之庄家实力强大，坐庄手法凶悍怪异，令股价涨势如虹。这表明庄家在底部长期潜伏吃货后，达到了高度控盘，加上拉升之初大势、板块和人气等诸多因素的共同作用，产生了闪电式拉升。这种走势庄家短期消耗能量过大，需要换手休整后，再度上攻。

　　需要注意的是，如果升势超过60度以上，庄家短期用力过猛，必然产生强力回抽，建议逢高减磅，波段操作。

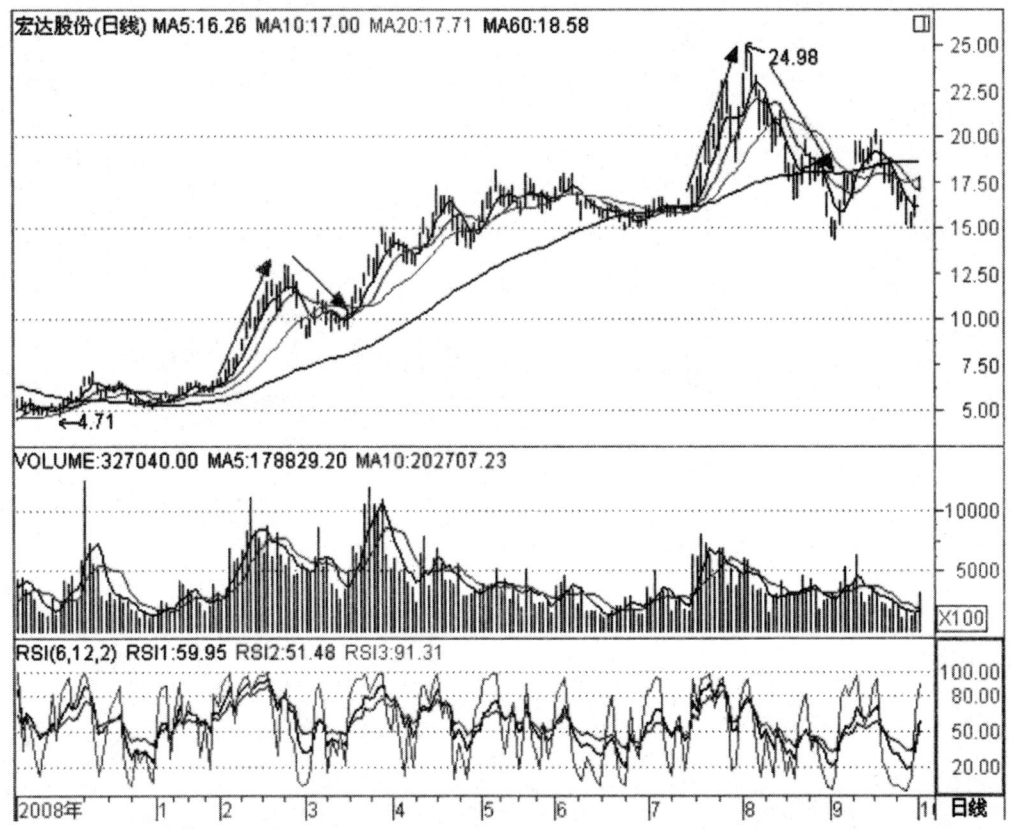

　　如上图，2008年年末，宏达股份（600331）庄家在底部经过长时间吸货

后，沿60度角强劲上行。庄家坐庄手法如剑，气势如虹，但2次沿60度角上升后，短期力量消耗过猛，需要回调休整（见图中箭头所指），积蓄一定的能量或等待时机再度上攻，方能使行情持久延续。

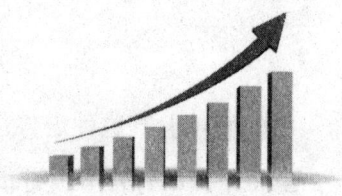

介入反弹浪

# 一、积极介入强势反弹浪

这种方式就是股价经过大幅操作或快速拉升后，涨幅十分巨大，庄家在高位派发筹码，造成股价见顶回落。由于庄家没有在高位集中派发完毕，股价下跌一定幅度后，出现强劲的反弹走势，上涨势头不亚于主升段的攻势，上涨高度可能到达顶部附近，甚至微创新高，成交量也未见萎缩，严格地说这种强势反弹还属于头部区域。通常在下跌行情开始后，出现的第一波反弹行情都属于强势反弹性质。

庄家通过强劲上攻势头，使散户产生强烈的追高欲望，从而协助庄家拉抬价格，促使庄家加快出货步伐。

散户持股者在股价反弹到前期高点附近，出现滞涨或收阴线时，卖出做空；持币者在股价深幅下跌后，出现放量上涨时，少量买进做多。

如下图，紫光股份（000938）就出现强势反弹走势。股价经过一波快速上涨行情后见顶回落，形成倒V形反转形态。在下跌过程中成交量大幅萎缩，说明庄家没有成功出逃。很快股价出现强劲反弹，上攻气势凶猛，成交量再次放大，反弹幅度也超过60%。

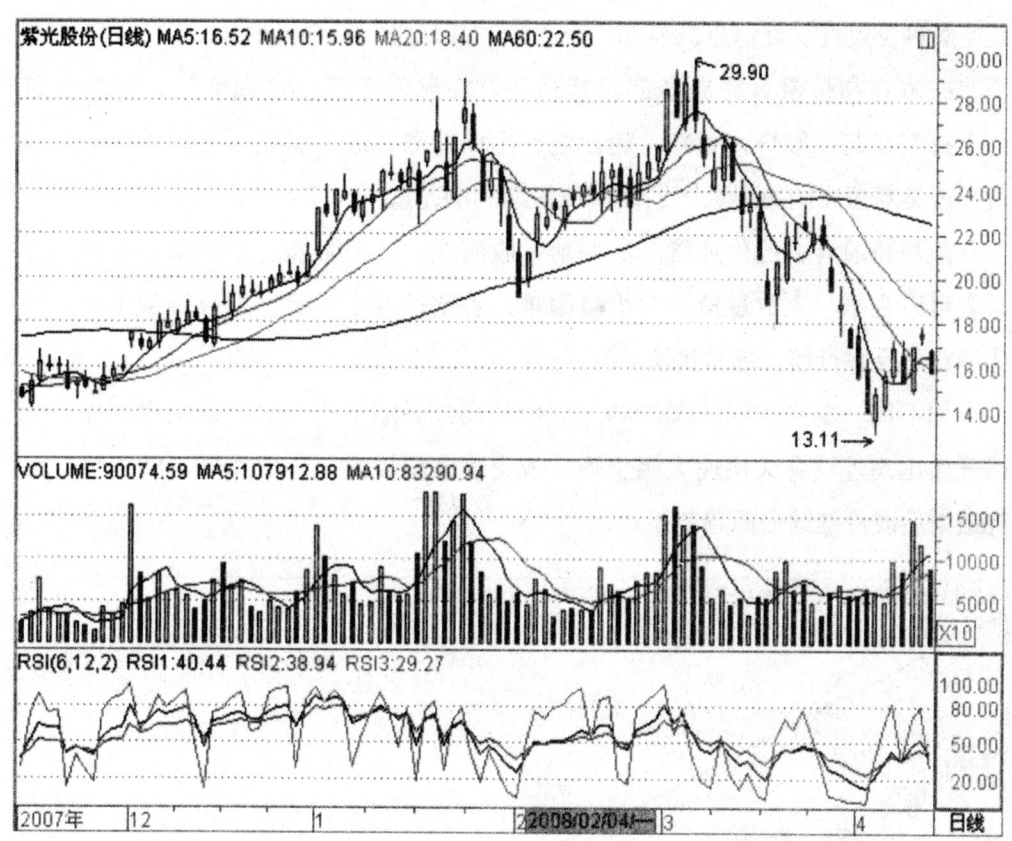

# 二、抢入井喷反弹浪

　　股价在回落中突然快速放量反弹，像平地竖立的旗杆，但涨势仅维持两三天甚至仅上涨一天就结束，来得急、去得快，其后股价继续回落或沿原趋势下跌。快速反弹的时间周期特别短，反弹在几天内快速完成，成交量也呈突然放大的态势，反弹的幅度不会太大。这种反弹在跌势初期出现的机会较多，回落中途也偶尔出现，回落后期则不太可能出现。

　　这种方式也可能是新的短庄介入，通过短期建仓，掌握了少量的筹码，然后运用少量的资金炒一把就走，不需要讲究什么方法和技巧。这种方式也可能是受某种突发性利好消息的刺激，而引发"井喷式"反弹行情。

　　庄家在高位没有完成全部出货任务，在股价下跌一定幅度后，突然放量向上腾空而起，散户以为新一轮行情产生而追涨买进，庄家自己则继续向外出货。若是新短庄则另有意图，即获取短期利润差额。

　　散户持股者在股价放量冲高回落，收阴线、长上影线、十字星时卖出。持币者可以在第一天放量拉高时少量跟进，若错过这个时机，则以观望为好，因为毕竟是反弹行情，不做也罢。

　　如下图，新乡化纤（000949）股价从高位一路下跌，股价跌幅约70%，此时开始出现连续几天快速大幅反弹，成交量大幅放大，形成旗杆形状走势，反弹结束后股价继续沿原趋势下跌。

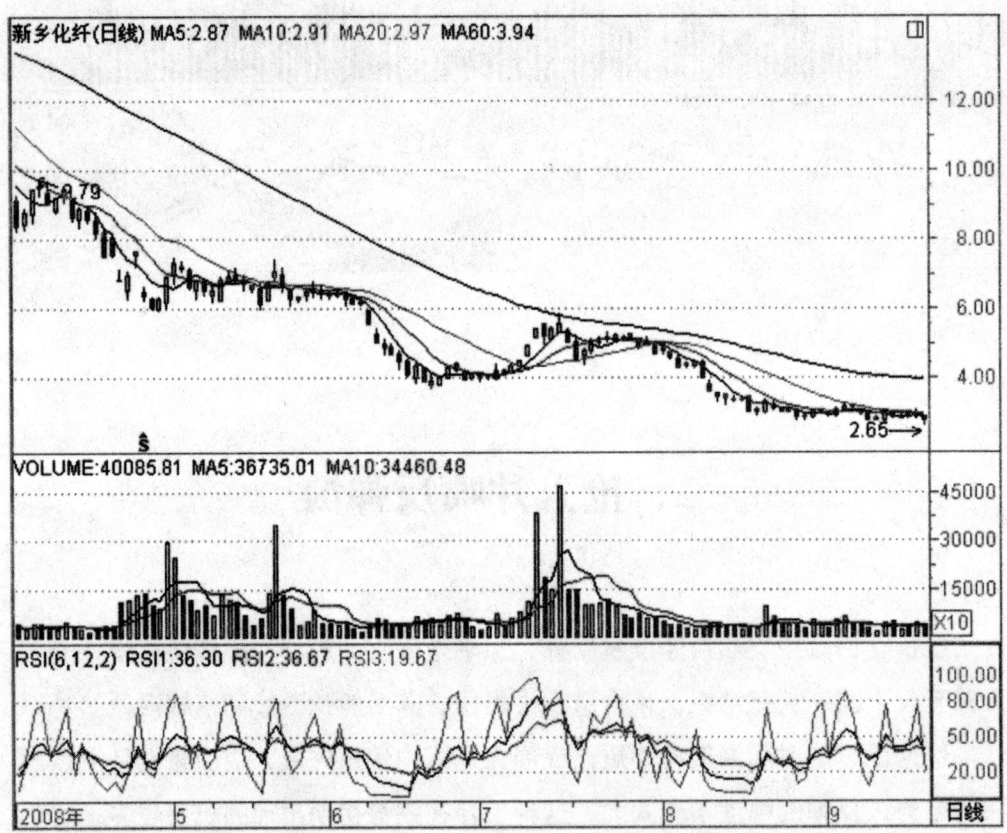

# 三、弱势反弹浪谨慎操作

弱势反弹通常是庄家在高位没有顺利完成派发任务所形成的一种走势。股价出现一轮下跌后，维持小幅震荡爬高或形成平台走势，成交量明显萎缩，庄家在此继续实施出货计划，然后恢复下跌趋势。股价涨幅很小，甚至没有什么涨幅，其实它是以平台代替反弹走势，因此也叫下跌中继平台，或叫出货平台。此种形式多数出现在市场极度弱势之中，在回落的中期出现的机会最多。

弱势反弹是庄家利用散户喜欢抢反弹心理所采取的一种操作方式。股价经过一轮下跌走势后，由于买盘的介入初步获得支撑，而这时庄家并没有全部完成派发任务，但又不想增加拉升成本，所以出现平台走势。这时散户以为庄家整理蓄势或酝酿反弹，而进场接走庄家的抛单。庄家将货出得差不多时，股价就出现向下破位走势。

散户先前在高位没有退出的散户，此时股价冲高时应离场。在股价接近均线，5日、10日、30日三条均线黏合后，股价出现向下突破时，坚决斩仓离场。此阶段成交量的大幅萎缩，表明没有得到场外资金的关照，持币者不宜过早介入。

如下图，同期的大盘受利好刺激反弹，而中国重汽（000951）却在以平台的方式完成反弹，反弹结束后沿原趋势下跌，表明庄家出货意愿十分强烈，散户应避免参与这类股票的反弹操作。

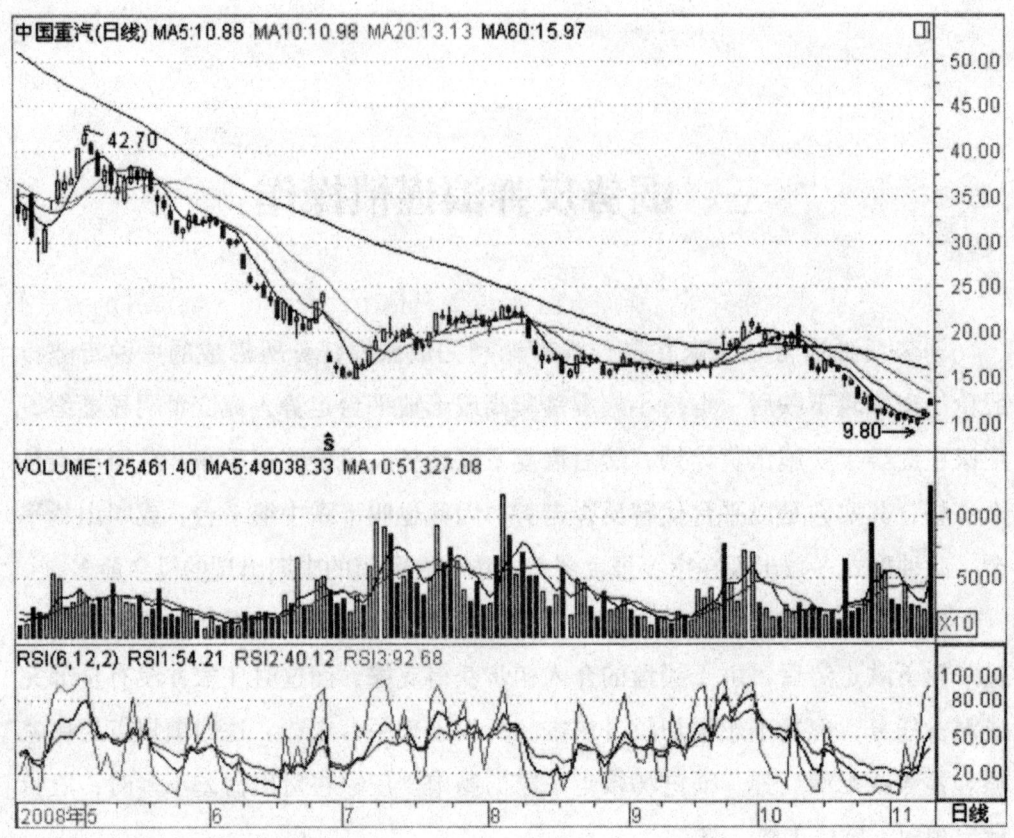

# 四、疲软反弹浪果断离场

　　这种反弹方式就是股价回落一定幅度后，受场外资金影响，或庄家继续完成出货的需要，股价企稳后不断以小幅震荡的方式向上反弹，股价在一个近似的上升通道里运行，反弹角度不大，走势形成25～45度的斜坡。反弹的总体幅度不大，但所需时间周期较长。与顶部巨大的成交量相比，这时成交量虽然有较大的减少，但仍然维持在一定的温和水平。在日K线图上，阴阳交替上升，小阴小阳为多，很少出现大阴大阳的现象。

　　由于庄家在高位没有全部撤退，当股价下跌一定幅度后，采取边反弹边出货的方法进行派发，慢速反弹持续时间长，出货时间充分，又不需要太大的拉升成本。

　　散户在股价出现大幅下跌后，可以用少量的资金做一些反弹行情，但利润要求不能太高，适可而止。在熊市时期，以悠闲的心态去炒股，养好精神，保持良好的平常心在牛市中发挥。

　　如下图，在广济药业（000952）的反弹行情中，股价以小幅攀升的方式碎步上行，出现斜坡形反弹走势，角度不大，持续时间超过1个月，此为慢速式反弹，反弹结束后股价再创新低。

# 五、出货反弹浪先走一步

由于庄家在顶部出货，震动了散户，引发股价出现较大幅度的下跌，等股价跌至庄家的目标利润线附近时，庄家利用一些其他形势的配合，如大势企稳等，主动组织反弹，从而达到充分出货的目的。如上升楔形、下降三角形、下降旗形和扩散三角形等，就是利用这种反弹形式完成的。

如下图，中通客车（000957）的庄家在下跌过程中悄然建仓后，出现一波较大幅度的拉升，到达目标价位后庄家开始派发筹码，股价回落。当股价下跌到成本线附近时，庄家为防止利润损失，遂组织强劲的反弹行情。由于庄家没有充分实现派发任务，其后在调整走势中，再次在此附近企稳反弹。

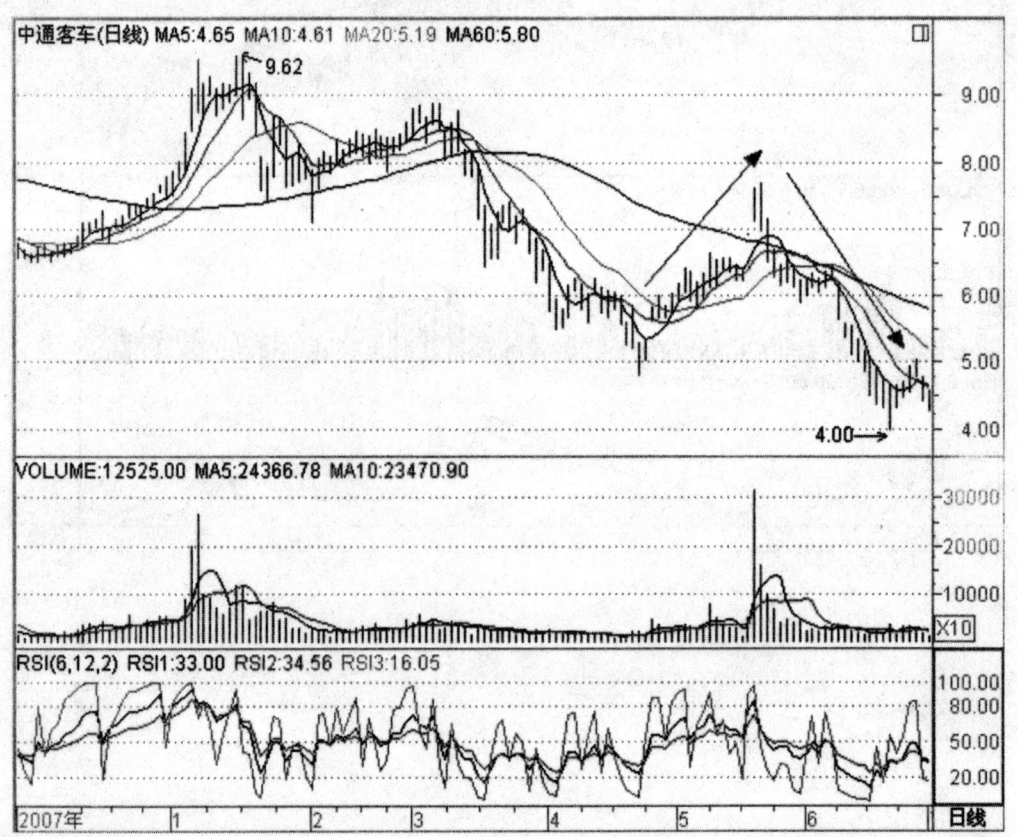

# 六、在支撑价位抢反弹

　　股价在回落中，受到技术支撑而引发的短暂反弹行情，如均线支撑、百分线支撑、黄金分割线支撑、成本支撑、心理趋势线支撑、成交密集区支撑、股价（指）整数支撑和前期低点支撑等，一般均会出现大小不等的技术性反弹。有时，股价在前期上涨时，盘中留下上涨跳空缺口，一般在股价回调到这个跳空缺口附近时，具有一定的支撑作用，也能引发一波短暂的反弹行情。技术支撑一般常与大势或板块的反弹同时出现，才更有确定意义。受均线支撑而反弹的，大多出现在跌势刚刚开始或跌势接近尾声之时，均线一般处于走平或微向上。

　　如下图，中海油服（601808）的股价经过一轮炒作后回落，当股价触及均线时企稳反弹。

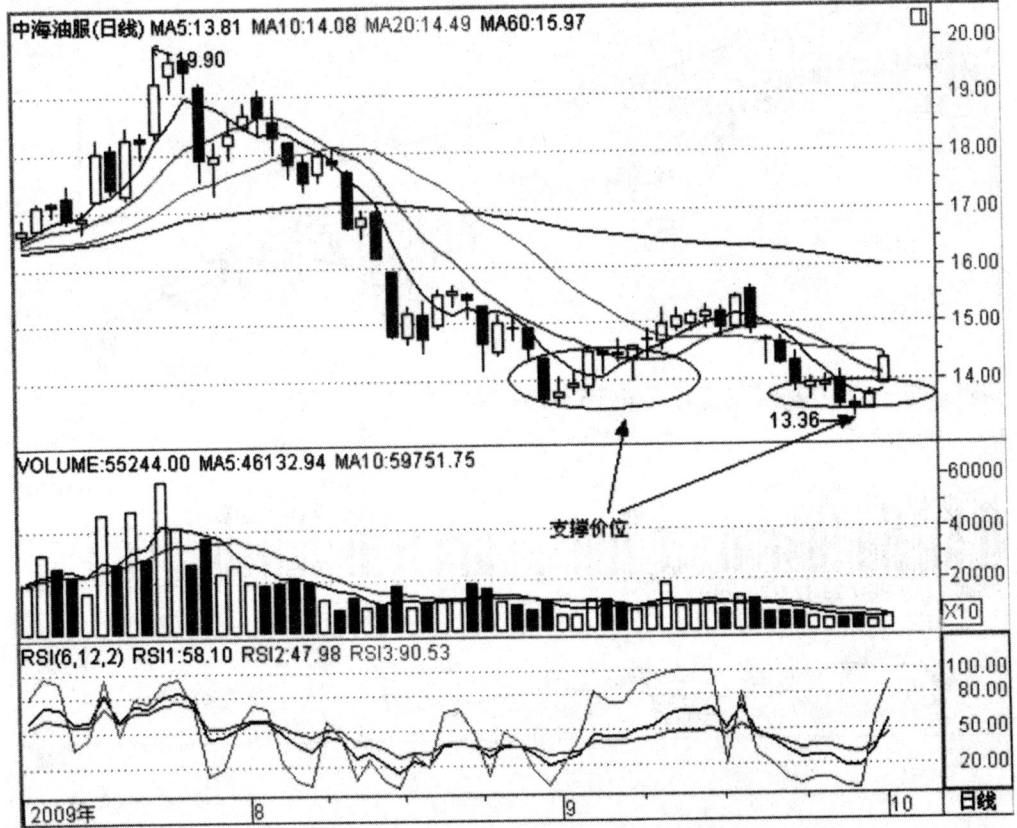

# 七、政策性反弹快进快出

在下跌过程中，遇到某种突发性利好而引起的短暂反弹行情即为政策性反弹。在现实中，这类突然的出人意料的消息引起的反弹力度都不大。因为庄家对此没有进货的准备，在庄家没货的情况下的任何反弹都是形式上的表示。如果这一现象在庄家刚刚出完货的过程中出现，这只能给散户带来一次出货的机会。如果将此作为进货的依据，其结果是可想而知的。

如2008年9月19日，上证指数受国家首次单边征收印花税的利好消息影响，及美联储动用7000亿美元救市的传闻，上证指数产生强劲的反弹行情（见下图），当日股指暴涨170多点，两市股票几乎全线涨停。

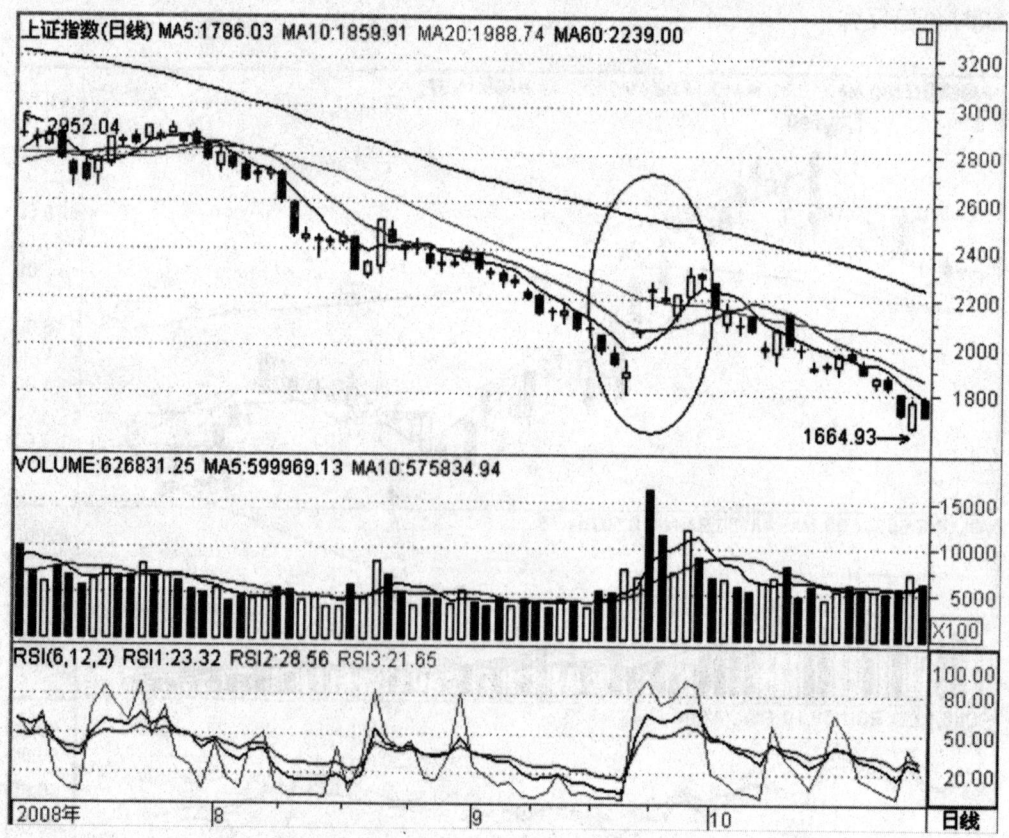

# 八、超跌反弹浪力度大

　　股价经过一轮深幅下跌后，空方能量消耗过大，往往引起超跌反弹。当个股连续跌幅超过30%或50%以上时，一般会出现短期反弹（问题股除外）。一般来讲，跌幅越大，速度越急，反弹力度则越大。

　　如下图，东方热电（000958）的股价从最高价位一路下跌，跌幅超过60%，股价严重超跌，此时投资者纷纷逢低介入，产生报复性超跌反弹行情，短期涨幅较大。一轮超跌反弹不亚于一波中级行情的涨幅。

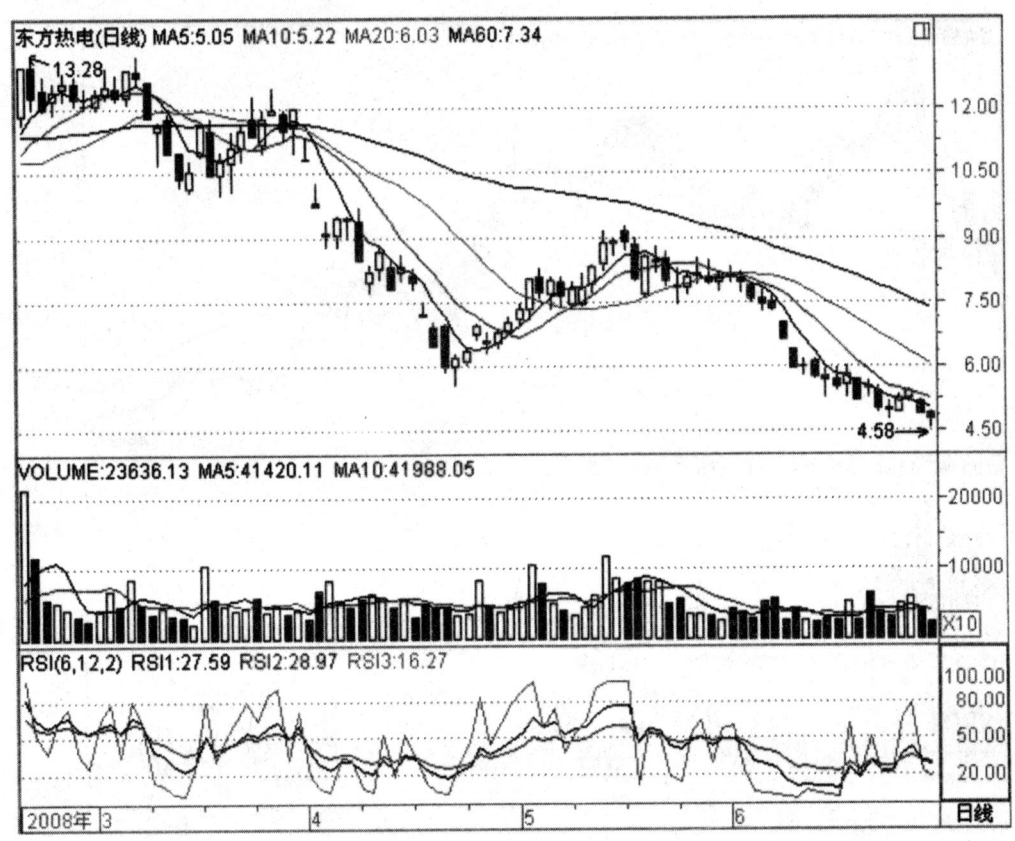

# 九、分析反弹浪时空特点

　　反弹的持续时间不长，远远短于一轮涨升行情。一般强势反弹所需时间在1个月左右，快速反弹1～2周，弱势反弹3～5天可能就结束。在反弹方式上，快速反弹的时间在7天左右，波段反弹的时间在5～10天，慢速反弹的时间可能在15天以上。此外，出货初期的反弹长于出货后期的反弹，且与庄家出货量有关，庄家出货量小则反弹期长，反之则短。

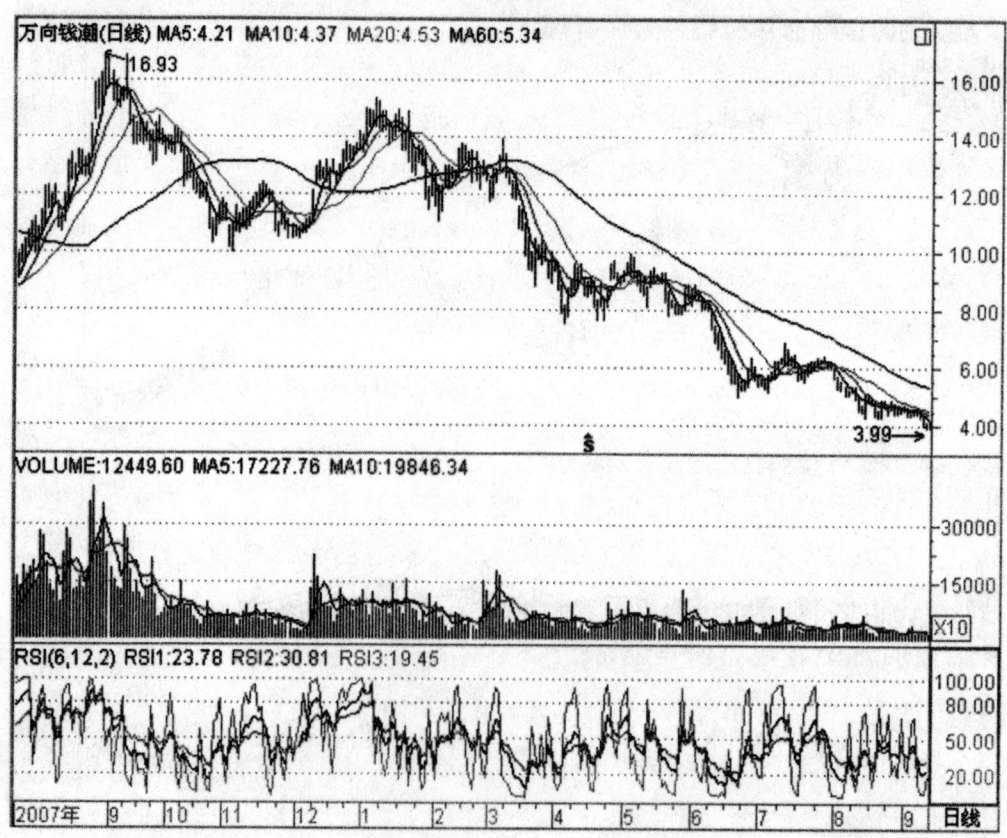

　　反弹空间就是庄家反弹所需要的幅度，反弹的幅度远较下跌幅度小，最高价多数不高于顶部的天价。股价可能发生反弹的位置，大致为股价原先上涨的

0.809、0.618、0.5、0.382和0.191等位置，越是往后反弹发生的概率和幅度越大。通常，反弹到前期股价下跌幅度的0.809、0.618、0.5、0.382和0.191倍时即恢复下跌趋势，越是往前反弹到达的概率越小。

如上图，万向钱潮（000559）的股价上摸到16.93元后回落调整，直到最低下探到10元附近时，才产生强劲反弹行情。股价从10元上方开始反弹，最高到达15元，反弹持续时间为32天，反弹空间大约是前期股价下跌幅度的1／3左右。

# 十、判断反弹浪强弱

大家知道，抢反弹的风险很大，不少投资者就败在抢反弹上面。因此，如何有效控制风险，制定恰当的操作策略，就必须对反弹的力度作出准确的判断。具体可以从以下几个方面进行分析研判：

（1）是否有政策面和消息面的支持。如果有政策面和消息面的潜在利好配合支持，那么反弹力度和空间一般较大；否则，反弹仅仅只是盘中庄家的一种自救短暂反弹而已，力度和空间都较小。

（2）对下降趋势扭转的大小、级别需要作出准确的判断。如果是较长趋势、大周期趋势的扭转，则反弹的力度较强、空间较大；否则，应降低反弹力度和空间的预期。

（3）反弹时的位置。从浪形结构上分析，如果前面的循环浪形已告终结，目前是否正展开新的一轮循环的一浪推动或三浪推动？如果是，则反弹力度较强、空间较大。如果大盘仍运行在循环浪形的A浪或C浪延长之中，或者反弹已在第五浪上，那么反弹力度和空间的预测需要持谨慎、保守的态度。

（4）观察反弹过程中的价量配合情况，这是一个非常重要的指标。如果成交量能持续有效放大，表明有场外新增资金介入，对行情的延续和纵深发展极为有利，反弹力度较大，反弹空间可以看高一线；否则，如量能持续减少，应持谨慎、保守的态度。

# 十一、强浪必须抓紧追

　　股票的主升强浪上涨具有惯性，多头行情确立之后，没有明确的信号表明它反转之前，股价将继续上涨，有时涨到不可相信的高度。在上升通道中的股票可追涨买入。

　　股价的上升通道有短期和中长期之分，我们这里讨论可追涨买入的是短期上升通道。

　　走短期上升通道的股票往往是市场热点龙头股，涨势如虹，基本没有调整或调整幅度很小，调整或在盘中完成，或调整3~5天且幅度不大。上升通道的下轨一般是3日均线、5日均线、9日均线、18日均线。一般而言，股价依托18日均线上扬就是运行在短期上升通道之中，有效跌破18日均线后不能再叫短期上升通道。

　　3日均线的重要作用对于个股，3日均线是飙升股、明星股和一般股票直线上升时的生命线，股价上升途中基本依托3日均线上扬，当股价离开3日均线超过2天，乖离率超过8%或10%的时候，第三天股价一般会出现调整，或走平或稍稍下探，时间不超过3个交易日，当股价靠近3日均线，乖离率调整到位的时候，股价再次上涨；对于大盘指数，当3日均线乖离率超过2.5%或3%的时候，指数会出现短期调整。

　　如果股价跌破3日均线调整，在3日均线下方调整3~5天或5~8天，股价重新站在3日均线上方，股价还会重拾升势。在实战操作中，一要注意3日均线的运行方向，当3日均线向下的时候，一般不能买入；3日均线走平、最好是上扬的时候方表明短期强势，可做多买入。二要注意股价在3日均线处的进退支撑情况，如果多日（如3天）在3日均线处获得支撑，并有成交量的配合，支撑方属有效。

　　如下图，厦门信达（000701）在3日均线的支撑下稳步上扬，显示出主升浪的强势和持久，此时追入都将获利。

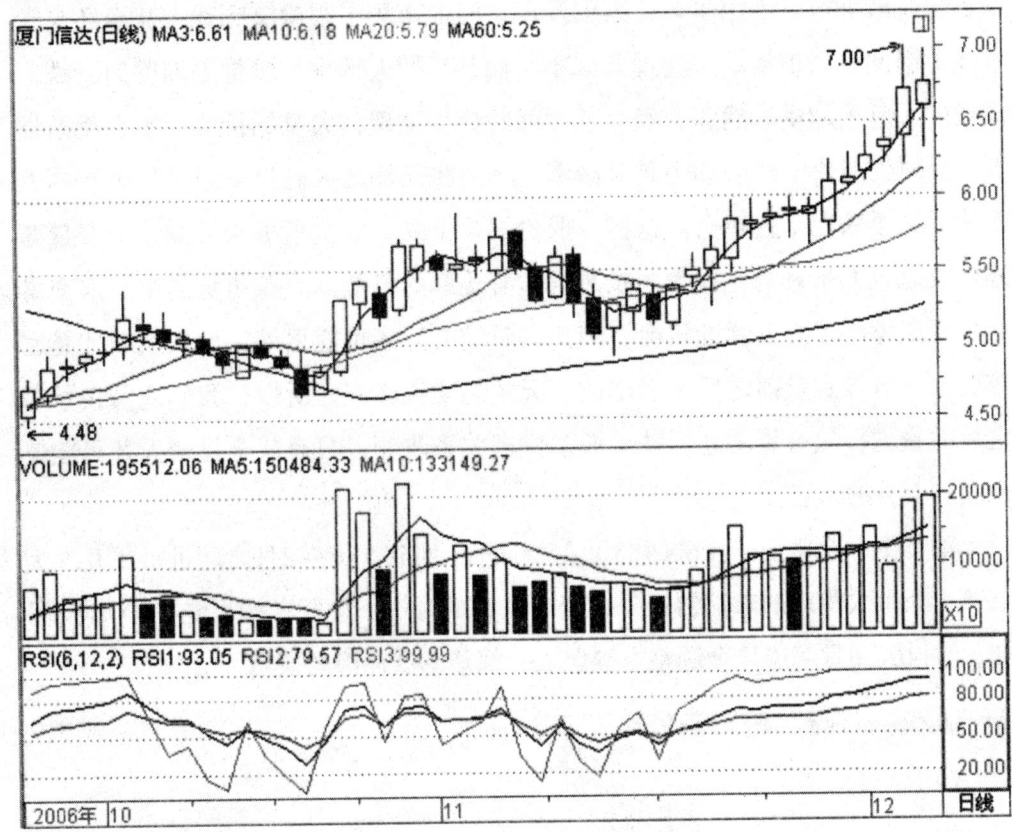

# 十二、回调完毕必起浪

　　股价运行呈涨跌交替的特征，跌时孕育涨势。一轮多头行情中一般会出现三到四次比较大的回落整理，整理的末端恰恰是投资者回补的大好时机，因此，可在股价回调整理的末端提前埋伏买入，等待股价拉升。

　　那什么是股价整理的末端呢？成交量萎缩到极点，股价跌无可跌的时候，就是股价整理的末端。

　　当股价从高位开始回落之初，人们对股价反弹充满信心，市场气氛依然热烈，股价波动幅度在人们踊跃参与之下显得依然较大。但事实上，股价在震荡中正在逐渐下行。不用多久，人们发现这时的市场中很难赚到钱，甚至还常常亏钱，因此参与市场的兴趣逐渐减小。而参与的人越少，股价更加要向下跌，离场的人越来越多。然而，经过长时间的换手整理，大家的持股成本也逐渐降低，这时候股价下跌的动力越来越弱，因为想离场的人已经离场了，余下的人即使股价再跌也不肯斩仓。这样，股价不再下跌，成交量极为萎缩，成交量萎缩代表抛盘力量衰竭，抛盘力量衰竭才有止跌的可能。下跌走势之中，成交量必须逐渐缩小才有反弹的机会，但是，量缩之后还可能更缩，到底何时才是底部呢？只有等到量缩之后又量增的一天才能确认底部，所以，我们应重视量缩之后的量增，只有量增才反映出股票供求关系改变，只有成交量增大才可能使该股有上升的动能。

如下图，合肥三洋（600983）在2007年年底到2008年8月之间进行了几次大调整，而每次整理的末端恰恰是投资者回补的时机，投资者如果能在2008年2月初、4月初、6月底这几个调整末端介入，都能享受冲浪的快乐。

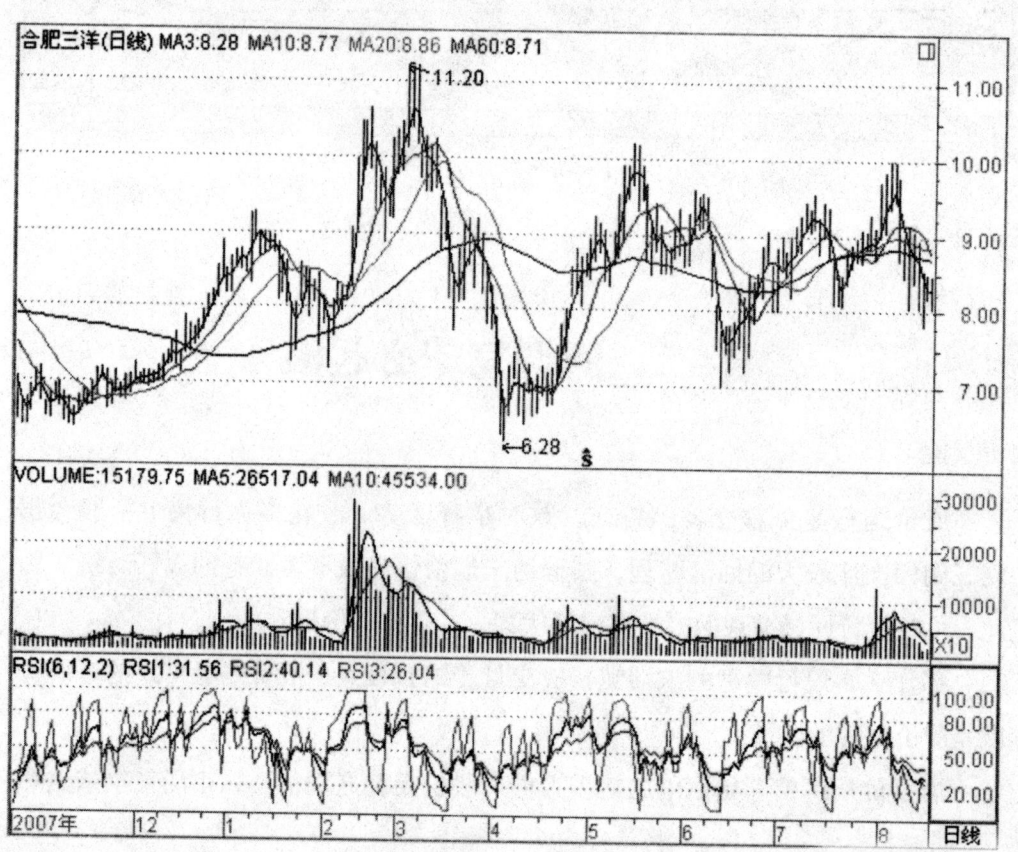

# 十三、量能增大浪长久

庄家在拉升时，成交量大幅放大，一般从小到大呈递增态势，能量逐步得到聚集，交投活跃，表明有场外跟风资金入场（其中不乏有庄家对敲放量成分），在日K线上一片绯红，股价节节拔高；否则，低迷的市场容易被人遗忘，很难产生投资者的兴趣。如向上突破时，一般会出现放量过程，价升量增，量价配合恰当，才能被投资者看中。这是为什么呢？因为突破是为了引起市场的注意，引发买盘介入，这样庄家才轻松上轿或顺利派发。

同时，庄家拉升不仅需要一定的时机，而且还需要一定的市场环境才得以完成。大家知道，低迷的市场适合进货或洗盘，火暴的市场适合拉升或出货。所以，庄家在拉升或出货时，特意制造火暴市场，吸引场外投资者。火暴市场分为两种：一种是大势火暴；另一种是个股火暴。大势火暴时，人气聚集，交投活跃，证券交易大厅人头涌动，市场出现白热化，甚至有的个股达到疯狂境地。个股火暴时，一般表现为局部或个股行情，多属非主流板块或主流板块中的部分个股，除基本面因素外，往往有主力资金关照。

比如，中国股市于2007年10月结束了牛市上升期后，市场步入漫长的熊市调整期，广大股民因此亏损累累，一时间证券市场几乎无人问津，人气到了冰点，甚至到了绝望境地。而在2008年10月28日，股市在1664点触底后，市场出现了量能增大的上升行情（见下图），由于成交量稳步放大，所以行情持续了半年多之久。

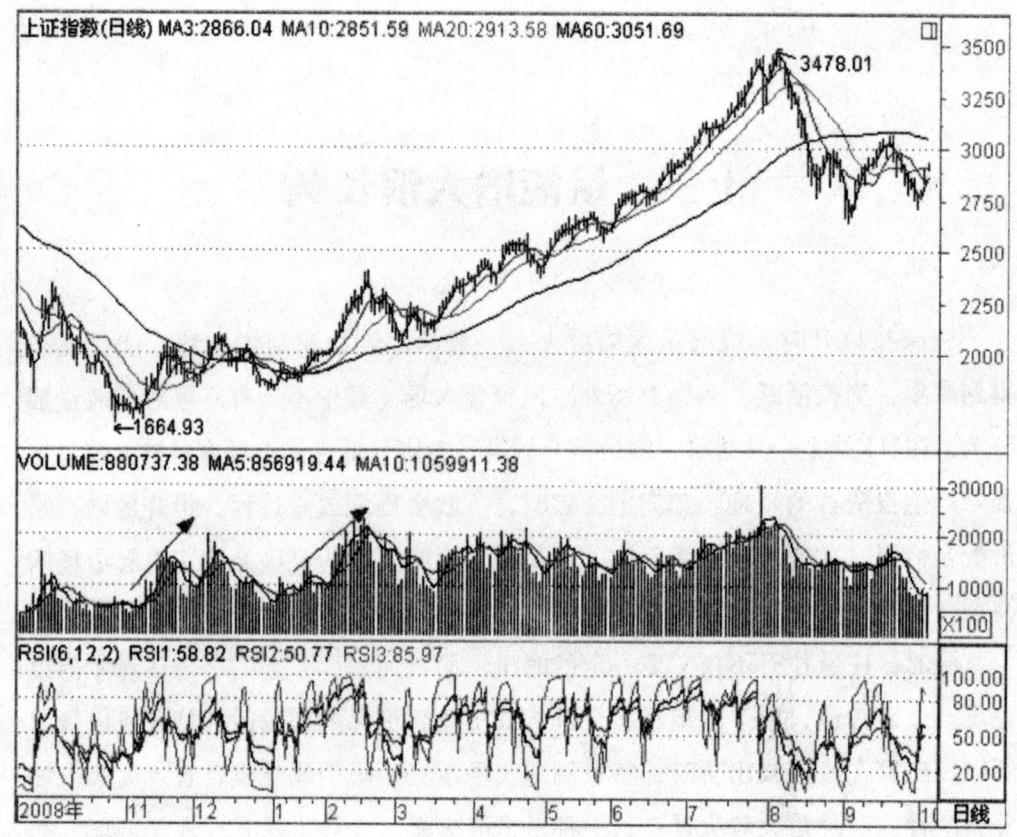

# 十四、涨跌有序浪更高

　　在低迷的市场，股价往往是无序的波动，很难从技术面上去把握市场趋势。市场一旦进入拉升阶段，人气趋旺，往往出现有序波动，无论是日K线还是分时图上，股价逐波上行，高点一个比一个高，低点一个比一个低，这就是平常说的"涨跌有序"。可以用K线、波浪、趋势、切线、指标和形态等技术分析工具研判市场趋势，寻觅其中的蛛丝马迹，找出一个合适的切入点大胆介入。但是，这需要有较深厚的看盘功夫，经验不足者，宁可多看少动，切勿盲目决断。

在此阶段中，庄家为了引起市场的注意，在盘面上出现一片绯红，至少要连续5天收阳，且股价都是上涨的真阳线，股市一片艳阳天。但有时庄家为了出货，特意制造好看的盘面，K线天天收红，股价也天天收高，庄家却在暗中悄悄出货。因此，投资者要加强对盘面的深入研究，认真辨别庄家的真假行为，以提高操作的成功率。

如下图，天威保变（600550）基本面优良，是沪深两市具有代表性的重组股。股价见底企稳后，逐波上扬，上升通道完整，操作脉络清晰，量价配合理想，走出了延续时间超长的牛市行情，涨幅也非常惊人，半年内股价涨幅超过400%。

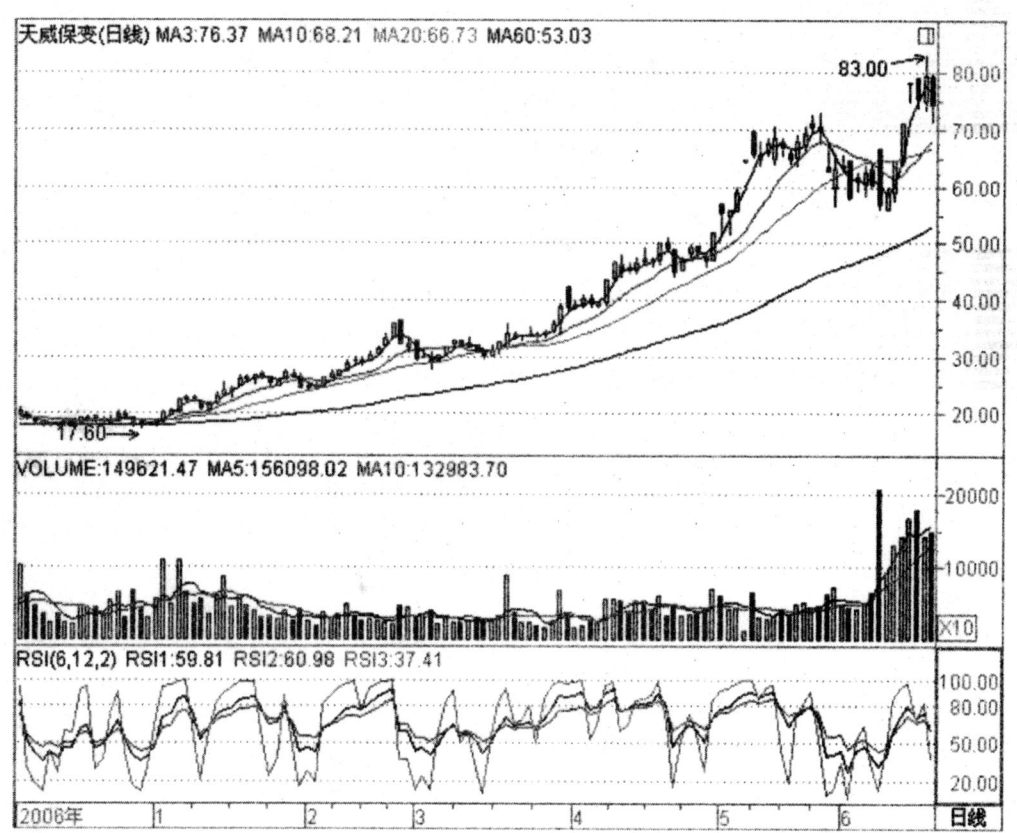

# 识别浪潮中的骗钱形态

# 一、识破假1浪

假1浪的初始非常像反弹浪，由于经历了下跌的痛苦，漫长的熊市尤其是C5浪破坏性的下跌，大家熊市思维未变，大多数人都认为是反弹，此时多空争论较大。投资者依旧是看空大势，稍有利润即获利了结，即所谓抄底者不能赚大钱就是第一浪，随后的第二浪回档比较深。第一浪是底部形态的一部分，上升幅度无法预测，且第一浪以5个子浪完成。

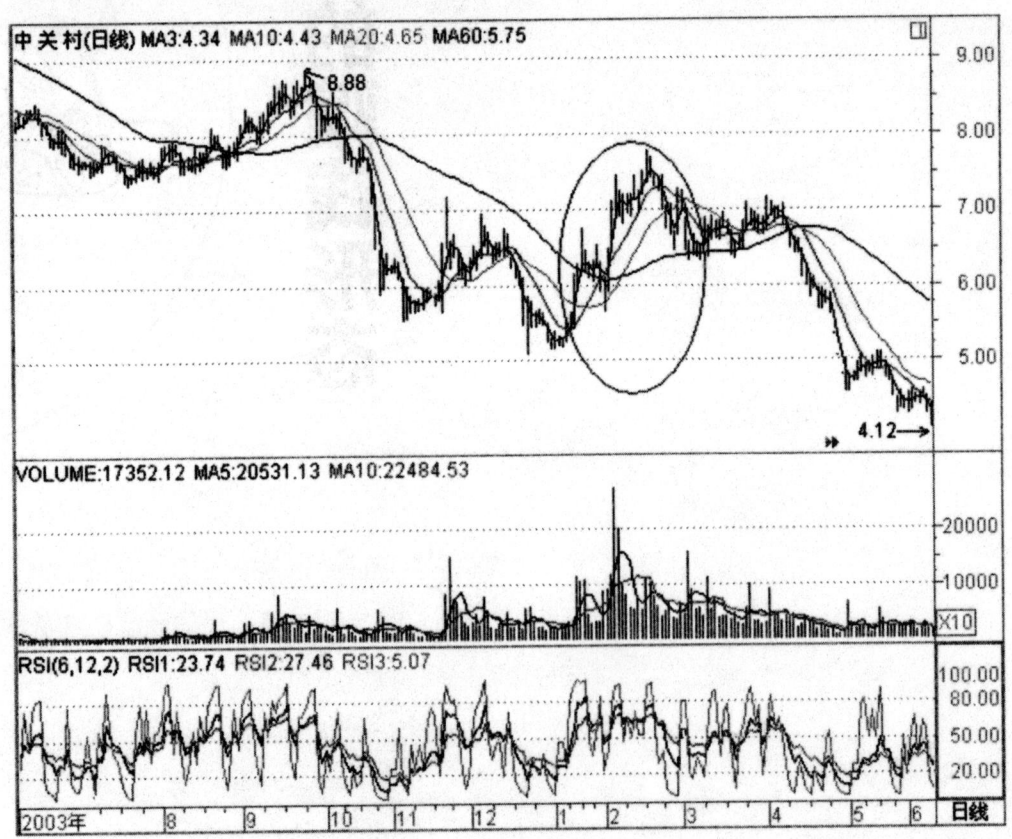

由于第一浪与反弹行情相似，因此庄家正利用这一特点大耍花样：一种是庄家为了吸货，获取散户手中低廉的筹码，在盘面上制造假的第一浪，这是反

转；另一种是庄家为了出货，让散户入场接走盘中筹码，在盘面上制造假的第一浪，这是反弹。

如上图，中关村（000931）的股价从高位经过多年的下跌后，出现一波上涨行情，K线连拉大阳，成交量大幅放大。此时，不少投资者和股评者认为，该股已经见底企稳，是上涨浪中的第一浪。因此在回调时大举介入，可是介入后被庄家折磨得十分难受。如果仔细分析一下就会发现：股价在上涨过程中，庄家在盘中放出大量，目的是引诱跟风者的注意，可是下跌调整中并没有大幅缩量，表明庄家出货十分坚决。因此，这个阶段的行情不能认为是第一浪，而是反弹行情，即前一大浪中的C浪后期，是庄家出货时的波动走势。

# 二、识破假2浪

假2浪是对第一浪升幅的调整，第二浪调整以A、B、C三浪运行，第二浪调整通常是第一浪的0.382、0.5倍和0.618倍，其成交量比第一浪明显萎缩，庄家诱空吸筹，惜售很明显，成交量明显减少。第二浪调整的形态直接决定后市的强弱，是研判后市走势的关键。

由于第一浪的性质所决定，庄家在第二浪调整时多以诱空试洗盘，此时可以起到四两拨千斤的效果，为庄家常用的伎俩。

如下图，中科英华（600110）的股价经过充分的整理后，企稳上扬（第一浪），而后展开的第二浪调整中，庄家故意将股价跌破第一浪的低点（这从波浪理论上讲是不成立的），形成假的第二浪调整，在盘中造成恐慌气氛。正因为此洗盘较为彻底，为后来主升行情打下坚实的底部。

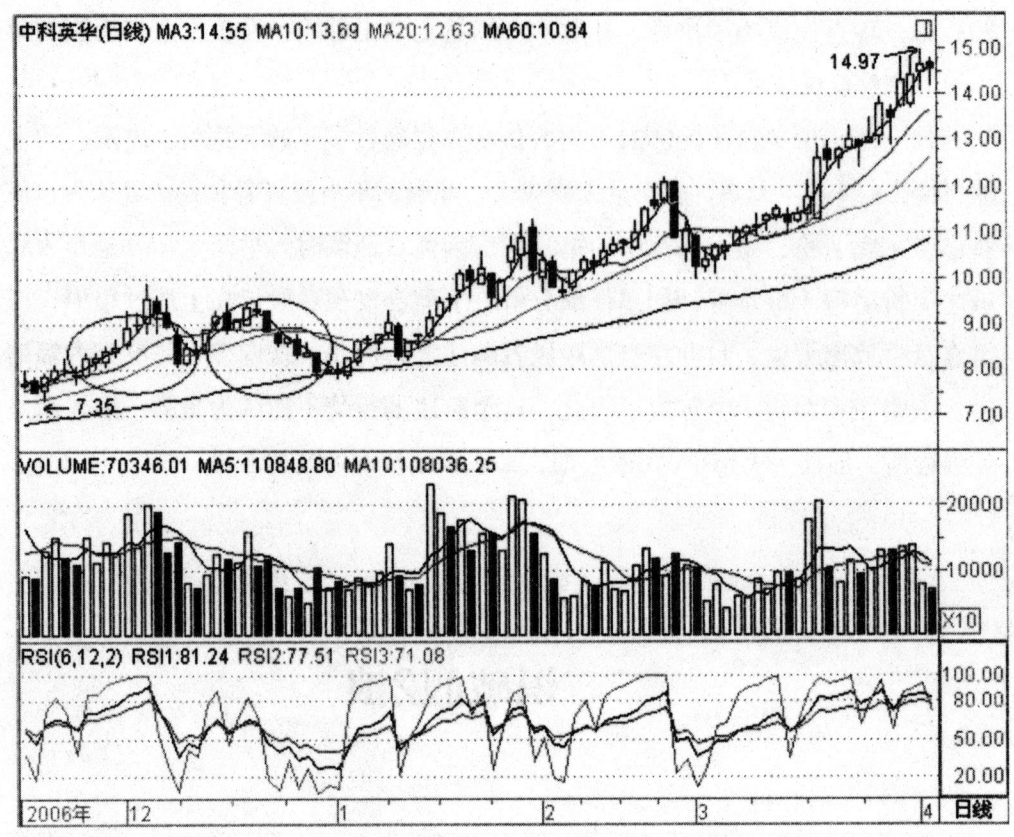

# 三、识破假3浪

　　假3浪是具有爆发力的上升浪，通常以延伸形态出现。其运行的时间和上升的幅度也是推动浪中最长的，其上升幅度是第一浪的1.618倍或2.618倍。在第三浪中，成交量大增，投资大众失去的信心重新找回；股市基本面各种利好不断、人气沸腾，外围资金在赚钱效应下不断加入股市并推动股价上升，在日K线图上经常出现跳空缺口，且不回补，指标经常出现超买钝化现象。由于第三浪具有爆炸性特征，因此常常被庄家用来虚张声势，制造假多市场，诱骗散户跟风。

　　如下图，海南椰岛(600238)的股价从2001年最高价17元左右开始下跌，最低跌到2.75元，跌幅十分之巨，之后股价顺势下探到3.13元后出现快速反弹走势（第一浪）。在高位经过第二浪的短暂调整后，股价再度放量涨停，第二日继续涨停，展开第三浪上涨之势头。按理说，第三浪是具有爆发力的上升浪。此时，投资者和股评者都认为，股价将展开主升浪行情，其上涨幅度在7～8元之间，获利空间较大。于是，投资者相继跟风而入，谁知庄家却在此作出假的第三浪上涨行情，股价最高仅上冲到6.22元，令投资者大失所望，个个套牢其中。

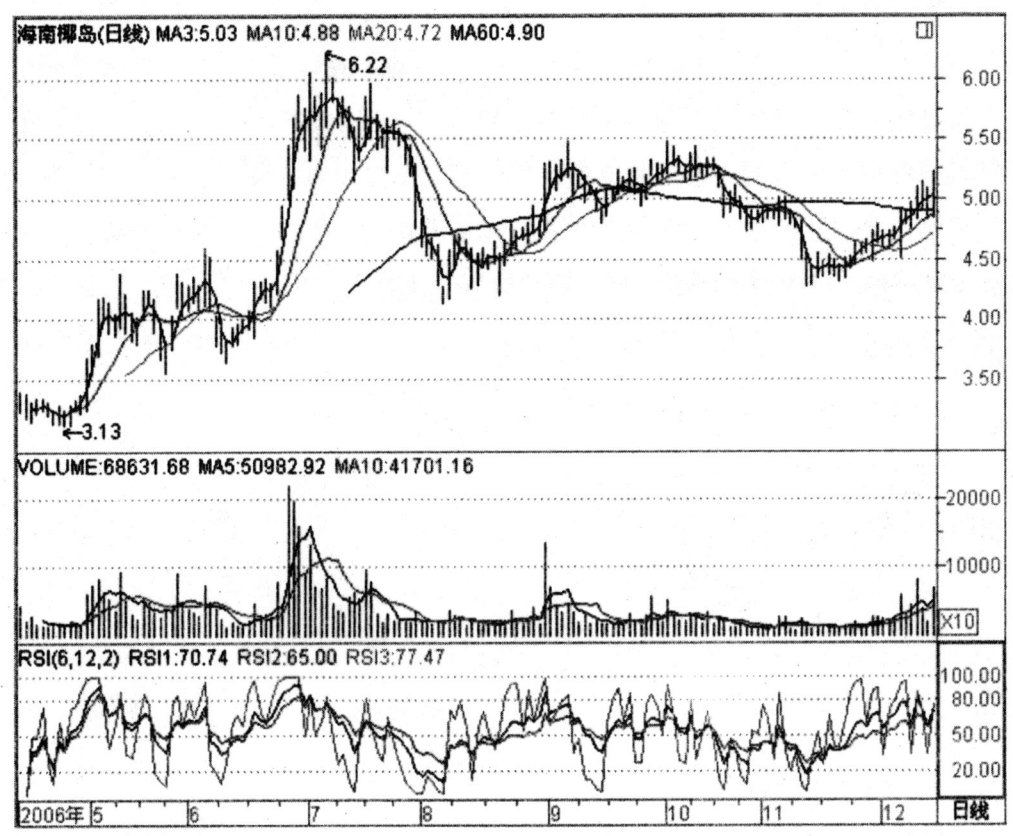

# 四、识破假4浪

经过第三浪的大幅上涨后，股价已经处于高位，先知先觉者获利丰厚而离场。此时多空双方分歧较大，多方吸货进场，空方派发离场，由此形成多空平衡。第四浪通常多以复杂三角形形态出现。第四浪和第二浪调整有很强的互换性，如第二浪以简单形态出现，第四浪调整就以复杂形态出现；反之亦然。时间也是这样，若第二浪调整时间过长，则第四浪时间比较短。第四浪跌幅通常是第三浪升幅的0.382倍，且第四浪浪底必定高于第一浪浪顶。由于受第三浪大幅上涨的诱惑或刺激，庄家在第四浪调整时多数是诱发市场做多，但也有诱发市场做空的。

如下图，风神股份（600469）的股价经过3浪上涨后回调，股价在调整到第三浪升幅的0.382倍左右和第一浪的高点附近，展开弱势反弹。而且该股第二浪是以简单形态出现的，根据波浪理论第四浪和第二浪有互换性的特点，该股第四浪调整应以复杂形态出现。因此有的投资者在这两个股位介入搏反弹，可是庄家在此做了一个假第四浪调整，结果被套牢其中。

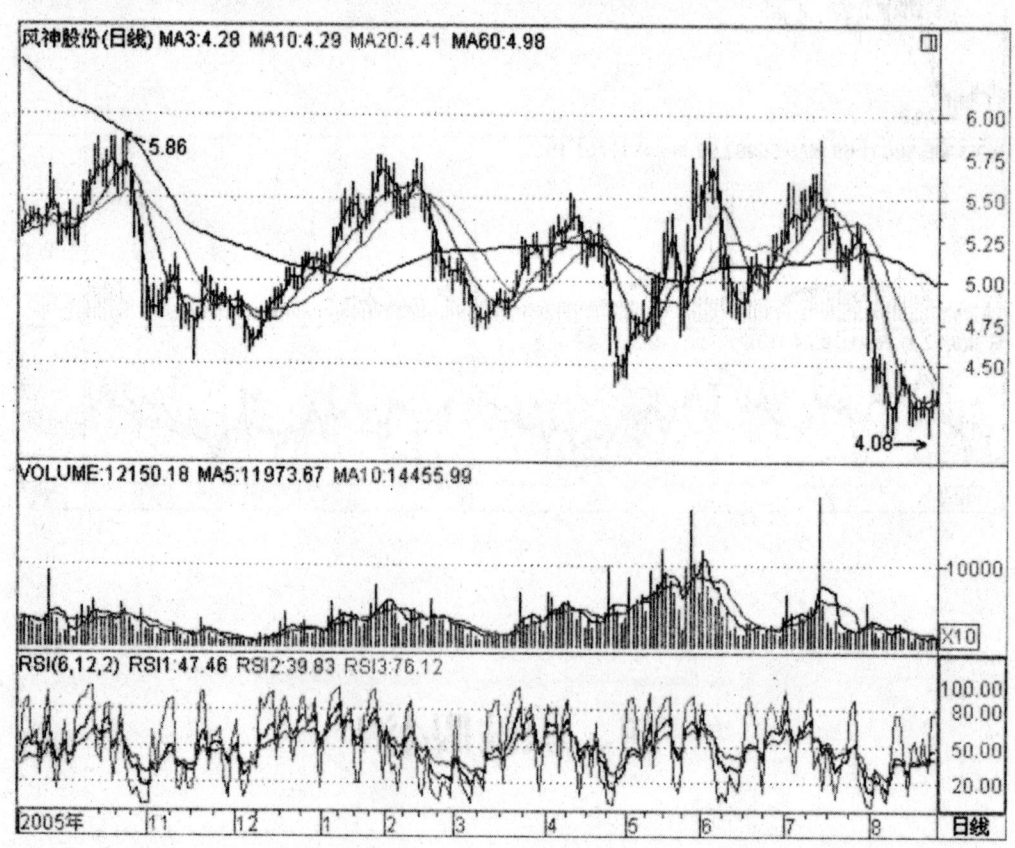

# 五、识破假5浪

　　假5浪上升中成交量减少、技术指标背离、绩优股和领头羊板块上升乏力、垃圾股鸡犬升天是第五浪的典型特征。第五浪通常与第一浪等长或上升目标是第一浪至第三浪的0.618倍。若第五浪以倾斜三角形出现，则后市会急转直下，快速下跌至倾斜三角形的起点；若第五浪高点达不到第三浪高点，则形成双头形态。由于第五浪后劲不足、力度有限，因此常常被庄家所利用。

　　如下图，风神股份（600469）的股价经过4浪运行后，展开5浪上升，可是当股价到达第三浪顶点附近时出现调整走势，使投资者产生第五浪后劲不足，力度有限的错觉，让场内投资者尽快离场。然而，庄家在此进行简单的调整后，于后展开主升段行情，使提前下轿的投资者捶胸顿足。

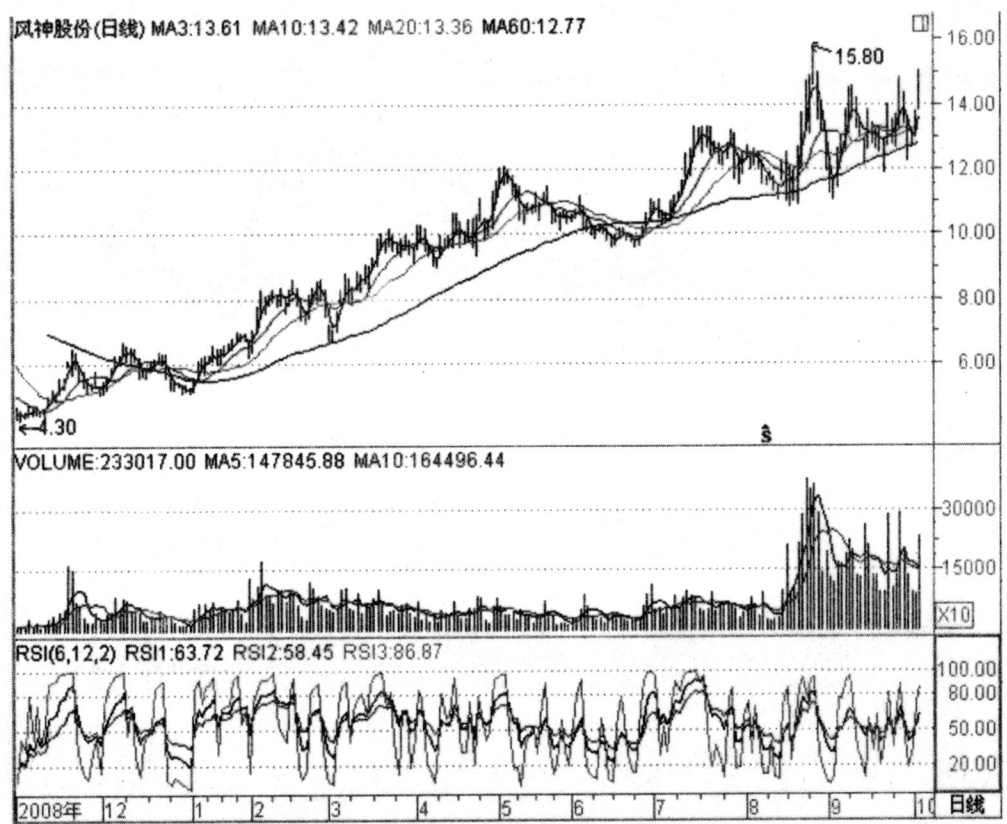

# 六、识破假A浪

　　A浪回档时震荡幅度加大，庄家出货坚决，成交量放大股价却下跌。如果A浪调整呈现3浪下跌，后市下跌力度较弱，接下去的B浪反弹会上升至A浪的起点或创新高。如果A浪是以5浪下跌走势，表明庄家对后市看淡，B浪反弹高度仅能到A浪跌幅的0.382、0.5或0.618倍，后市C浪将比较弱。A浪下跌的形态，往往是研判后市强弱的重要特征。庄家在此作假有二种现象：一种是诱多，A浪本是多翻空的大转变时期，但部分投资者以为股价升势尚未结束，认为是回档而介入遭受套牢；另一种是诱空，庄家完成了5浪走势后，造成出货假象，当投资者基本离场后，便发动更加强劲的主升行情。

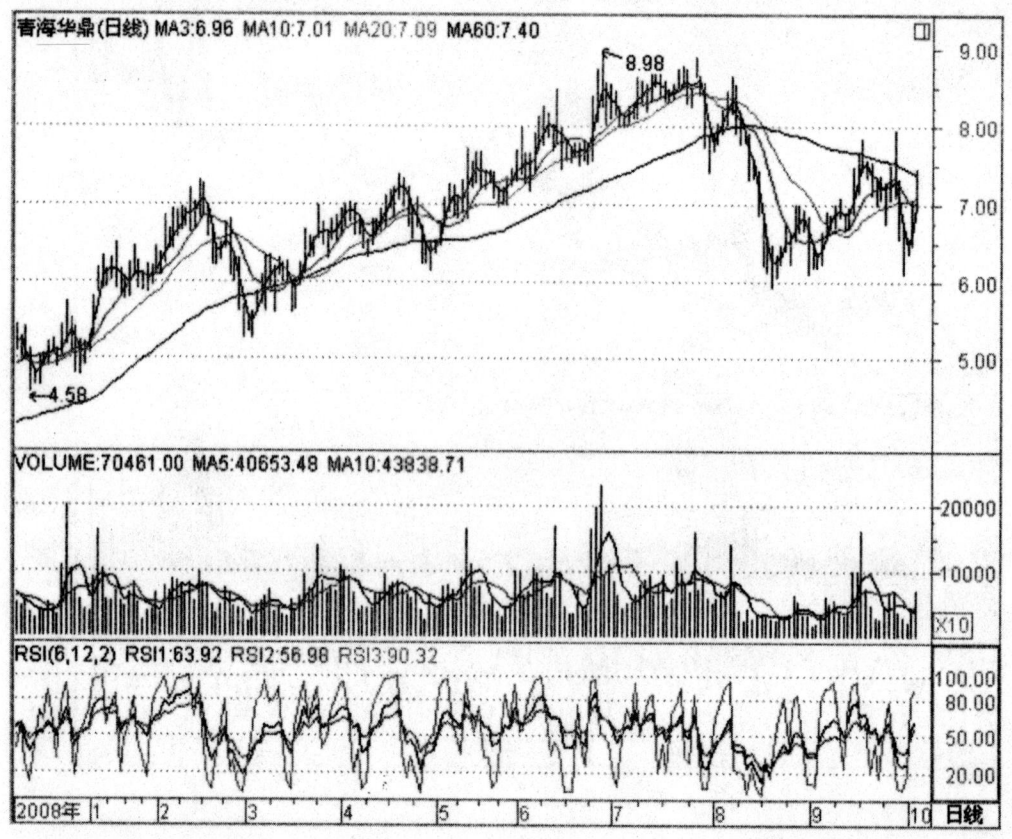

如上图，青海华鼎（600243）的股价已经完成了5浪走势，本是庄家出货的时候。可是庄家在此制造了一个假5浪形态，待浮筹清洗干净后，再度发力向上创出新高点。之后回落（未破A浪底）再次把场内投资者赶出去之后，股价才进入拉升行情。

# 七、识破假B浪

B浪反弹一般以3浪形式出现，投资者往往误以为多头行情尚未结束，并对后市还抱有幻想，但此时成交量不大，价量已呈背离，一般人经常把第五浪与B浪弄混，而B浪反弹却是庄家最后的逃跑机会。庄家在此作假的方法主要是，让投资者误以为新的行情出现、误将反弹当成反转看待，纷纷介入而被套牢其中。

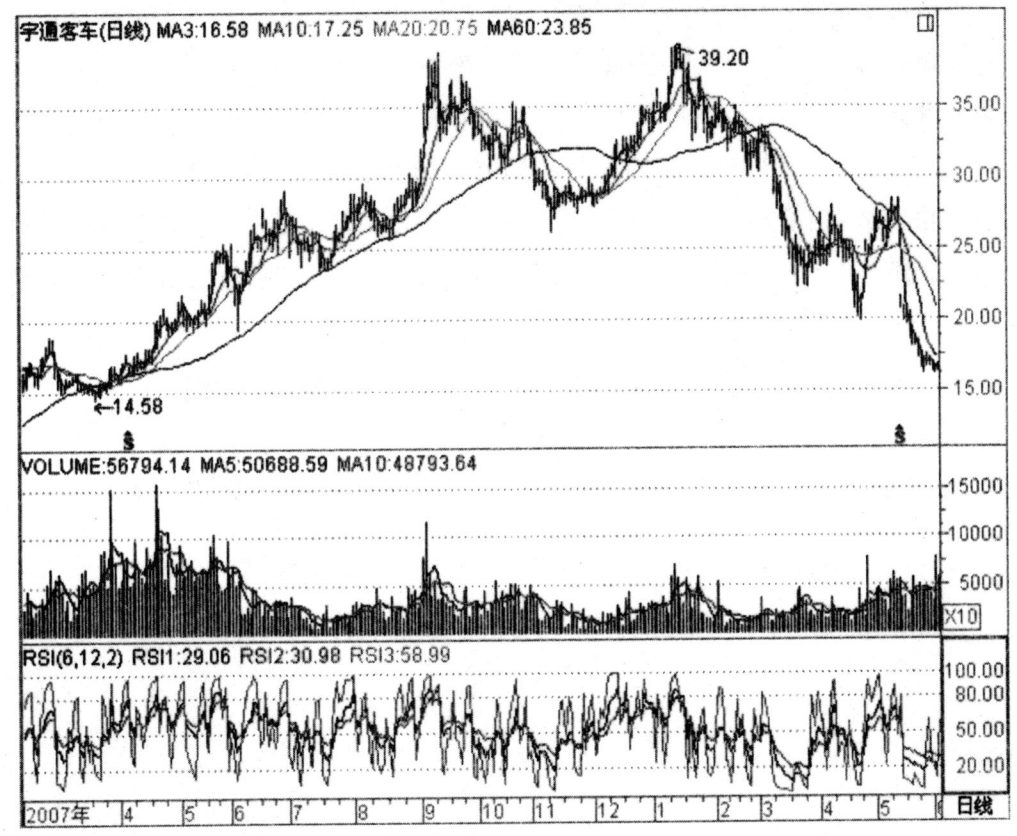

如上图，宇通客车（600066）的股价经过衰竭性5浪上涨后，步入A浪调整。当A浪调整结束，B浪反弹开始。这时，投资者误以为多头行情尚未结束，并对后市还抱有幻想，便纷纷介入做多。可是，B浪经过反弹后，展开C浪大调整。如果认真分析一下就会发现，此时成交量不大，价量已呈背离态势，不具备上涨条件。

# 八、识破假C浪

假C浪呈无量空跌的状态。庄家盘中砸盘明显，基本面及消息面利空频繁出现，利好消息往往成为庄家出货良机，市场人气涣散，资金不断抽离，所有股票全面下跌并出现恐慌性抛盘且破坏性极强，与3浪正好相反的是C浪必须以5个子浪的形态出现，C浪结束即是新的升浪开始。由于C浪具有很强的破坏性，所以庄家在此阶段极力营造恐慌盘面，以骗取散户手中的低廉筹码，为新的行情做好准备。

如下图，四川路桥（600039）的股价经过5浪上涨后见顶回落，步入A3浪调整。很快结束A浪调整期，开始B浪反弹。之后，B浪反弹结束，按常规的波浪理论来讲，应当是C浪调整开始。可是，庄家在此玩了一把假C浪调整，盘中没有出现明显的砸盘现象，表明庄家没有完全离场，且C浪调整的低点未破A浪的低点，市场依然处于强势之中。不久，技术派投资者把筹码抛空后，展开了一波新的上攻行情，股价翻了1倍多。

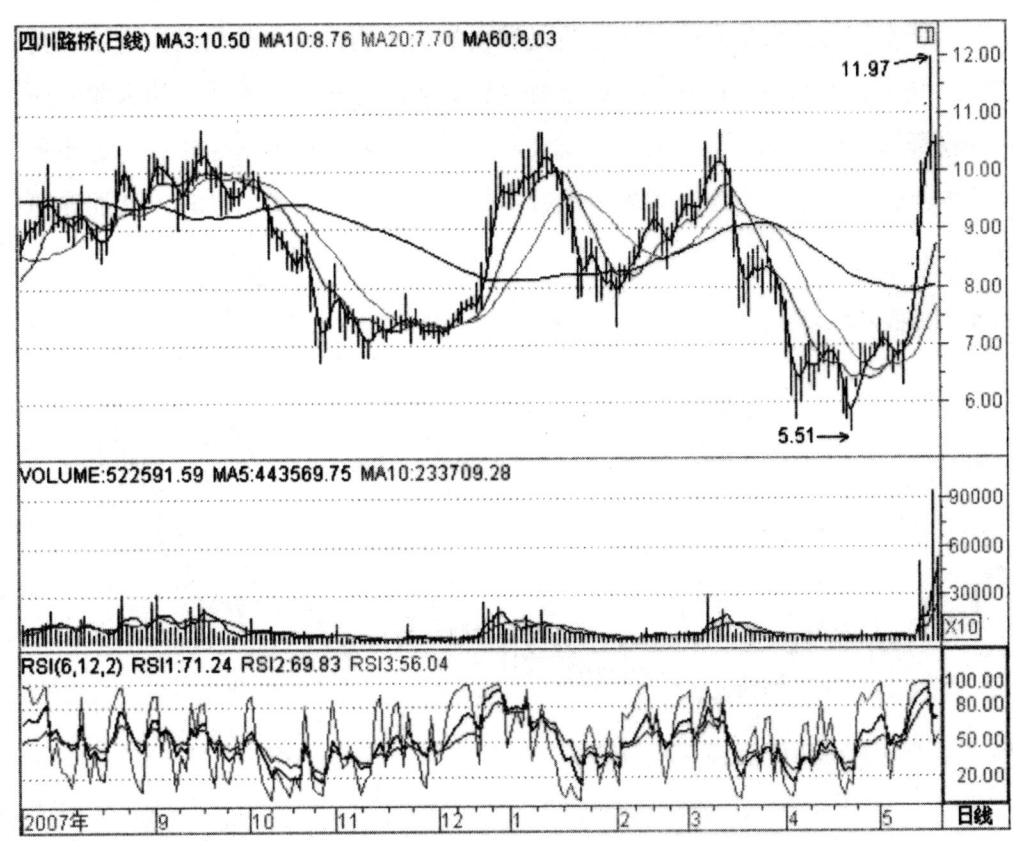

# 九、识别假位置信号

指标的相对位置高低可以提示买卖信号，尽管不同指标数值差别很大，但多数都会有一个大体上的或完全固定的波动区间。如随机指标KDJ、相对强弱指标RSI、趋向指标DMI、心理线PSY等指标均波动于0~100之间。当指标值小于一定数值时，为买入信号；当指标值大于一定数值时，为卖出信号。于是，庄家常利用技术指标的位置信号制造虚假图形来欺骗投资者。

如下图，欣网视讯（600403）的股价从5.16元开始展开一波强劲的上攻行情，股价涨幅接近1倍。其间，如果执行KDJ指标要求的"高于指标值80时卖出"，那么即使是低位介入者，也只是获得蝇头小利，一大截利润失之于误判之中。同样，如果执行KDJ指标要求的"低于指标值20时买入"，那么此时介入的投资者，就很难获得利润。这就要求投资者在使用技术指标时，一定要多项技术指标综合起来考虑，如果多项技术指标同时发出买卖信号时，其准确率就高。

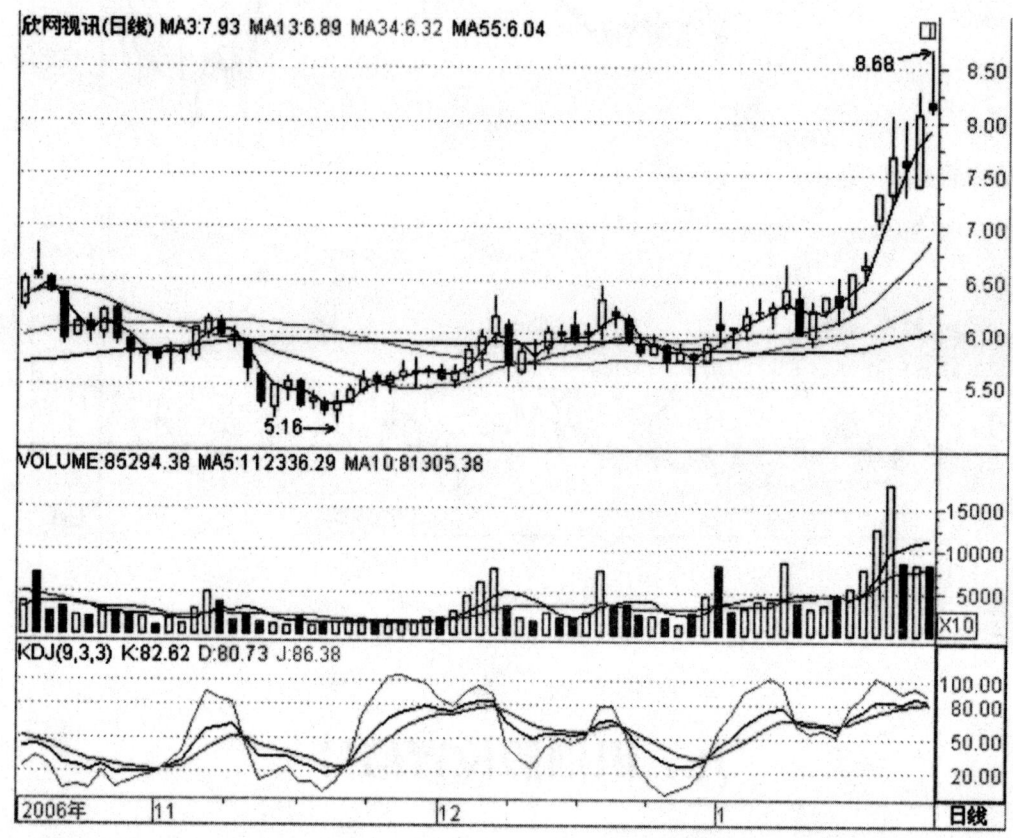

# 十、识别假方向信号

在指标图形中指标的方向向上为买入信号，指标的方向向下为卖出信号。方向信号出现在平衡位置不太可靠，只有出现在超买或超卖区较为可靠。如移动平均线MA、指数平滑异同移动平均线MACD、三重指数平滑移动平均线TRIX和平均线差指标DMA等指标均具有方向指示性。当指标向上运行时，为买入信号；当指标向下运行时，为卖出信号。于是，庄家常利用技术指标的方向信号制造虚假图形来欺骗投资者。

　　如下图，国电南瑞（600406）受基本面影响，股价见顶后逐波回落，MACD指标在底部徘徊，不久MACD指标出现明显的上升走势，DIF线长时间站稳于MACD线之上，指标方向信号明确，而同期的股价却阴跌不止，两者形成底背离形态，通常讲这是典型的买入信号。谁知，股价并未出现上涨走势，只是受大盘利好消息刺激下，股价作了一次上冲动作，之后回落并连创新低。在这里，如果介入较早又未能及时止损，其损失更大。难怪有人感叹：懂技术者不如不懂技术者。

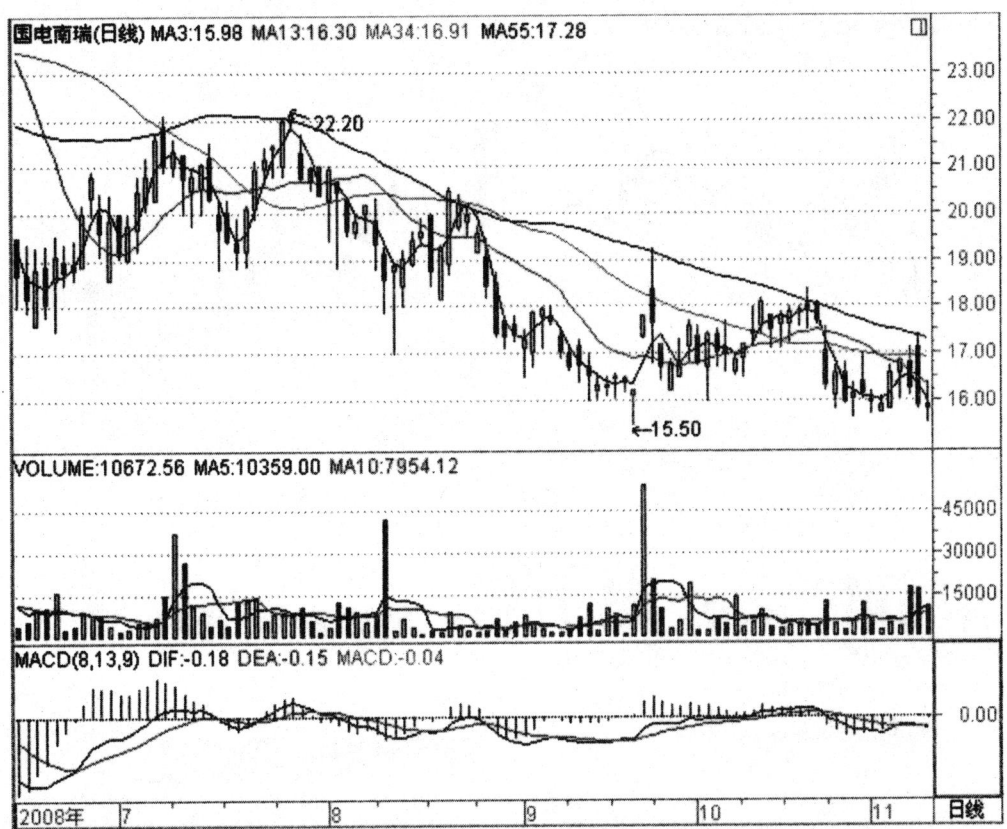

# 十一、识别假突破信号

当指标突破重要阻力位或支撑位、历史成交密集区、重要中心平衡位置时，是重要的买卖信号。如麦克指标MIK、布林线BOLL、指数平滑异同移动平均线MACD、能量潮OBV、威廉变异离散量WVAD等指标均具有突破信号。当指标向上突破时，为买入信号；当指标向下突破时，为卖出信号。于是，庄家常利用技术指标的突破信号制造虚假图形来欺骗投资者。

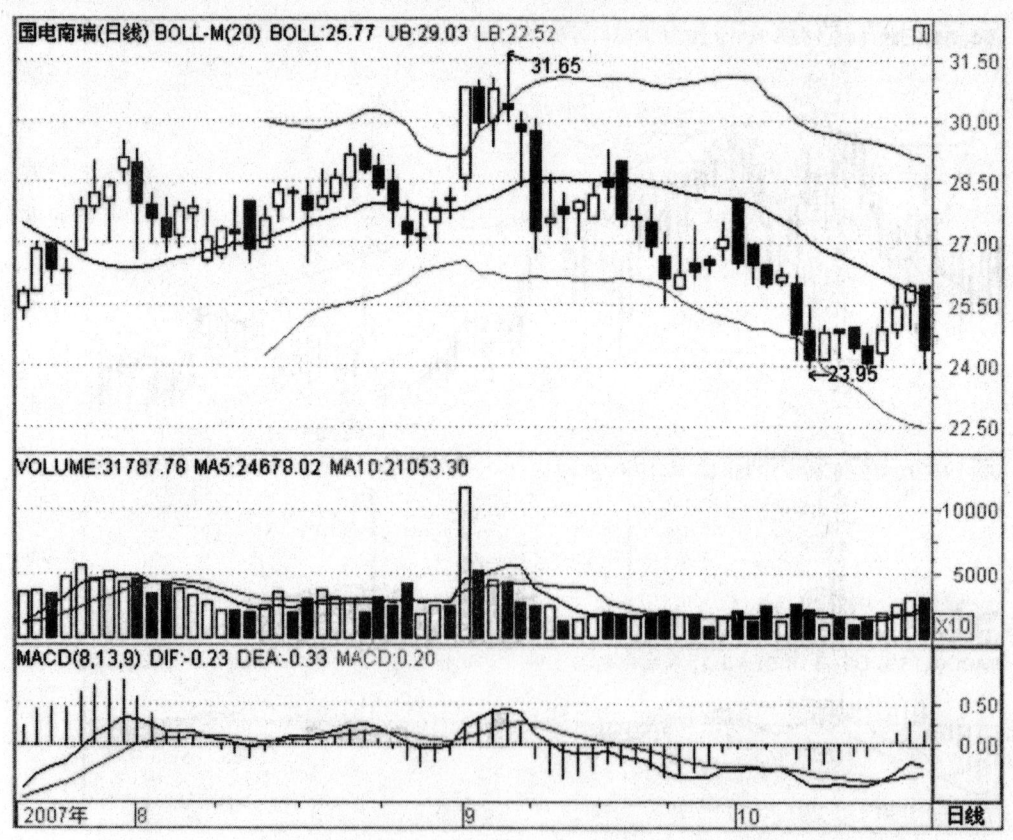

如上图，国电南瑞（600406）股价向下跌破布林通道的中轨线，之后股价大部分时间都运行在中轨线下方，布林通道由宽变窄渐渐做收敛状整理，中轨

线持续走平，股价维持在盘局走势。不久，股价放量向上突破盘整走势，收出一条光头光脚的中阳线。在布林线中，指标向上穿过中轨线后继续向上穿过上轨线，布林通道随之由窄相的收敛变为宽相的扩张，表明行情已经产生向上突破，力度已经由弱转强，应是跟进或追涨买入。可是不久，股价很快回落并击穿中轨线的支撑，从此结束了5浪上涨行情，庄家成功地戏弄了散户一把。股市谚语说，回拳是为了更好的出击。同样，上涨是为了更有力的下跌，庄家向上假突破就是如此。

# 十二、识别假交叉信号

图形中出现多条指标线时，短期快速线由下向上穿过长期慢速线是黄金交叉，为买入信号；短期快速线由上向下穿过长期慢速线是死亡交叉，为卖出信号。如移动平均线MA、指数平滑异同移动平均线MACD、超买超卖指标OBOS、随机指标KDJ等指标均具有交叉信号。交叉信号只有出现在超买或超卖区时较为可靠。于是，庄家常利用技术指标的交叉信号制造虚假图形来欺骗投资者。

如下图，安泰集团（600408）的股价在高位经过长时间的震荡后，终于选择了向下调整。股价经过一轮下跌后逐步得到企稳迹象，这时，MACD指标中的DIF线在底部走平后开始向上金叉MACD线，随后MACD线也向上掉头，成交量也同步放出，构成标准的买入信号，因此有的投资者在此价位介入抢反弹。可是，随后的走势并不是投资者所想象的那样乐观，股价很快再次下跌，这时才明白原来是庄家特意打造的假金叉信号，使投资者上了一回当。不久，该指标再度在底部出现金叉，根据MACD指标"底部两次金叉大涨"的经典，该金叉着实吸引不少人的眼球，于是主动介入做多。然而这又是一个庄家精心编制的陷阱，股价不涨反跌并不断创新低，让投资者大失所望。

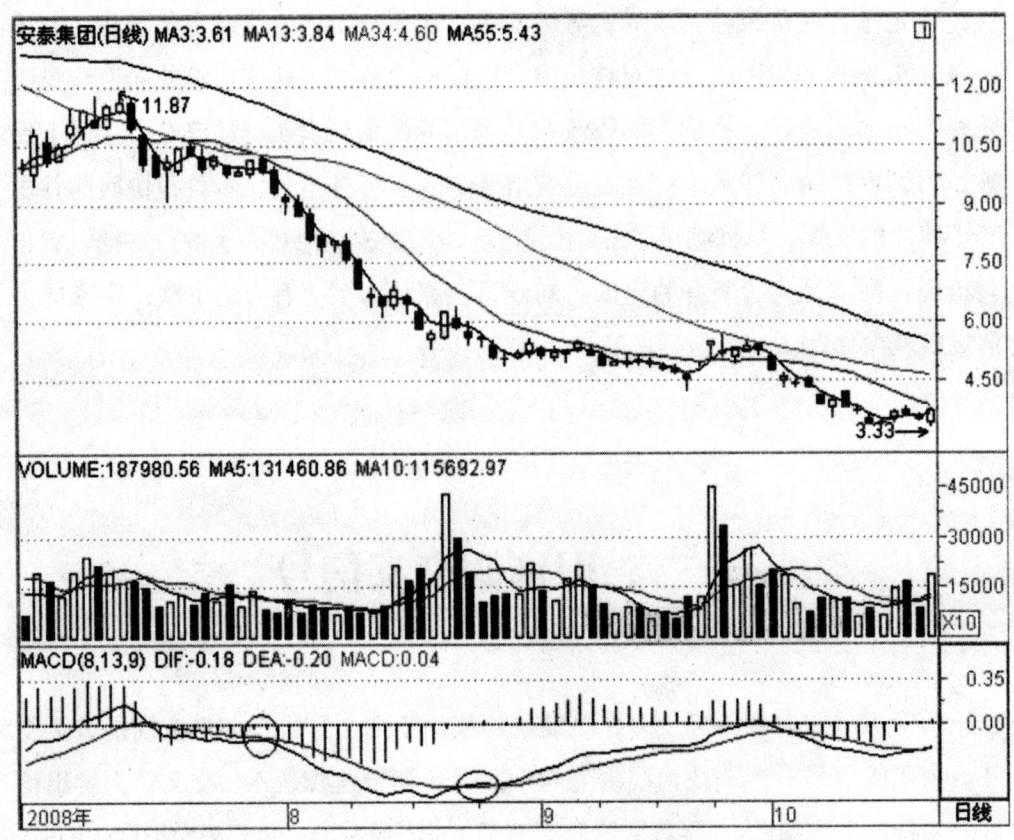

# 十三、浪顶大阳需卖出

大阳线属于低开高走或平开高走的格局，本身具有强烈的向好信号。在盘中，在接近全天的最低开盘，然后一路狂奔，最终以全天的最高价或接近最高价收盘，其上下影线都较短，或者是光头光脚的大阳线。其市场意义：大阳线出现在市场的底部，尤其是出现在市场开始盘稳之后，往往会以强烈的冲击力突破某个长期压制价位上涨的阻力线。一般而言，大阳线吞没的日K线数量越多，说明反转的意义越大；大阳线一般会带来成交量成倍放大，市场能量的爆发让人感到涨势如虹。

　　大阳线的失败形态常见，很多追高套牢者发生在大阳线里。因此要注意：①大阳线出现在连续上涨过程的末段时，容易发生拉高出货的技术陷阱。②成交量剧烈放大的大阳线值得高度重视，通常是出货形态。通常换手率在10%以下属于较安全，超过30%应高度警惕。③突破前期高点的大阳线要注意是否属于假突破。如果突破高点时涨幅小于3%时，应考虑是否属于反跌形态。如果大阳线的上影线刺破高点，出现破高反跌的可能性极大。

　　如下图，中国海诚（002116）的股价展开一波上升浪后，成交量同步放大，在日K线上出现一根光头光脚的大阳线。这根放量大阳线本来具有加速上涨的势头，不料随后的走势却随即节节走低，形成了一个失败形态。这类失败情形多属庄家自救行为，或者是有庄家客串玩一把就走，无长庄打算。发现巨量长阳之后股价重陷跌势，应作趁高派发之操作计划。

# 十四、浪底大阴可买入

市场在上升之中常常堆积了巨大的风险，当多方的力量不能有效推动股价进一步上扬时，股价容易快速回落。市场从来都是涨慢跌快，而且下跌可以不需要成交量放大的配合，特别是价格处于历史高位，涨不上去就会跌下来似乎是条规律。而且不跌则已，一跌惊人，大阴线常常对牛市构成极大的杀伤力，具有看空信号。其市场意义在于：大阴线出现显示一轮跌势已经开始，原有的上涨趋势已经发生逆转。大阴线吞没的日K线数量越多，说明反转的可能性越大，下跌的力量与长度成正比。

大阴线的出现常常会伴随放量，但成交量的放大与否同大阴线的向淡意义关系并不大，跌势之中的成交量没有涨势之中的成交量那么重要。大阴线也常常成为调整或洗盘的形态，具有陷阱的意味。通常出现在伸展处于快速、来不及进行认真整理的井喷行情之中，大阴线的出现不过是市场以同样剧烈的方式完成调整，并展开新一轮上涨行情的一种策略。

如下图，高新发展（000628）的股价见顶后，出现一波较大力度的杀跌，这天股价平开后，一路狂泻而下，一根大阴线打破了上升趋势线，后市理应看淡。可是，第二天股价微幅低开后，一路狂奔而上，当日巨量封于涨停，吞没了前一个交易日的大阴线，第二天股价继续涨停。大阴线由于具有强烈看空的意味，经常成为庄家震仓洗盘的工具。在股价大幅上涨之后进行洗盘换手，随后在第二波大幅拉升之前，庄家反手下打拉出一根大阴线，仿佛行情彻底结束，使散户落入庄家设置的陷阱之中。

# 十五、警惕浪顶假红三兵

　　红三兵由三根阳线组成，每日收市价都高于前一天的收盘价，武士勇往直前的精神跃然纸上，市场趋升的形势明朗化，表示可能见底回升。红三兵一般出现在见底回升的初期，升幅不大，动作缓慢，但升势相当稳定。如果红三兵实体过长，短期指标有超买迹象，应引起注意。成交量无太多变化，但在随后的突破飙升时成交量会成倍放大。

　　假红三兵指的是出现失败形态，低位的红三兵可能是弱势反弹的一种表现形式，大阴线之后的红三兵要提防它演变为下降三角形或下降旗形。

如下图，中国中期（000996）的股价从37.77元上方见顶后一路向下阴跌，其间二次出现红三兵形态。红三兵构成了一轮弱势反弹行情的主体部分，随后的大阴线粉碎了红三兵的看涨意义。即使是最激进的投资者，在确认红三兵反弹失败后也应果断离场，不必恋战。

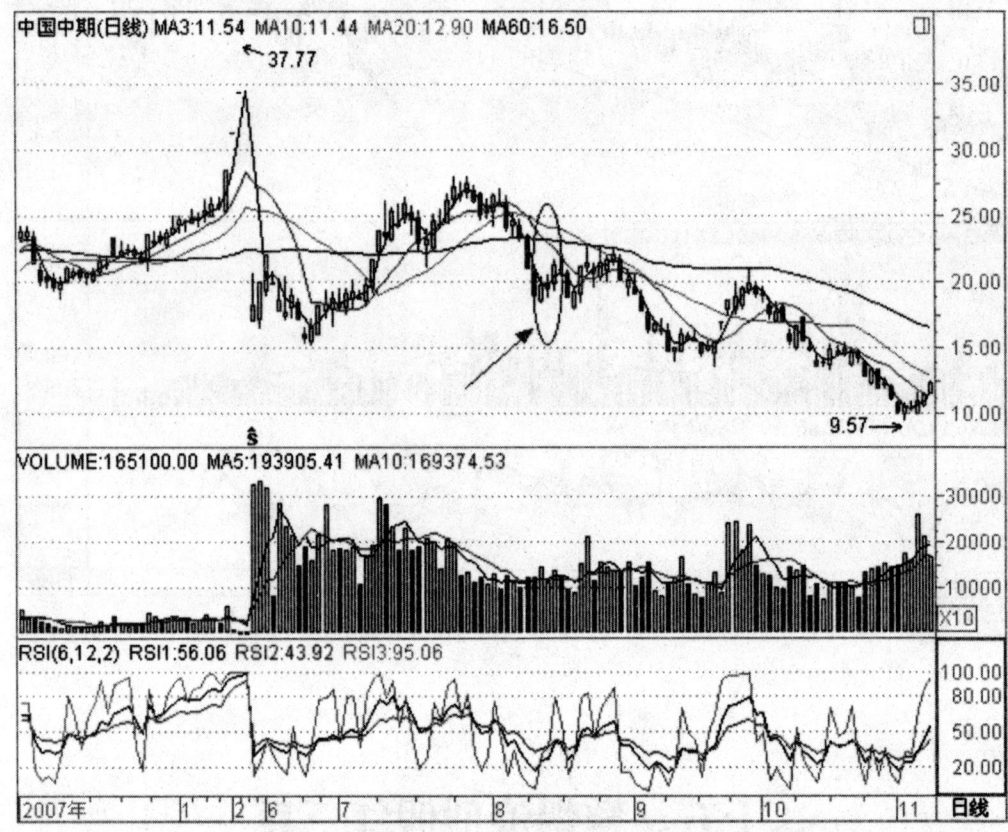

# 十六、山腰浪假三只乌鸦不要怕

当市场还沉浸在乐观气氛时，三只乌鸦从头顶掠过，令人不寒而栗。三只乌鸦由三根阴线组成，是一种向淡信号。三根阴线相连，每天价格收低，表明多方体力不支。三只乌鸦也常常成为调整或洗盘的形态，具有陷阱的意味。通常在低位可能是整理吸货，在相对高位可能是强势洗盘，随后展开新一轮上涨行情。大阳线之后的三只乌鸦要注意它演变为上升三角形或上升旗形。

　　如下图，峨眉山A（000888）的股价从10.00元上方开始下跌，直到跌破4元后才有所回稳。此后经过短暂的横盘震荡走势后，出现三只乌鸦形态，阴线大小相当，股价一个比一个低，大有向下破位之势，成交量呈萎缩状态。不料随后止跌企稳，一根大阳线终止了乌鸦的不祥之兆，使图上的这三只乌鸦仅成为了一种调整形态。最终，一群喜鹊飞来赶走了三只乌鸦，市场一扫愁容迎来了艳阳天。

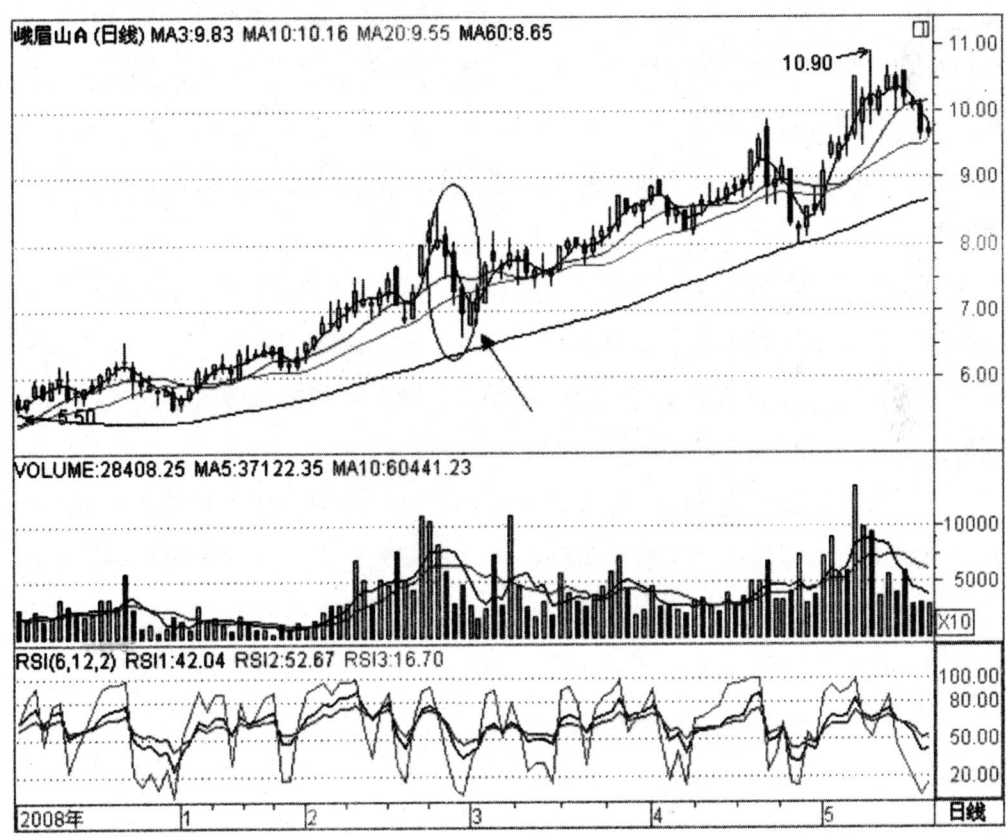

# 十七、下坡浪假早晨之星是诱多

早晨之星是K线理论中重要的反转形态之一。在太阳尚未升起的时候，黎明前最黑暗的时刻，一颗明亮的星星在天边指引着那些走向光明的夜行人。早晨之星预示股价见底，后市看好。它由三根K线组成，第一天由于恐慌盘抛出而出现一根巨大的阴线，大势不妙。第二天跳空下行，但跌幅不大，实体部分较短，星线可阳可阴。第三天一根长阳线拔地而起，收复第一天的大部分失地，股价转危为安。早晨之星出现在长期下跌之后、暴跌之后、上升回调后的准确率较高。

早晨之星常常成为庄家刻意画线的形态，因此需多加留意：①在第三天拉阳线时，成交量没有放大。②第四天没有拉出阳线。③股价下跌超过第三天阳线实体的1／2处。如果出现其中之一种现象，则有可能构成假早晨之星；如果同时出现其中之两种以上现象，则假早晨之星确立。

如下图，广济药业（000952）的股价经过一波上涨后冲高回落，在下跌过程中出现两个非常标准的早晨之星形态。纯粹从走势图来看，如果早晨之星成立，股价应快速上涨，似乎庄家要再做一波。但后来股价的发展否定了这个具有强烈看涨意义的早晨之星，而是在收了一根阴线后，接着出现连续的下行走势，早晨之星被淹没在漫漫阴跌之中。很显然，这是一个多头陷阱，早晨之星形成之后没有出现持续的上升走势，也无成交量有效放出，多头应在股价跌破第三根阳线实体的1／2处止损。

# 十八、假黄昏之星是洗盘

　　黄昏之星是K线理论中重要的反转形态之一。在太阳从西山之巅缓缓落下，预示黎明即将完结，人们要在黑暗前抓紧行动。黄昏之星预示股价见顶，后市看淡。黄昏之星与早晨之星的形态正好相反，第一天市场在一片狂欢之中步步走高，收出大阳线。第二天跳空冲高，但尾市回落，全天涨幅不大，实体部分较短，星线可阳可阴。第三天转头下跌，一根长阴线似乌云盖顶，抹去了第一天的大部分阳线，股价转强为弱。黄昏之星出现在长期上涨或暴涨之后，几乎可以肯定是反转信号。

黄昏之星常常成为庄家刻意画线的形态，因此需多加留意：①要认真分析行情性质，股价所处位置，防止被庄家洗盘所骗。②如果上影线较长并带有较大成交量应采取减仓观望。③如果股价涨幅很大，黄昏之星见顶的机率较大；如果股价涨幅不大，可以认定为回档整理或洗盘。在实战中，要结合这些盘面现象进行综合分析，以辨别真假黄昏之星。

如下图，广宇发展（000537）的股价见底反弹，经小幅反弹后开始调整，三个交易日构成一个非常标准的黄昏之星形态。这个形态预示反弹行情的结束，尤其是这天一根光头光脚的阴线，颇有几分恐怖色彩。谁知，黄昏之星出现后，股价调整幅度不大，第四天股价就结束调整。随后，股价继续攀升而上，倒扣金钟标准形态是一种难得一见的技术形态。

# 十九、假身怀六甲仍需观望

　　身怀六甲由两根K线组成，第一日在上升行情中出现一根长阳线，或下跌行情中出现一根长阴线，第二日出现一根实体较小的K线，无论是阳是阴，好像长K线怀中的胎儿，被前一根较长的实体K线包围进去。身怀六甲形态的出现，一般预示着市场上升或下跌的力量已趋衰竭，市场已有改变既有趋势的迹象。分析方法如下：①在涨势与跌势的后期须留意长阳线或长阴线之后的变化，身怀六甲会让人感到市场的暂时休整而不以为然，但转势也许就在眼前。②注意身怀六甲出现时的成交量变化，在放量之后，成交量突然大幅度萎缩，市场趋势改变的可能性甚大。③身怀六甲形态与其他一些主要的反转信号如十字星、大K线等相比，其反转信号要次要得多。

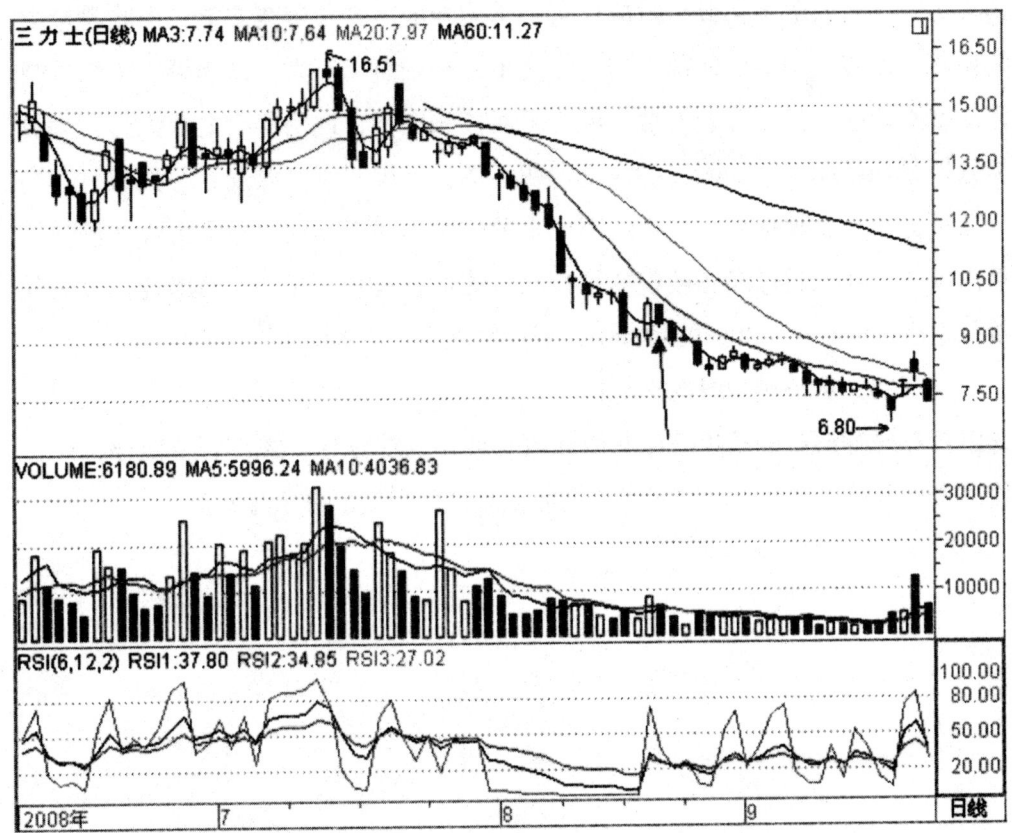

　　如上图，三力士（002224）在行情下跌过程中，出现了一个看涨的身怀六甲形态后，股价的确止跌，但随后股价的走势却并没有出现预期的上涨行情，而是陷入了横盘整理，不久跌破整理区域。身怀六甲在这里是以下跌抵抗形态的情形出现。操作中可以结合其他技术分析指标来判断身怀六甲形态的可靠程度。一旦发现该形态构成陷阱，应退出观望。

# 二十、假乌云盖顶仍有涨

　　乌云盖顶形态一般由两根K线组成，第一根为阳线，第二根为阴线，发生在涨势之中，常被人误以为是市场的调整形态，所以其隐蔽性较好，翻脸之时出其不意。乌云盖顶在分析时应注意：①阴线应高开于阳线之上，但收盘价大幅回落，深入到阳线实体部分的一半之下，否则意义不大。跌幅越大，信号越强。②阴线在开盘后曾经上冲，但受阻后掉头向下，说明多头上攻无力，大势见顶迹象初露端倪。③阴线的成交量明显放大，说明庄家派发意愿强烈。④乌云盖顶为次要见顶信号，可靠性因出现的位置不同而不同。通常出现在反弹行情的顶部、涨幅超过50%或快速拉升之后的形态可靠性较高，而出现在突破颈线位之后、涨幅小于30%的行情中，属庄家洗盘的可能性大。

　　如下图，从市场当时的交易情形看，ST双马（000935）这个乌云盖顶形态是解套盘蜂拥而出的结果。但超级庄家顶住了这波抛压，继续逼空走势，终于使一个乌云盖顶的空头陷阱充当了强势上升过程中的上涨急速调整。

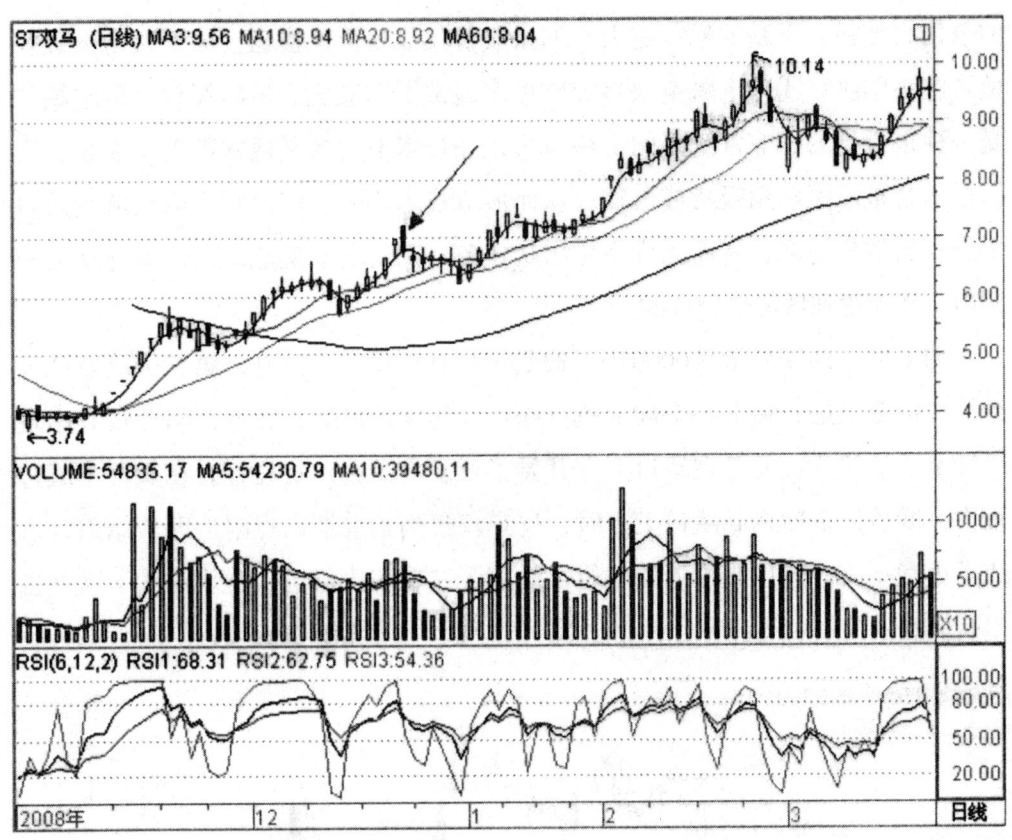

# 二十一、假跳空缺口快见顶

跳空缺口是指股价向上或向下以跳空突破的方式脱离盘整区域的一种价格形态。根据跳空突破所处的位置和突破方向，可以分为向上跳空缺口和向下跳空缺口。操作中要把握以下要点：①向上跳空缺口突破前的整理形态应属强势整理，特征是成交量逐步递减，重要性短期均线如10日均线有支撑，显示市场浮筹逐步减少，持股成本日益垫高。②向上跳空缺口突破形态在横向整理突破后成交量应相应放大，股价流畅上升。③向下跳空缺口突破前的整理形态应属弱势整理，在横向整理期间应有相应的反弹过程，反弹的次数越多，向下突破的杀伤力越强，下跌的幅度越大。如果股价仅仅是低位横盘，向下跳空突破要慎防空头陷阱。④向下跳空缺口突破形态通常不需要成交量的配合。跳空缺口是一种很常见的、非常重要的价格行为，在技术上的含义通常都确定无疑，因而很适合被庄家利用吸货或出货，从而形成技术陷阱。庄家利用向上跳空缺口形态吸引散户追高，从而完成高位出货任务；利用向下跳空缺口形态迫使散户割肉，从而达到低位建仓目的。

如下图，西安旅游（000610）的股价当日放量向上拉升，第二天跳空高开继续以巨量上扬，留下一个向上跳空缺口。通常该股后市看好，但并没有出现继续上攻的势头，而是在缺口上方开始了反复的震荡出货过程。在头部形成过程中，股价向下回调到缺口上方时，反弹仅仅到达前期高点附近即告结束，形成了小圆型头。然后股价下跌破位，结束了这轮多头行情，股价继续下跌并创出新低点。

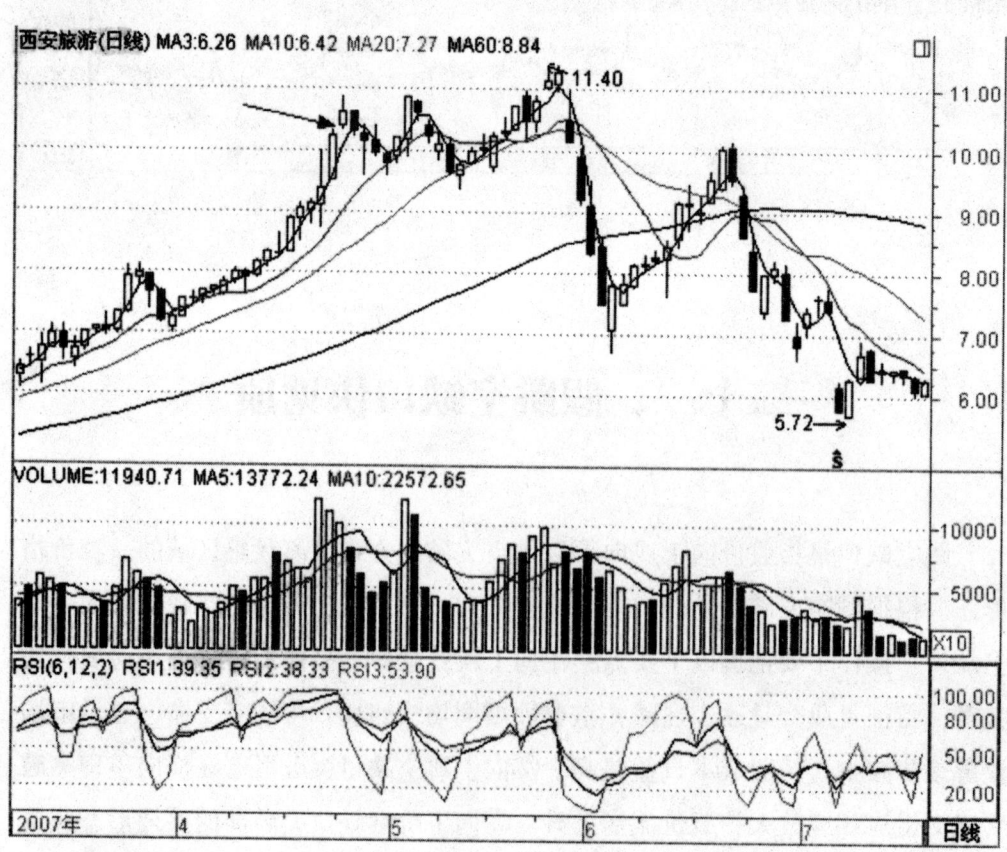

# 判断上升浪的K线组合

# 一、四浪洗盘后期高

　　股价经过长期下跌后，多数投资者已处于亏损或绝望状态，庄家借着低迷的市场气氛和利空传闻再次震仓，经不住折腾的就认赔出局。当股价接近价值区域时买盘开始增多，股价借势强劲反弹，但越往上走抛压越重，亏损的想高抛低吸摊低成本，抄底的担心夜长梦多开始获利回吐。于是股价重新回到原来的起点。于是庄家又开始大量吃进，套牢盘也开始进行回补，众人拾柴火焰高，股价再次升了起来。庄家觉得这样一直拉抬下去对自己以后的出局很不利，于是停止吸纳，在高位顺势派发一些低位捡来的筹码，于是股价拾级而下。庄家经过一段时间的低吸，浮筹已经不多，于是庄家缓慢地把股价继续推高。在股价的反复波动中庄家有滋有味地进行着高抛低吸，散户经不起如此折腾，于是割肉认赔。短线客感到股价走势沉闷，无利可图也另攀高枝。四浪洗盘完成以后，为了震出那些最顽固的多头分子，在拉升前一般还会再来一次彻底地清洗。然后小幅推高股价，测试盘中抛压，只有当庄家认为浮筹不多时，才会选择拉抬时机。

　　粤电力（000539）在四浪洗盘出现后股价走势比较强劲，因为它是在均线系统处于多头排列的情况下完成的。股价拔地而起以后，股价小幅推高，然后顺势回落，标志着"一浪洗盘"的完成；后在成交量的配合下，股价越过前期高点的出现，标志着"二浪洗盘"的完成；股价顺势回调后再次小幅推高，越过前期高点，"三浪洗盘"结束；股价经过整理再次向上攻击，但在前期高点附近股价就主动回撤，"四浪洗盘"完成。股价在20日均线处获得支撑后，开始携量上攻，当股价越过四浪洗盘的高点时应重仓出击。

　　在实战中，只要弄清楚四浪洗盘是股价的整理形态就可以了。这样，就可以避免过早地参与整理，当然，对于善于做波段的人来说，庄家为其提供了一个非常好的获利机会。

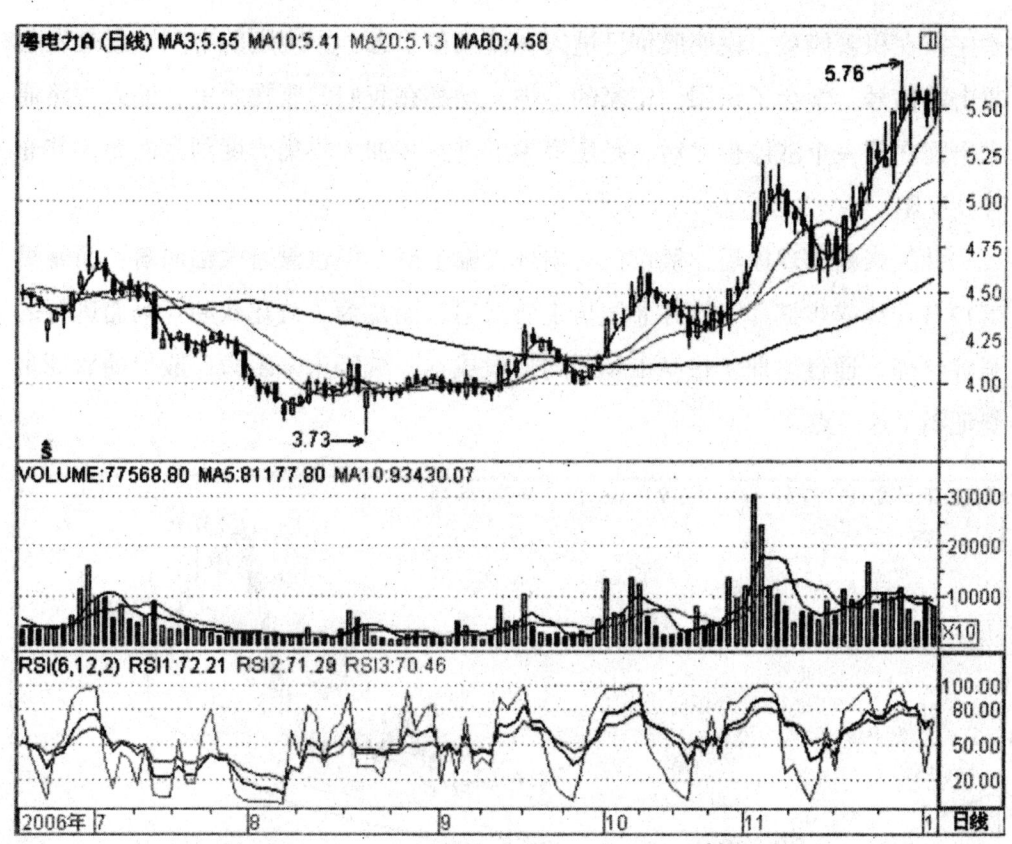

# 二、仙人指路后有浪

　　股价经过长期下跌以后，做空能量销声匿迹，只有萎缩的成交量在那里苟延残喘，多数人已对它不再留意。然而，在某一天，股价突然拔地而起，然后在人们的疑虑中封住涨停，庄家旨在快速拉离成本区。第二天开盘后，股价一路上升，然后顺势下滑，庄家刻意制造高位遇阻的假象，让场外资金不敢贸然跟进，叫短线客恐慌出局。这根带有明显冲高受阻痕迹的阴线或阳线，实际上是庄家的攻击性补仓，为进一步上攻而进行的最后掠夺。

　　云南白药（000538）在仙人指路出现以前，股价先有一个铺垫，小步攀高是庄家在积蓄能量，说明股价已进入一级战备状态，不规则的中阳崛起是发起攻击的信号。学会了识图，庄家的一举一动都在我们的监视之中。仙人指路通常出现在第一个涨停板之后，是庄家为了进一步加大收集力度刻意而为，并非冲高受阻。

仙人指路出现以后，股价没有出现大幅上涨，但也没有大幅回落，而是沿着13日均线碎步挪移，这并非股价走势减弱，而是为了消化获利筹码而进行的强势整理，通过整理，垫高市场平均持股成本，减轻未来阻力，股价的后期走势证明了这一点。

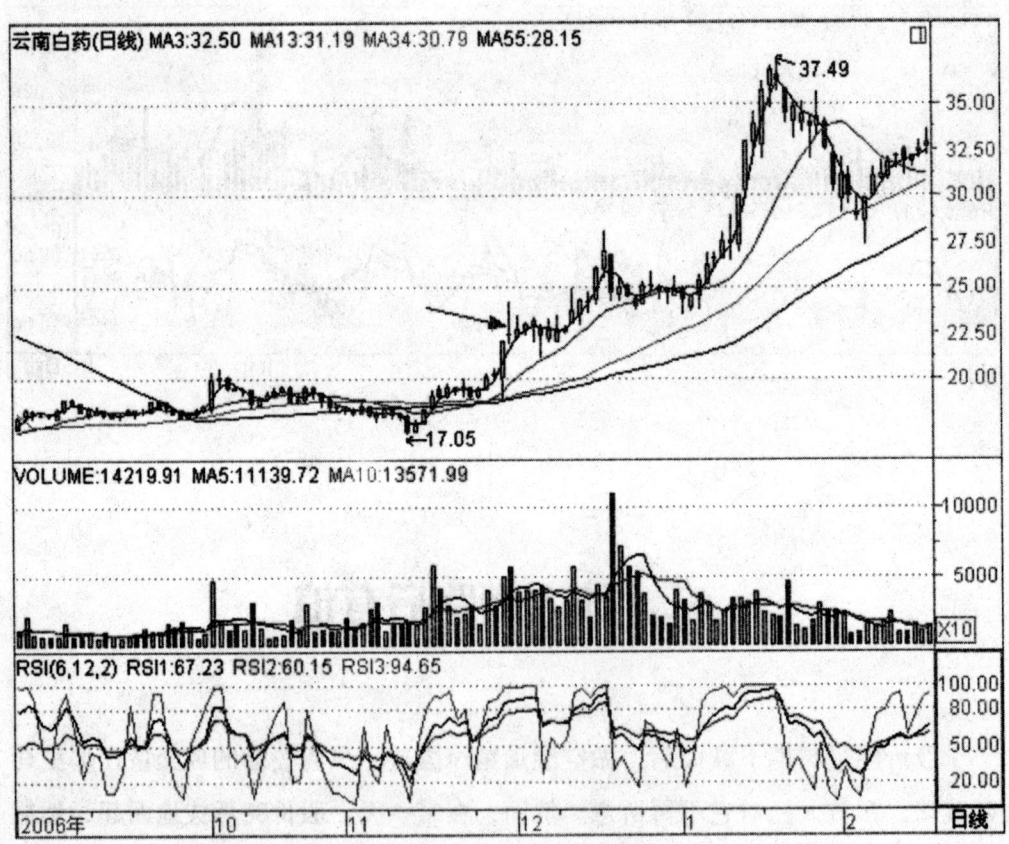

# 三、串阳介入踏主浪

在一个股价平台上，股价低开高走，持续拉出5根以上小阳线或星阳线，这是庄家为驱逐获利盘和限价收集而采取的一种强势整理，是股价即将拉升的显著标志。这种把股价平台上拉出的持续阳线称之为串阳。

股价经过一波拉升之后，盘中积累了一定数量的解套盘和获利盘，为了把这些筹码驱逐出去，庄家会不择手段地诱使这部分筹码出局，凶狠打压，又担心抛出的筹码捡不回来，于是庄家就控制着股价低开高走，故意制造一种走势疲软的假象。其实，这是庄家为混淆视听而精心设置的诱空骗线。串阳通常出现在小幅度推高之后，是拉升途中的整理蓄势，应密关注，伺机进场；也可以涨起来追着买。

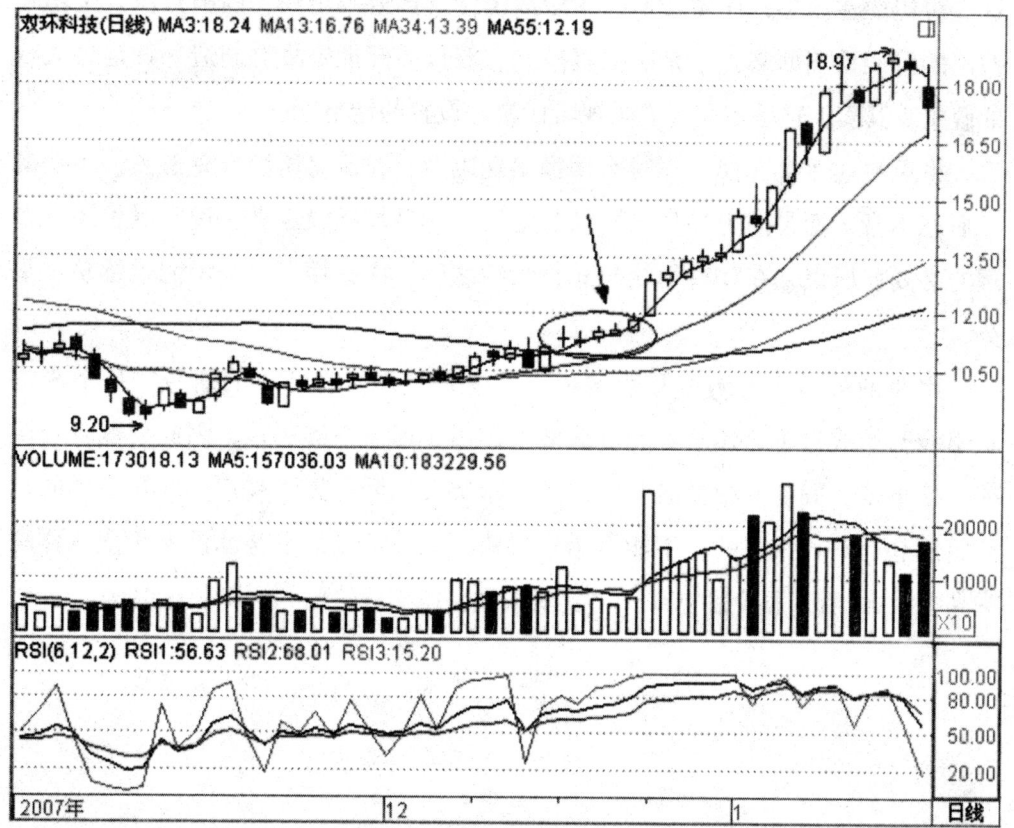

双环科技（000707）股价爬上55日均线，庄家拉出一组串阳继续整理蓄势，然后发力上攻，突破整理格局，走出一波凌厉的上攻行情。

# 四、串阴洗盘不必恐惧

股价经过小幅拉升，然后在一个狭窄的股价平台上，高开低走，持续拉出5根以上缩量阴线，这是庄家为积累能量，刻意使用的一种清洗手段，旨在让持仓者心神不安，叫持币者不敢贸然进入。这种在狭小平台上持续拉出的一串阴线称之为"串阴"。

股价经过一波拉升之后，盘中积累了一定数量的解套盘和获利盘，为了把这些筹码驱逐出去，庄家会不择手段地诱使这部筹码出局，凶狠打压，又担心抛出的筹码捡不回来，于是庄家就控制着股价高开低走故意制造一种走势疲软的假象。其实，这是庄家为混淆视听而精心设置的诱空骗线。

世荣兆业（002016）在触底反弹出现以后，股价之所以没有上去，不是源于形态本身，而是因为10日均线没有走平。10日均线没走平，说明股价还有整理的必要。所以，在10日均线与30日均线之间，庄家用了一组串阴继续整理蓄势。

串阴的最后一根阴线开始缩量了，这是整理行将结束的信号，接下来的星阳线开始放量了，预示着股价该涨了，由于形态不够明显，因此只能轻仓试探。接下来，股价开始携量上攻，并一举突破串阴的整理高点，昨日进场的，开始加仓；昨日未进的，不能再错过时机。股价后来的走势就像冲天炮一样高举高打。3天后，股价跳空高开，震荡加剧，说明股价已到了阶段性顶部。

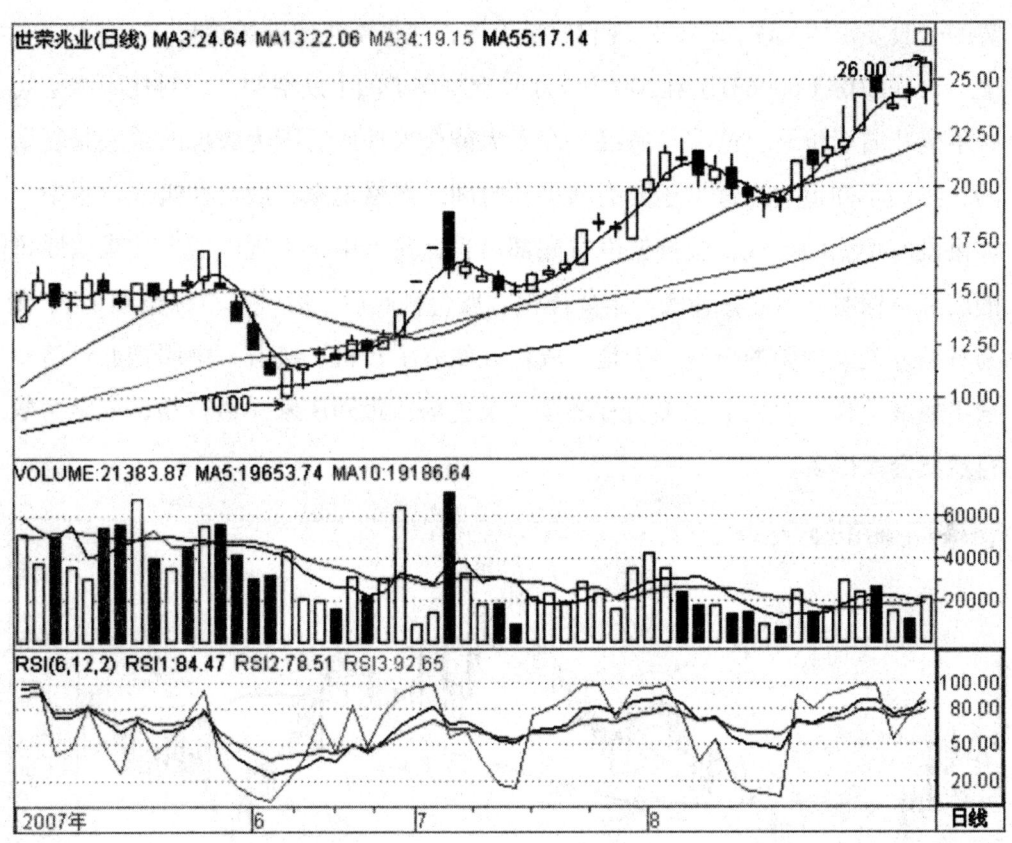

# 五、蚂蚁上树多参与

　　股价经过长期的缩量下跌以后，两条略微向右下倾斜的主均线相距很近或基本持平。13日均线由下跌开始走平，股价踏上13日均线后，以连续上攻的小阳线缓步盘升，把股价轻松地送上55日均线。这种几根持续上升的小阳线称之为蚂蚁上树。

　　由于股价的长期下跌，做空能量消耗殆尽，这时，庄家已建仓完毕，一旦大盘配合随时可能向上拉升。为了不引起市场注意，庄家仍在有计划地限价买入，一来测试一下盘面，二来做做拉升前的热身。因此，对于形成蚂蚁上树走势的个股要密切关注，一旦发现它放量上攻，应毫不犹豫进场参与。

百联股份（600631）在2007年7月股价封住了的下跌空间。但封住下跌空间并不意味着股价马上就涨。所以，并不大能介入抄底。因为股价的筑底是复杂的，我们不知道它在这里还要磨蹭多长时间。严格说来，股价在筑底过程中，如果没有中阳的出现，股价就没有底部可言，只有中阳出现以后，才表明股价的底部被探明。因此，抄底一定要谨慎。股价触底后，股价又窄幅整理了6个交易日，才迎来中阳的出现，于是，股价开始有了转机。接着，中阳把股价演变成了蚂蚁上树。蚂蚁上树表明有增量资金进场，跟随庄家一道行动，安全系数自然就会大得多。

# 六、月季花开献主浪

股价经过长期下跌和充分整理以后，13日均线开始由下跌趋于走平，伴随着温和的成交量，股价碎步上移，并连续拉出12根小阳线，这是庄家拉高建仓时的盘面特征，是行情整装待发的信号。这种连续拉出的这12根阳线称之为"月季花开"。

庄家建仓一般都选择在市场低迷时，但在形势逼人的情况下，庄家也会选择拉高建仓，这种情况牛市里较为常见，熊市里拉高建仓的不多，因为拉高建仓意味着风险。此外，庄家之所以敢于拉高建仓，除了本身的实力以外，还有对大势的乐观估计。月季花开是行情整装待发的信号，应随时准备进场。

小商品城（600415）的庄家开始建仓的时候，是悄悄进行的，阴阳相间的小阴小阳夹杂着不确定的星线，这是庄家进场吸纳时留下的盘面特征。后来，随着成交量的温和放大，庄家加快了收集步伐，特别是中阳的出现，充分暴露了庄家的意图。遇到这种情况就不必非等"月季花开"出现后再进场，主动介入是因为庄家的攻击提前了，这就是庄变我变，这种灵活机动的战略战术就叫"心随股走，及时跟变"。

在"月季花开"绽放的时候，均线互换也相继完成，拉升前的一切准备工作，庄家都在有条不紊地进行着。需要注意的是，形态完成以后，股价一般都会有一个回踩动作，经验丰富的会在股价回踩时小单低吸，然后等阳克阴形成以后再大单跟进。从图上可以看到，"月季花开"以后，庄家暗度陈仓进行回踩，第二天就强力把股价拉了起来。

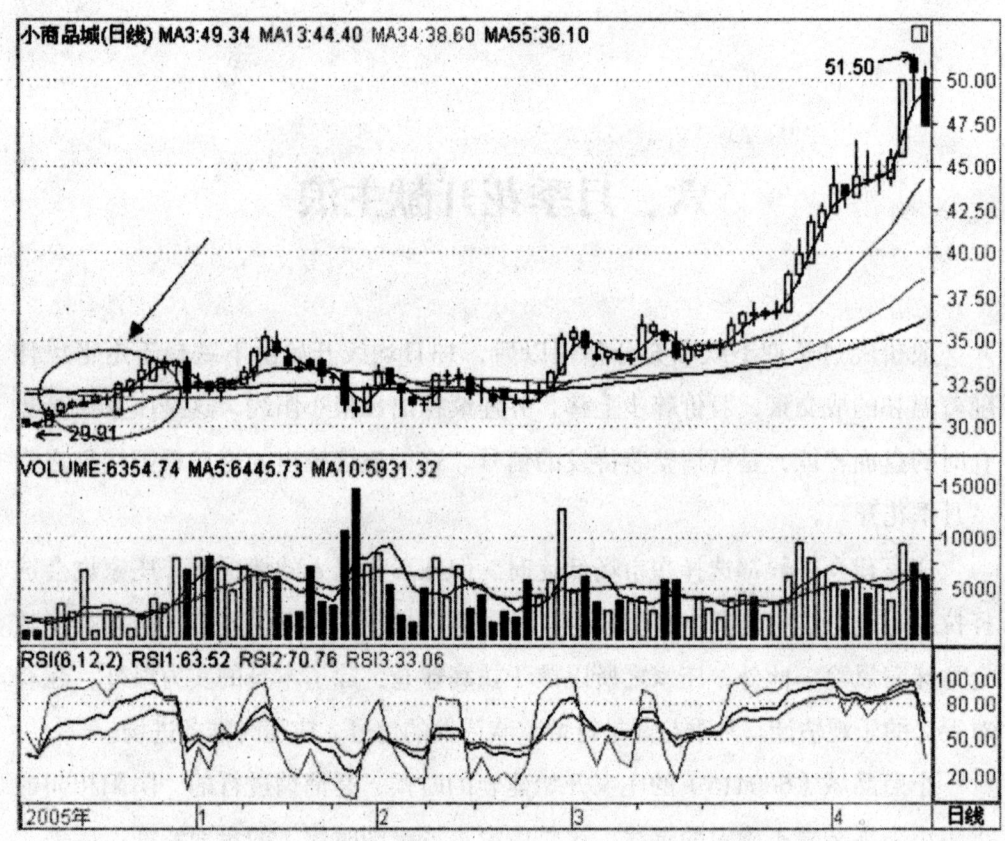

# 七、缩量阴线主力在

　　股价从前期的一个明显高点开始回落，在底部区域经过充分整理后，或采用"蚂蚁上树"方式小阳推进，或大步流星地放量拉升，股价有效突破55日均线后开始回落，但在55日均线附近获得支撑，如果K线收阴，回落的股价恰好落在13日均线与55日均线的结点处，"缩量点击"即告成立。这种落在均线结点处的这根缩量阴线称为"缩量点击"。

　　股价经过长期的下跌或充分调整以后，13日均线由下降趋于走平，表明股价有止跌的迹象，温和放大的成交量和已经上翘的13日均线，说明有增量资金进场收集筹码，同时还说明场内套牢盘此时已不再割肉，而且开始在低位补仓。股价突破55日均线以后，前期介入的短线客开始获利回吐，于是，股价冲高后顺势下滑，而萎缩的成交量表明大部分筹码已被庄家锁定。因此，股价在13日均线与55日均线的结点处获得支撑后仍将继续上行。

华夏银行（600015）第一次探底企稳后，把股价送到13日均线附近，其后迎来了中阳和"缩量点击"出现，股价走势显得很有节奏，踏准这种节奏就会有一种悠然自得的感觉。股价在上涨或下跌的时候，庄家都会事先发出某种信号，在信号尚未出现之前不可盲动。跟着庄家走，如果只要手里有钱，就按捺不住买股的欲望，说明投资者缺乏一种足够的耐心。

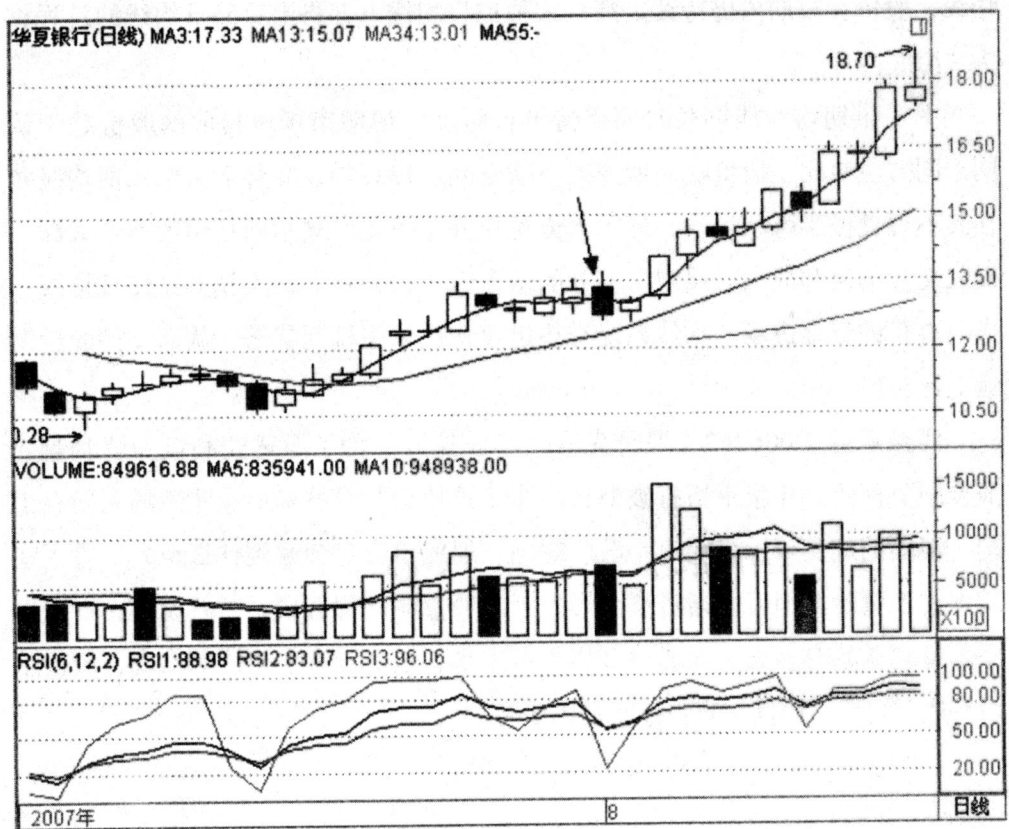

# 八、海底捞月股价升

随着股价的缩量回落，均线系统前段的多头排列正在被逐步瓦解，中、长期均线依然保持平行移动，13日均线相继向下突破中、长期均线之后，下跌趋势有所减缓，随着成交量的放大，股价缓步盘升，13日均线重新向上穿越55日均线，股价在短期内仍持续走高。这种13日均线下穿再上穿55日均线的过程称为"海底捞月"。

中、长期均线能够长时间保持平行移动，说明市场对目前的股价趋于认同，同时也封闭了股价在短期内的下跌空间。13日均线弱势下叉中长期均线并在其不远处做半弧状运动，显示上方抛压并不沉重，暗示回档幅度不会太深；而成交量的温和放大，反映了多方的做多欲望；13日均线重新上穿55日均线，表明有新的资金进场，均线系统有望迅速构成多头排列状态，从而支持股价继续上行。

西藏矿业（000762）股价先有一小波拉升，为了驱逐获利盘和解套盘，股价顺势回落。庄家不惜打破55日均线，迫使那些对技术似懂非懂的人斩仓出局。萎缩的成交量，表明只是散户在抛。但股价究竟会跌到什么地方，除了庄家谁也不清楚，但可以通过技术形态判断股价的底部区域。一般说来，一只股票不管它调幅有多大，只要13日均线不走平，只要没有中阳线的出现，股价就没有底部可言。因此，盲目抄底是不明智的。

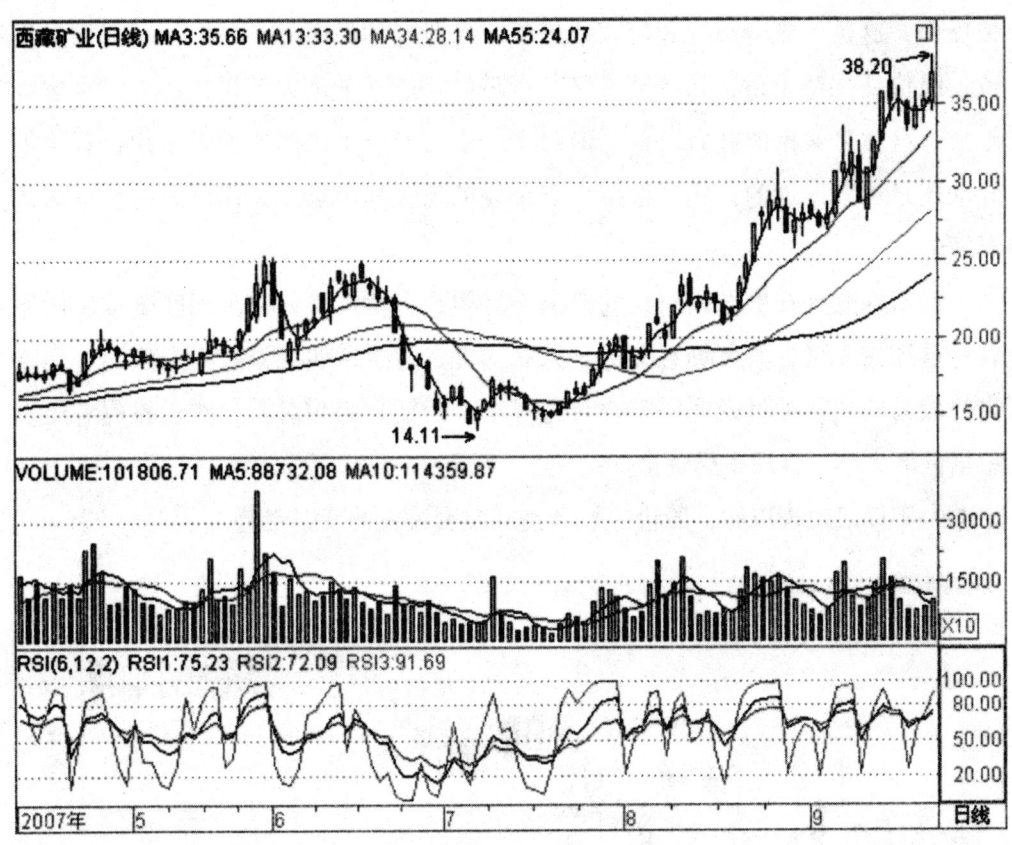

# 九、一阳探底机会多

　　股价经过一波下跌以后，突然跳空低开，然后快速上攻，形成低开高走的长阳线，这是股价转势的明显标志，是进场的好机会。这根低开高走的长阳线称为一阳探底。

　　股价大幅低开，旨在制造紧张气氛，让那些不明真相的人恐慌出局，庄家顺势收集一些廉价筹码。庄家派发通常选择在相对高位，除非极端意外；否则，没有一个庄家愿意把高位买的筹码又在低位卖出。

　　福建南纸（600163）股价急速下跌，然后缓步攀升，再急速下跌，再快速反弹，这是形成一阳探底的大致进程。在股价的最底部，一根长阳线横空出世，股价从"疑无路"到"又一村"，瞬间完成一个重大转折，让人们永远猜不准，这就是股市的魅力所在。但对于一个已经过了识图关的人来说，股价的异动还是可以发现的，然后根据形态出现的位置和市场意义作出及时、准确的判断。

一阳探底重在形态，对量的要求不是很高，所以说，一阳探底这根阳线不管有量还是无量，其市场意义都是见底回升，有量说明庄家收集力度大，后期走势较为明快；缩量说明庄家收集力度小，后期走势相对弱一些。投资者可以根据量能大小，合理布局资金。

一阳探底出现以后，股价一般会彻底改变过去的疲弱走势。

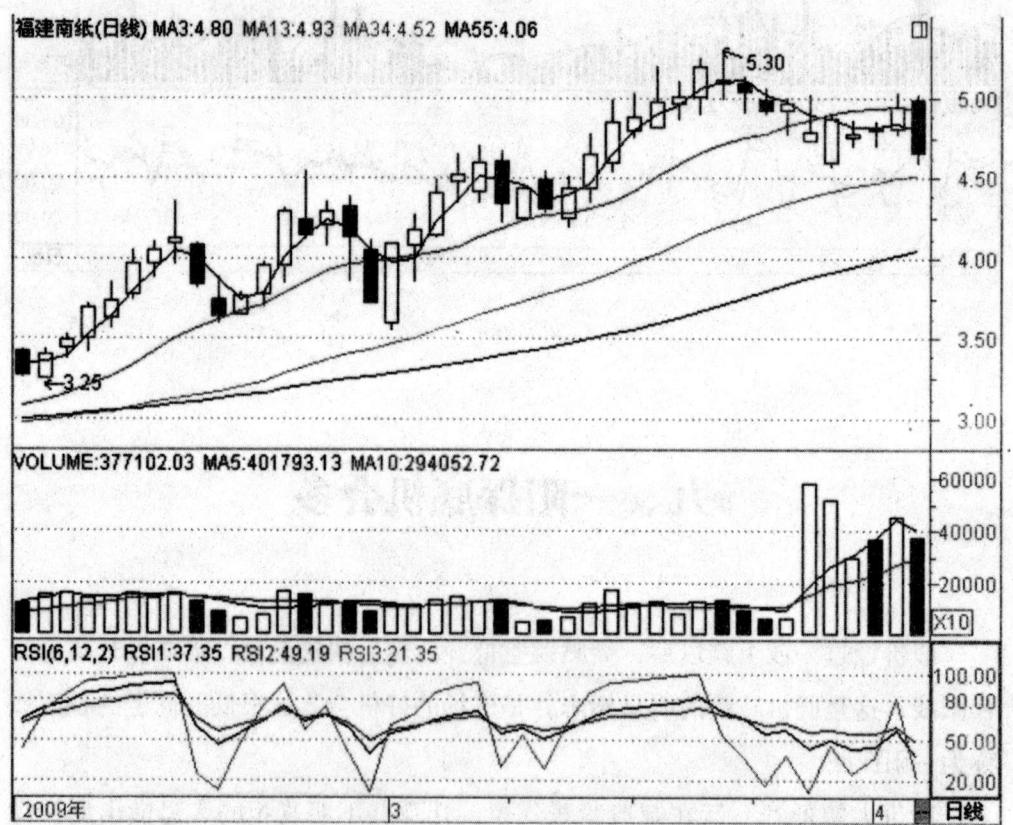

# 十、跳空低开见浪底

股价经过一波下跌以后，突然跳空低开，给人一种破位下行的错觉。其实，这并非不良征兆，而是股价见底的标志，是股价见底前的最后一跌。这根跳空低开的阴线或阳线称为"马失前蹄"。

股价经过一波大幅下跌之后，获利盘已被驱逐干净，套牢盘已被死死锁住，为了制造恐慌气氛，在下跌尾段，庄家刻意使股价低开低走，给人一种加速下跌的假象，诱使场内筹码恐慌出局，自己再趁机捡一些廉价筹码。在一般情况下，股价第二天就会止跌企稳，然后反转向上。

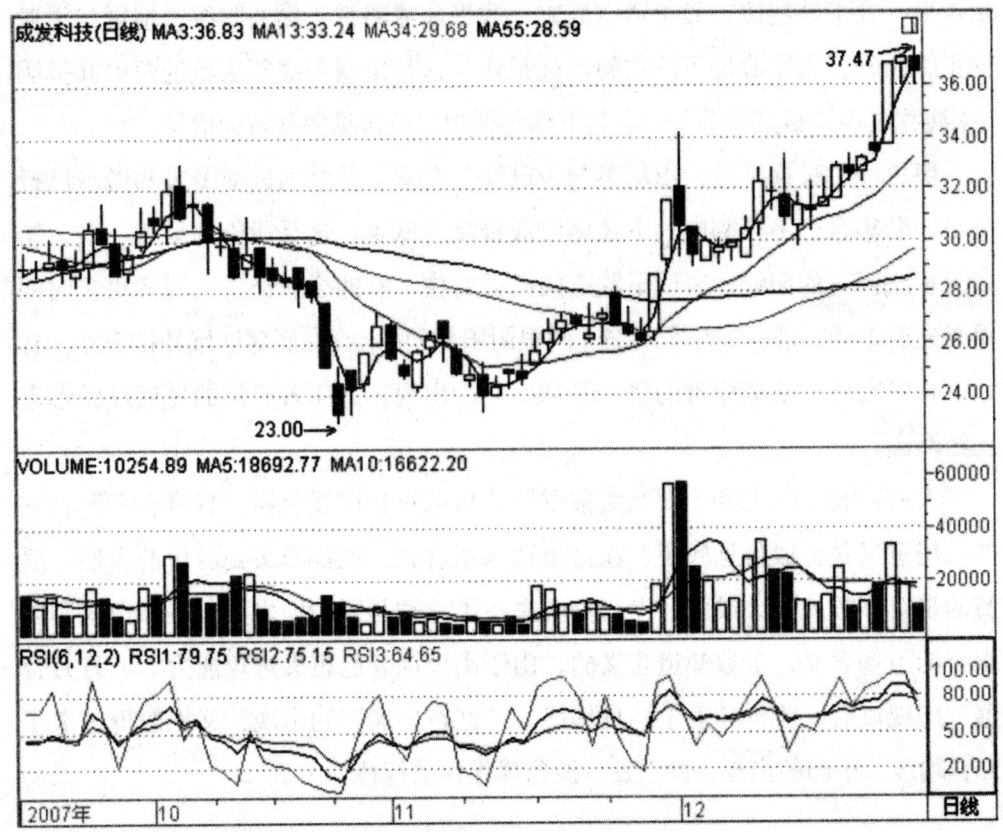

成发科技（600391）经过一波下跌的股价突然跳空低开，然后加速下跌，其实，这是股价的最后一跌。"马失前蹄"的出现，表明股价见底了，跌不动了，它的启示是：有筹者无须再抛，无筹者小单跟进。"马失前蹄"出现以后，股价可能涨，也可能不涨，但创新低的可能性很小，喜欢抄底的可以在这里动手，但下手不必太狠，道理很简单，高于市场平均持股成本的事，庄家绝对不干。只有多数人的持股成本高于庄家，股价才能拉起来。

# 十一、阳包阴底部企稳

股价从一个明显高点开始回落，成交量极度萎缩，13日均线跌势趋缓或开始走平，在下跌尾段，股价跳空低走，收平底或略带下影的阴线，但第二天股价止跌回升，表明股价下跌空间已被封住，这种出现在底部区域的两根并排阴阳K线称之为"日月合璧"。它是下跌行情中，股价见底反转的信号。

股价经过长期下跌，市场参与者已深度套牢，萎缩的成交量表明抛盘已近枯竭，套牢盘已不再割肉，下跌尾段股价跳空低走，这是股价的最后一跌，第二天止跌回升的阳线，表明下跌空间已被封住。有的个股经过一周或更长时间重复先前走势，进一步夯实底部。两根阴阳相间的K线在底部区域并排而立，犹如"日月合璧"筑成股价的坚实底部。它的出现，意味着股价的见底反转形态已经形成。

天利高新（600339）"马失前蹄"之后的这根阳线就叫"日月合璧"，它的市场意义是：股价见底了。在这里适当跟进，一般都能买到股价的大底。遗憾的是，多数人不敢或已经没有资金去买了。这是因为，多数人不明白这阴阳组合的市场含义，少数知道含义的，由于高位深套已丧失进攻能力。"日月合璧"出现以后，股价站上了13日均线，"红杏出墙"的出现，又把股价送上了55日均线，中阳的出现，则引发一波像模像样的行情。

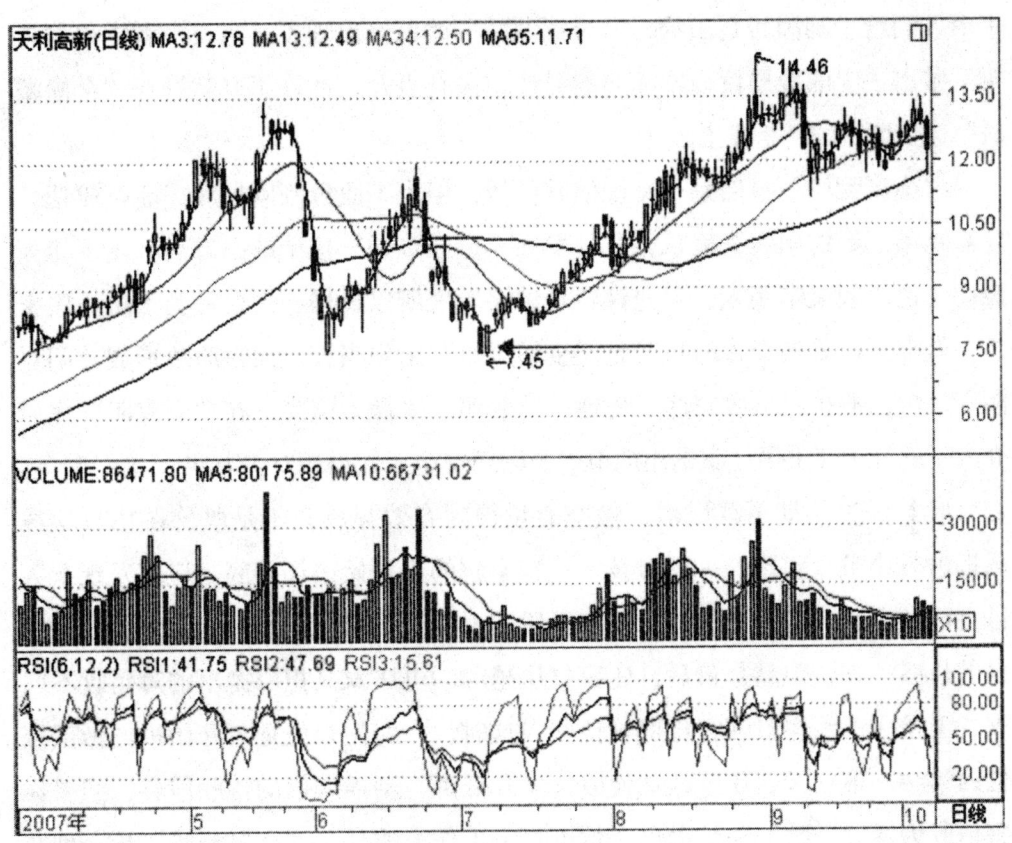

# 十二、空方力竭做多后市

股价经过长期下跌，然后进行小平台整理，就在股价即将上摸13日均线的时候，股价反而选择了向下突破，呈带量加速之势，但这一根阴线留下长长的下影线，表明底部承接有力。第二天，股价低开低走，缩量不创新低，表明抛盘穷尽。这根躲在阴线下影线里面的小阴线称为"金屋藏娇"。"金屋藏娇"由两根K线组成，第一根阴线必须是在下跌的尾部出现，要求带量且留下长长的下影线，第二根阴线必须在前根阴线的下影线里面运行，要求缩量不创新低。

"金屋藏娇"一般出现在大盘跌到大多数人的心理都无法承受的时候，股市中人们纷纷割肉斩仓出局，"金屋藏娇"就悄悄出现了。当投资者觉得如果再不抛出手中的股票就血本无归的时候，去补点仓，或许正好就补在"金屋藏娇"这个股价的转折点上。

"金屋藏娇"虽然是个见底回升信号，但由于股价刚刚见底，能否成功，还需要第二天的阳线来确认，所以发现"金屋藏娇"这个形态以后，既不能太激动，也不能大笔买入，只允许轻仓试探。之所以这样，主要是为了防止庄家反手做空，稳妥的介入时机不是"金屋藏娇"出现当天，而是股价形成"阳克阴"之后。股价只有收复昨日失地，才表明庄家做多坚决。在"阳克阴"之后介入，就等于踩上了庄家给出的节奏，因而安全系数也相对大一些。

股价经过长期下跌以后，做空能量得到有效释放，于是股价在13日均线附近进行小平台整理，一些对技术一知半解的人开始进场抄底，庄家发现有人抄自己的后路，于是采用放量下跌手段，恐吓技术派止损出局。其实，这是股价的最后一跌，但越是最后，庄家打压越凶。可庄家又担心抛出的筹码收不回来，于是在下跌尾段强行把股价拉回，这时，一些先知先觉者开始进场做试探性的吸纳。第二天，庄家故意使股价低开低走，动摇人们的持股信心，如果你害怕股价继续下跌，匆忙抛出，就正好中了庄家的计。"金屋藏娇"是一种非常典型的见底形态，在这个点位勇敢地吸纳，一般都能买在股价的相对底部。为了安全起见，最好等形态确认以后再进场，虽然价位稍高了一些，但安全却有了保障。

德豪润达（002005）股价在拉升之前，庄家故意打压，构筑了一个小空头陷阱，不明真相的人往往会把股票扔到井底。

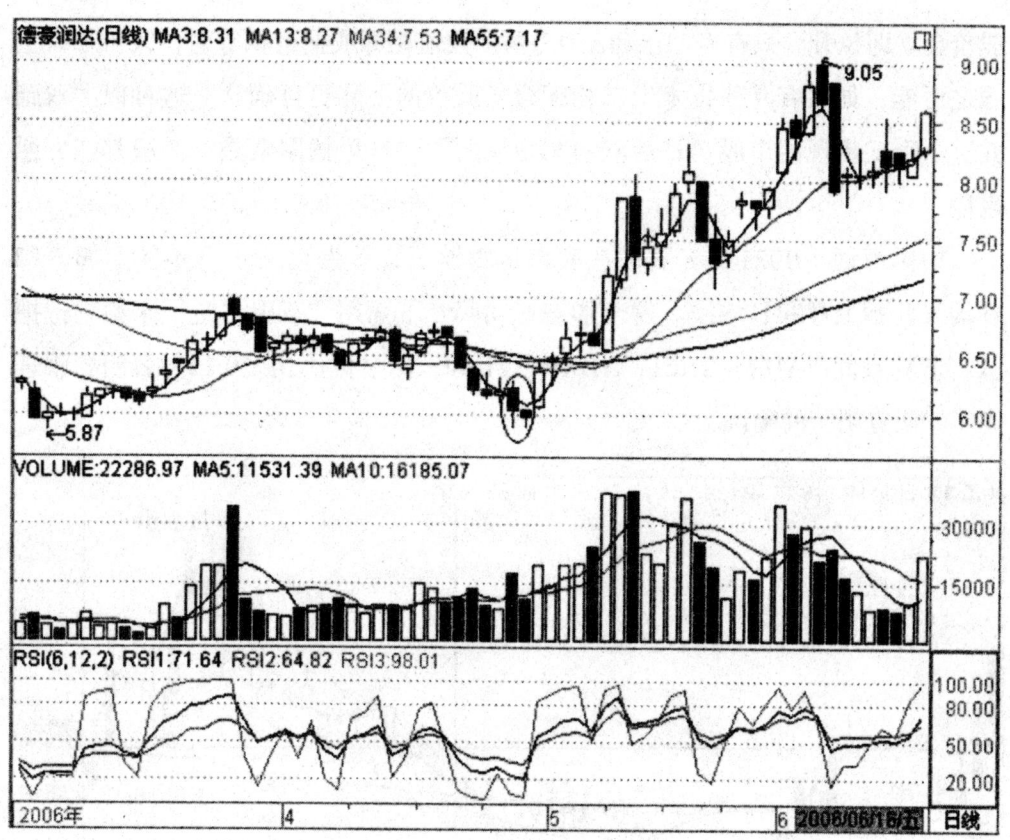

# 十三、双蹄并进踏升浪

　　"DMI"的4条颜色不同的线犹如一匹马的四条腿,它的4个数值就像一匹马的4只蹄子,我们把+DI和-DI称为马的前蹄,把ADX和ADXR称为马的后蹄,当马的后蹄并拢在一起时,股价将随之出现一个马不停蹄的奔腾过程。这两个相等或基本相等的数值称为"双蹄并进"。

　　通过移动平均积累,以度量上升和下跌振幅在日间最大振幅的比重,从而揭示市场能量趋向;通过上升和下降动量的对比,测量市场供需程度,进而为判断市场状况提供量化依据。+DI上穿-DI表明有增量资金进场,但并不意味着股价会立即拉升。只有当ADX和ADXR两个数值相等或接近相等时，股价才有上涨之可能，如果有其他技术形态相配合，股价的上涨更可确认。这种以"双蹄并进"形式出现的个股，日后涨幅都很惊人。在这里按图索骥，一般都能如愿以偿。

中国海诚（002116）股价在底部折腾够了，缓慢地一步一步往上挪，13日均线开始上穿34日均线。这个形态成功吗？下面用"双蹄并进"来给它把把脉，请看数值：ADX：21.61；ADXR：21.49，两个数值相差0.12，表明要跟进尚需"阳克阴"的确认。

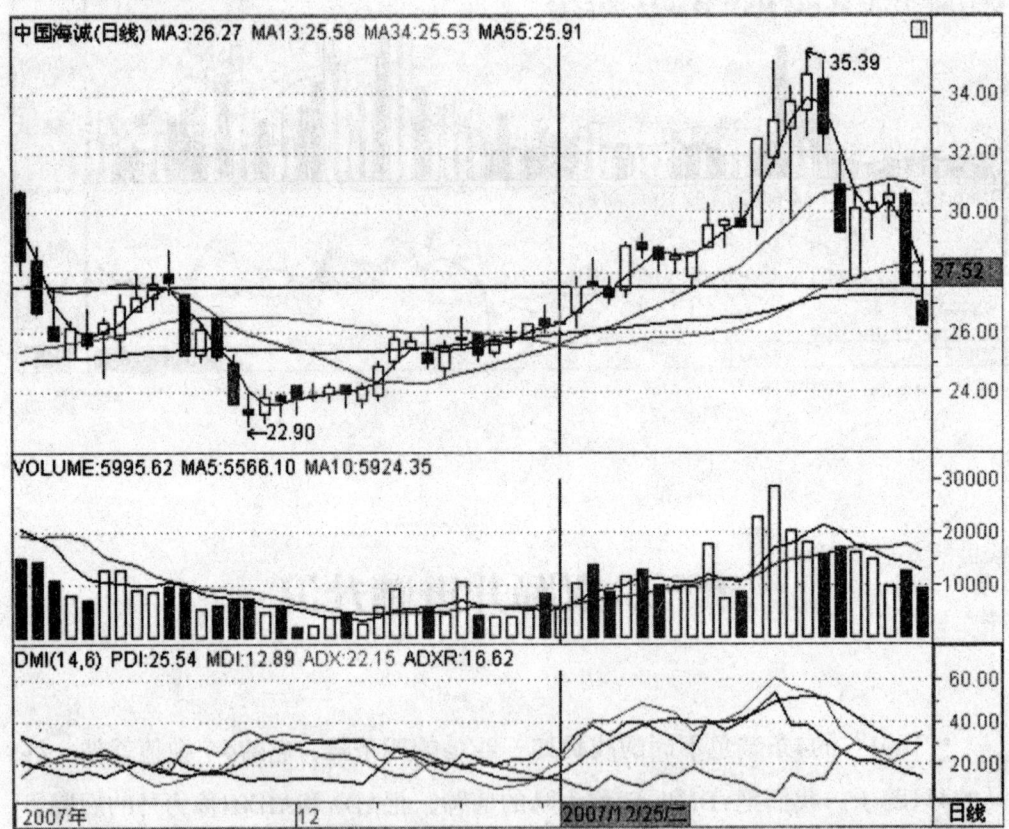

第二天，股价开始携量上攻，说明交易系统给出的这个买点是真实的，大胆跟进不犹豫。股价走到前高点附近时主动回抽，由于股价离结点稍远，因此不宜加仓。那么应什么时候加仓呢？应在形成"阳克阴"之后。庄家震仓后开始向上发力，也许是庄家不想过早地引起市场的注意，也许是为了抖落前期整理平台上的筹码，庄家又洗盘均摊市场平均持股成本。遇到这种情况，仓位重

的可在第一根阴线出现时减仓，然后再寻找低点把扔出去的再捡回来，功力不够的可卧倒不动，静待攻击时再加仓。对于慢牛攀升的个股来说，原则上不宜在盘中做差价，因为上升途中的回调幅度很小，弄不好，抛出的股票就可能捡不回来。

# 十四、主浪打来步步高

股价经过长期下跌，成交量逐渐减少或极度萎缩，但从某一天起，成交量突然放大到尚未引人关注的程度，并且一连数天与日俱增，量区里的红柱体拾级而上，表明增量资金开始不露声色地进场吸纳，预示着股价拉升在即。量区里这几根拾级而上的红柱体称为"步步高"。

庄家吸货时，一般先要打破某个重要的技术支撑位，引蛇出洞，然后借着低迷的市场气氛和散户的失望心理悄然吸纳。在吸货尾段，由于浮筹稀少，而庄家还想吸得更多，于是，庄家一般会把股价慢慢推高，量区里的红柱体呈台阶式上升，但成交量的放大并不怎么使人注意。"步步高"的出现，预示着股价的大幅拉升已指日可待了。

江苏开元（600981）在"三线推进"的技术走势基本形成以后，庄家一开始还是悄悄吸纳，后来竟然明目张胆地大批收集，这是量区里的"步步高"所说明的。"步步高"是增量资金进场时留下的痕迹，庄家在相对底部放量收集，是为了在高位再把它倒腾出去。所以，复盘时发现"步步高"以后，第二天不妨择低跟进，然后紧紧捂住，一直捂到急拉阶段的到来，一直捂到明显的经典出局信号的出现。

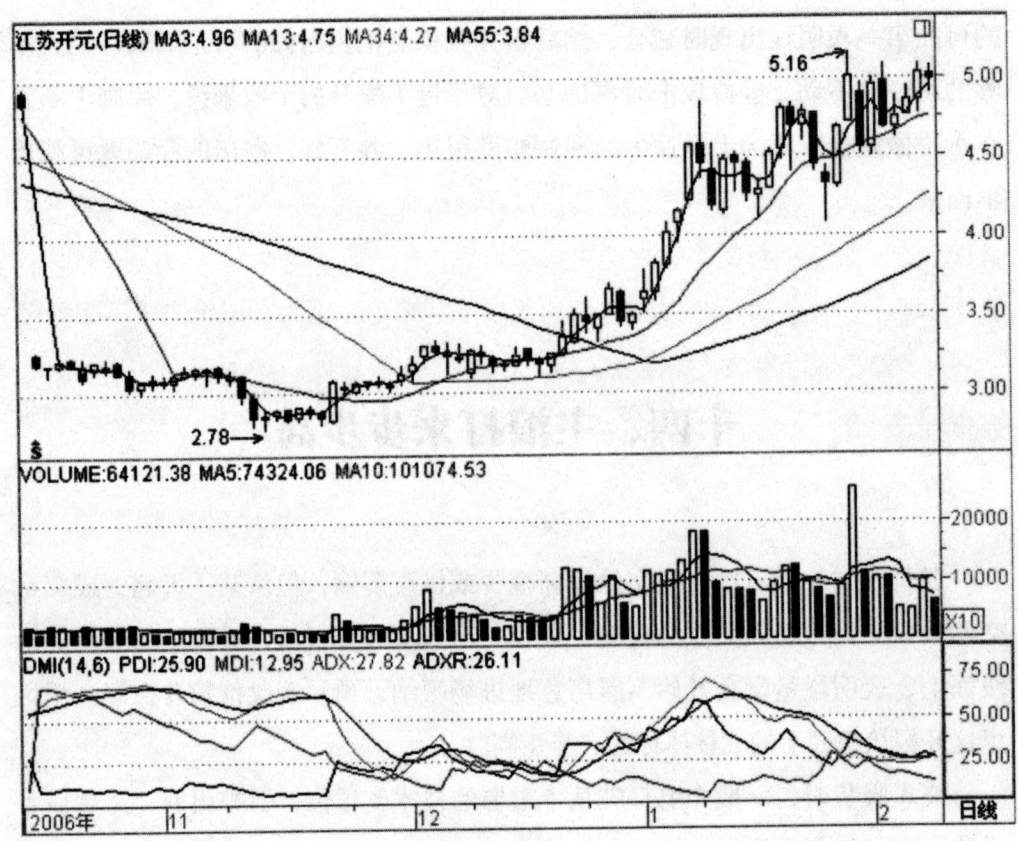

# 十五、四阳并列转势在即

　　股价经过长期下跌或横盘整理以后，均线系统由空头排列逐渐向一起收拢。此时，在13日均线附近，持续出现4根带有很小实体的阳星线，这是股价行将结束筑底，开始转势的强烈信号。从这里介入，一般都能买到相对低位，可轻仓试探。

　　股价只有经过惨烈的下跌，才具有吸纳和收集的价值。但股价的筑底过程是复杂的、折磨人的。因此，盲目抄底是不明智的，只有当股价波幅日益缩小，均线系统日趋收窄时，才预示着筑底过程行将结束。其明显标志是，在股价的底部区域或13日均线附近，连续出现4根带有很小实体的阳星线。

重庆啤酒（600132）走势图上四阳并列的出现，说明庄家的肆意撒野有所收敛，股价再创新低的可能性不大，但股价能不能涨，主要取决于后续量能的配合。一般讲，这些见底形态出现以后，股价在55日均线下方还要运行20个交易日左右，只有少数强势股在这些形态出现以后立即发动上攻。所以，低吸只能是小单。原则上讲，应多买55日均线以上的形态，因为，股价之所以能够站上55日均线，说明有主力资金在关照。

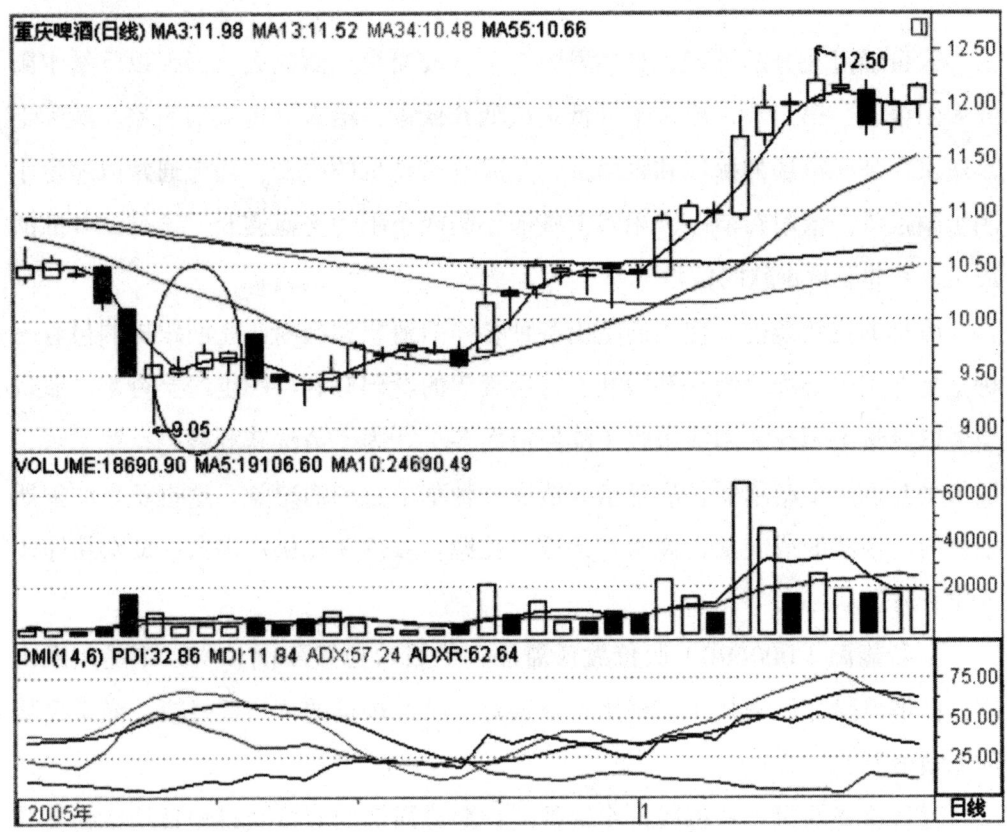

# 十六、上升浪前震仓多

股价经过充分的整理，突然发力上攻，成交量急剧放大，当天以巨量中阳或大阳报收。第二天，股价平开低走或低开低走，给人以走软的假象。实际上是庄家在观察市场的抛压和跟风盘，是股价启动后的震仓，当天通常以缩量小阴小阳报收。依附在前一天阳线上端的小阴或小阳为洗盘震仓。这是拉升前的震仓，并非股价走软的信号。

股价的突然袭击，使人们生出各种各样的猜想和判断，先前跟进的包着一种小富即安的心理纷纷获利回吐，持币观望的看到有利可图也纷至沓来。股价当天以巨量中阳或大阳线报收（涨停板居多）。为了清洗获利筹码，第二天，股价平开低走主动示弱，故意给人造成一种草草收场的感觉，这也正是庄家所期望的。锐减的成交量，说明只是散户在抛。股价在此稍作停留，就会快速步入拉升通道。

宝新能源（000690）股价放量滞涨，但股价位置不高，所以不是庄家出货，仔细再瞅，原来是庄家利用震仓蓄势。已经进场的可持股过夜，尚未进场的无须再等了。

强势震仓的出现使得股价小幅推高，顺势回调的股价获得13日均线的支撑后继续上行，经过一波拉升之后的股价积累了大量的获利盘。问题是，这时候庄家也想兑现获利筹码怎么办？先做整理状，稳住场内筹码，然后突然跳空高开，吸引跟风盘。接下来的庄家借势，散户再不走就要吃亏了。

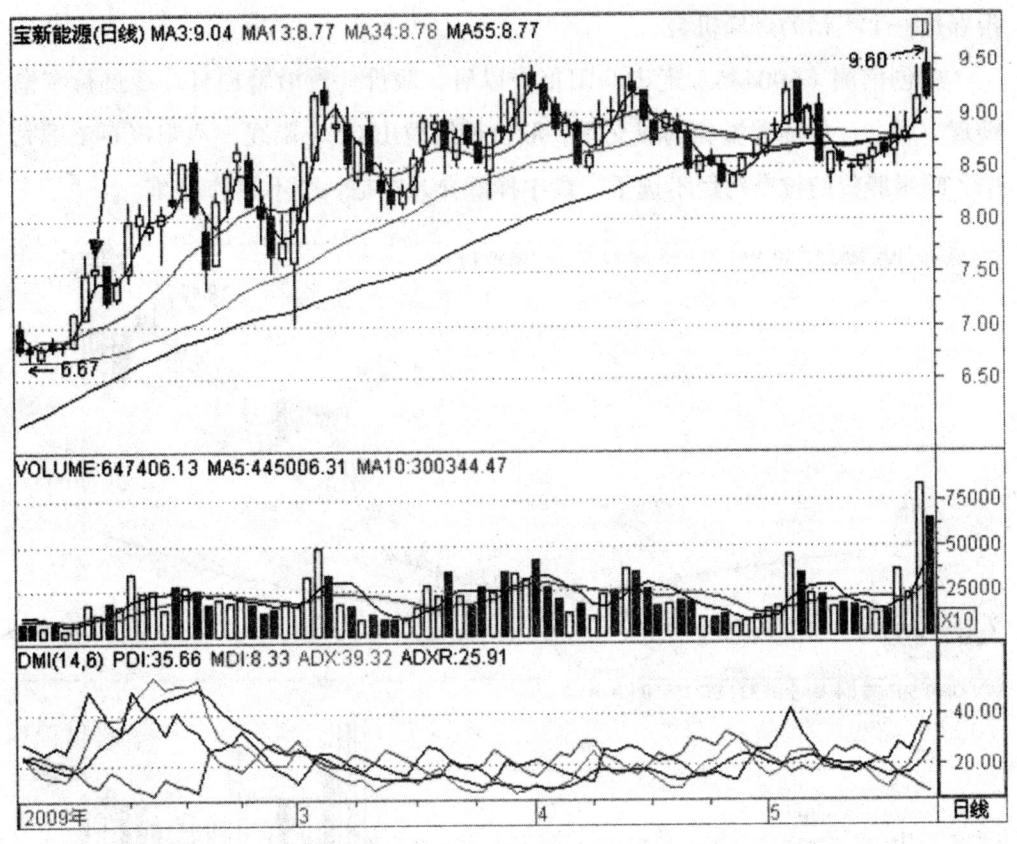

# 十七、八阳报春后浪多

　　股价经过充分整理以后，伴随着温和的成交量，股价小幅推高并持续拉出8根小阳线（含星阳线），表明庄家依然在限价买入，预示庄家收集进入尾声，股价随时都可能揭竿而起，是股价行将拉升的信号。持续拉出的这8根小阳线称为"八阳报春"。

　　股价经过长期横盘整理以后，55日均线开始走平，13日均线开始翘头向上，这是增量资金进场吸纳的结果。为了不过早地引起人们的注意，股价在均线系统附近小幅推高，随着股价的回抽确认，上攻行情随时都可能展开。八阳报春是一个不错的进场机会。

中创信测（600485）走出八阳报春以后，股价一直沿着13日均线进行窄幅整理。后来，伴随着温和的成交量，股价持续拉出8根小阳线，八阳报春整理完毕，暗示股价的拉升已经不远了。盘中择低介入应是一个不错的选择。

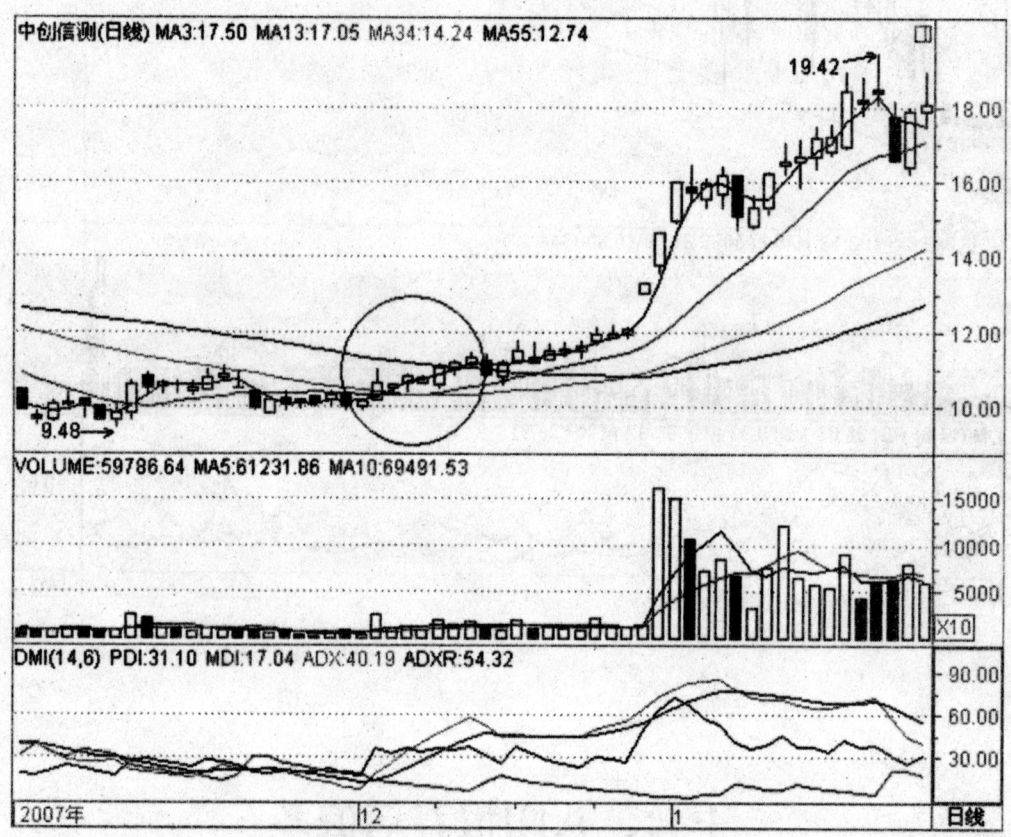

# 十八、紧抓主浪攻击形态

股价经过长期下跌和反复筑底以后，13日均线开始由跌转平，然后由平转为起翘。随着成交量的温和放大，股价小幅向上推高，K线图上持续9根小阳线是庄家限价买入时留下的痕迹，这是股价即将大幅拉升的信号。

　　庄家吸完货以后，为了不过早地引起市场的注意，往往会采取限价买入的方式把股价小幅推高。当市场开始关注的时候，股价要么开始横盘，要么小幅下挫，等市场对它开始遗忘的时候，突然发动攻击。9根小阳是主动性买盘的最后收集形成的，是股价即将拉升的显著标志。

　　山东黄金（600547）在不规则的拉出中阳出现以后，股价有了小幅推高，然后沿着13日均线缩量爬行。在爬行过程中，股价又连续拉出9根小阳线，市场意义是整理蓄势，都是在为下一波拉升做准备。

　　通常情况下，9根小阳都出现在股价的相对低位。出现在一波拉升之后，作为整理蓄势的还比较少见，所以当看到相对高的价位就不敢再跟了。其实这种担心是没有必要的，对于慢牛爬升的个股来说，只要不出现急拉行情就不算结束。对于任何个股来说，只要不出现明显的见顶形态，这一波行情就不能算走完。

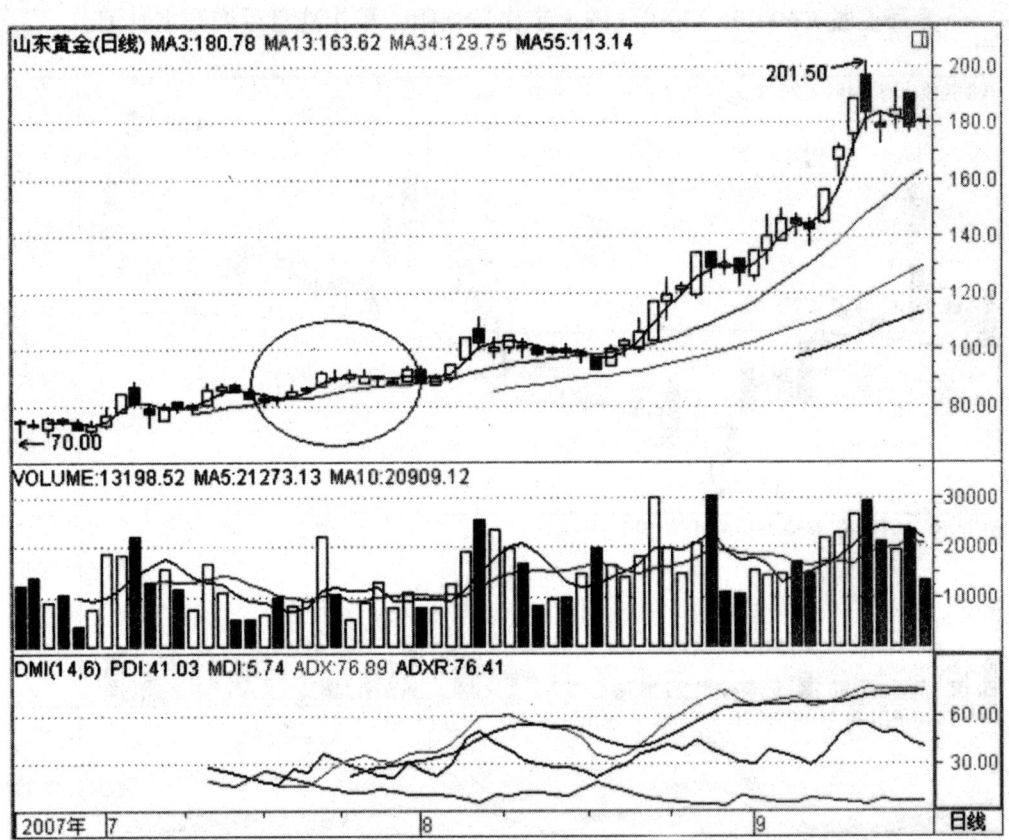

# 十九、大浪来前有预告

股价经过长期下跌和充分整理以后，13日均线由跌趋平，随着成交量的温和放大，股价依次向上推高，这是增量资金进场吸纳时留下的痕迹，是股价大涨的前兆。

股价经过下跌以后，该走的都走了，没走的早已失去了走的勇气。底部筹码，价值凸现。于是增量资金悄悄进场，由于买入量大，股价连续拉出10根中小阳线，这是股价大涨前的热身，是行情即将爆发的临界点。

美都控股（600175）在K线图上走出10连阳，稍作洗盘后展开主升浪。

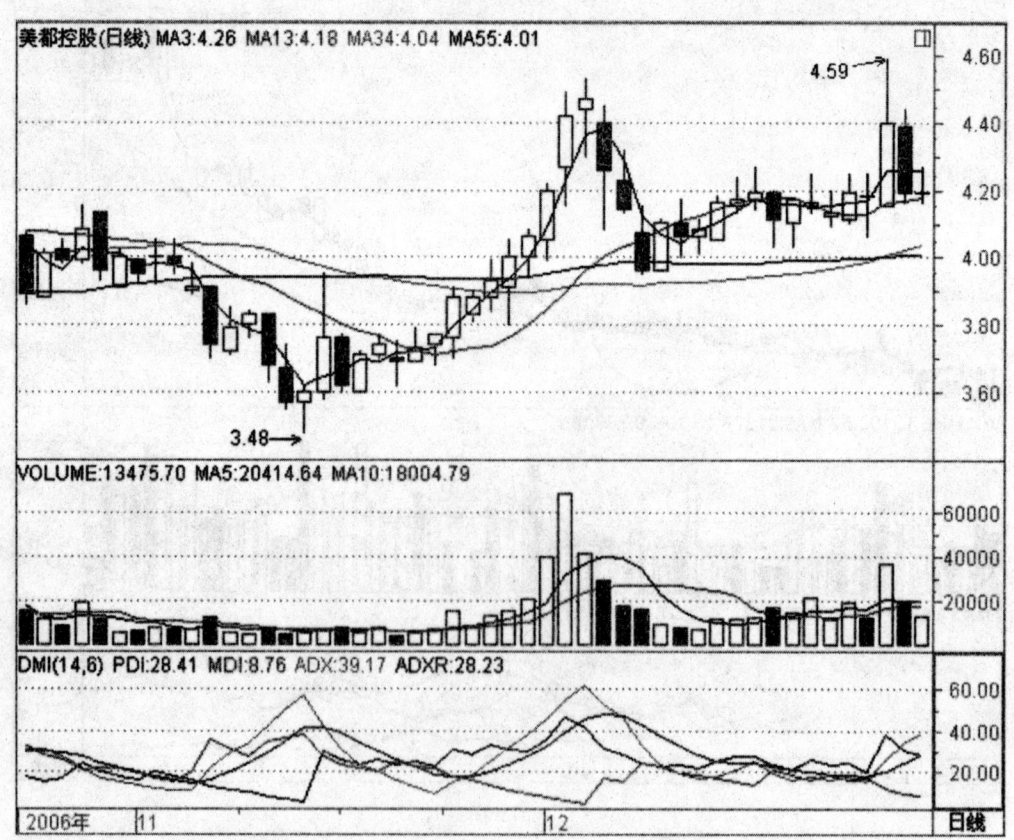

# 二十、均线互换打开浪潮空间

股价从前期高点明显回落，34日均线顺势下穿55日均线，后在成交量的作用下，股价止跌企稳重返55日均线，34日均线顺势上穿55日均线。34日均线下穿55日均线再上穿55日均线的过程称为"均线互换"。"均线互换"是股价上涨的必要条件，它的出现，标志着股价的上升空间已经被打开。

中、长期均线错位平行移动，说明空方抛盘枯竭，股价有趋强迹象，34日均线上穿55日均线，意味着股票求大于供。股价在3条均线附近窄幅震荡，表明庄家仍在限价建仓。"均线互换"的完成，标志着股价拉升前的最后一个环节业已完成，此后均线系统构成的多头排列，支持股价延续上行趋势，后市必有一波上攻行情。

*ST上航（600591，现已终止上市）在"均线互换"完成之前，为了驱逐获利盘，股价顺势回落，但在13日均线附近获得有效支撑，伴随着成交量的不断放大，34日均线开始穿越55日均线，说明主力资金开始重新进场。而"均线互换"的完成，标志着庄家拉升前的一切准备工作已经就绪。根据13日均线的角度以及股价所处的位置，可以认定这个"均线互换"属于稳步盘升型的，因此，就可以着手进行资金布局了。

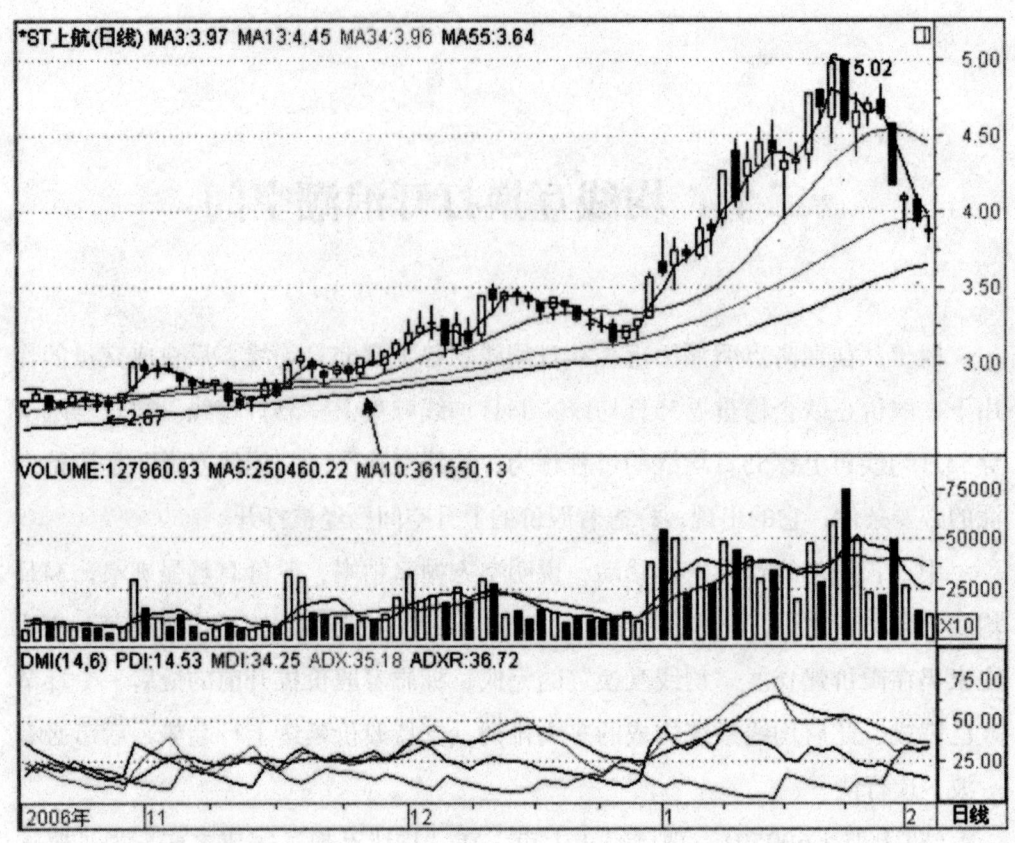

# 二十一、回踩均线是低吸良机

　　股价经过长期下跌或充分整理以后，13日均线开始由跌到平再到向上起翘，表明有增量资金在悄悄地买入，由于受到55日均线的反压，股价缓步爬上34日均线后顺势回落，但在13日均线和34日均线的结点处获得双重支撑，回落的股价正好落在结点处。

　　股价经过长期下跌或充分整理后，做空能量得到有效释放，随着时间的推移，成交量开始温和放大，13日均线由下降趋于走平，表明有增量资金悄悄进场建仓，暗示先知先觉者开始逢低吸纳，股价突破34日均线后受到55日均线的明显反压，于是短线客获利回吐，股价顺势回落，但在13日均线和34日均线的结点处获得双重支撑后仍会延续原来的升势。

悦达投资（600805）股价在底部区域折腾了好长一阵，也没闹出什么动静，直到13日均线上穿34日均线，回踩均线出来以后，股价才算有了真正的转机。

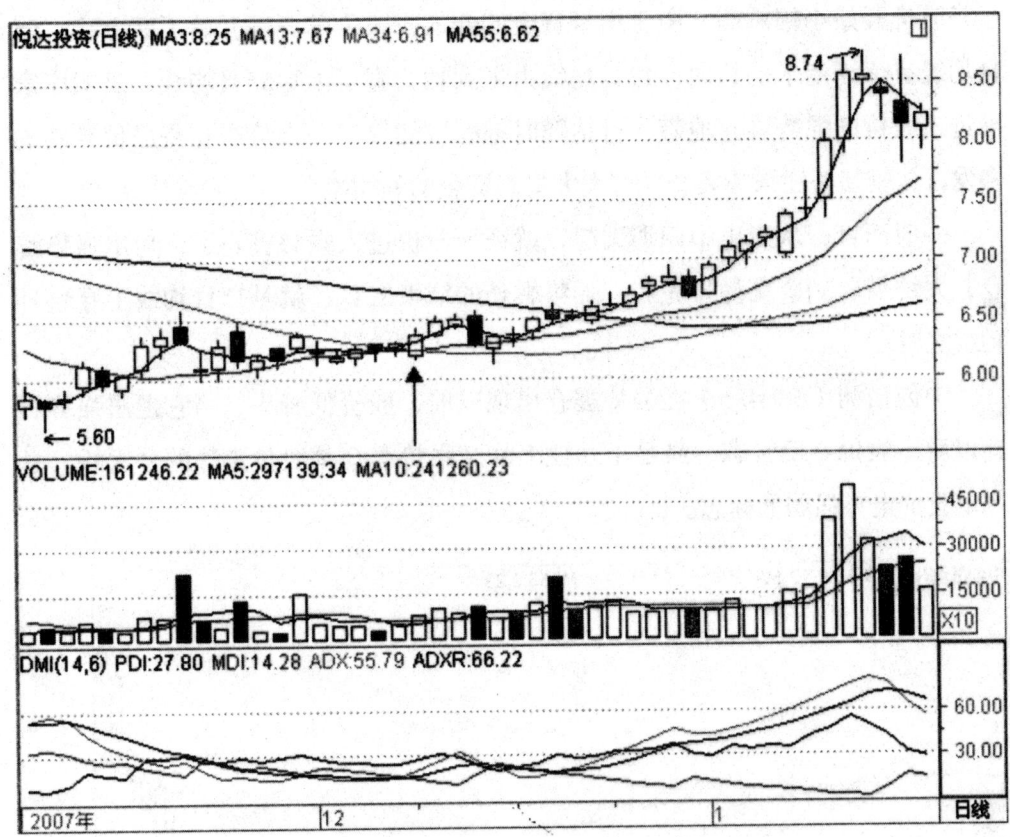

# 二十二、经过震仓才见彩虹

股价经过长期下跌以后，做空动能已不再嚣张，于是，股价在底部区域开始小幅震荡，随着成交量的温和放大，55日均线慢慢地被拉平，13日均线也开始翘头向上，股价底部不断上移，表明有增量资金在悄悄吸纳。很多黑马都是从这里脱颖而出的。13日均线由跌趋平再到穿越55日均线这个过程称为股价的强势震仓。只有当股价穿过强势震仓地带以后，才有可能走出一波像模像样的行情。

股价只有经过长期下跌和横盘整理，才会引起庄家的建仓兴趣，当庄家感到吸货困难时，就会不由自主地把股价小幅推高，可又担心引起别人的注意，于是股价开始小幅震荡，由于增量资金的介入，股价的底部开始不断上移，55日均线有逐渐走平的趋向，13日均线由平到翘，直至上穿55日均线，表明庄家已进入股价的强势震仓地带，行情随时都有可能爆发。强势震仓是股价异动的多发区，密切关注强势震仓，可大大提高资金的利用率。

一般而言，从走出中阳那天起，就视为股价进入强势震仓了，走出强势震仓，大约需要30个交易日左右，强势震仓的结束之日，就是13日均线上穿55日均线之时。

中创信测（600485）在强势震仓出现以前，股价低着头，当它走出强势震仓以后，股价一反常态，鼓足干劲往上涨。强势震仓是股价走势的分水岭，是判定股价走势强弱的标志。

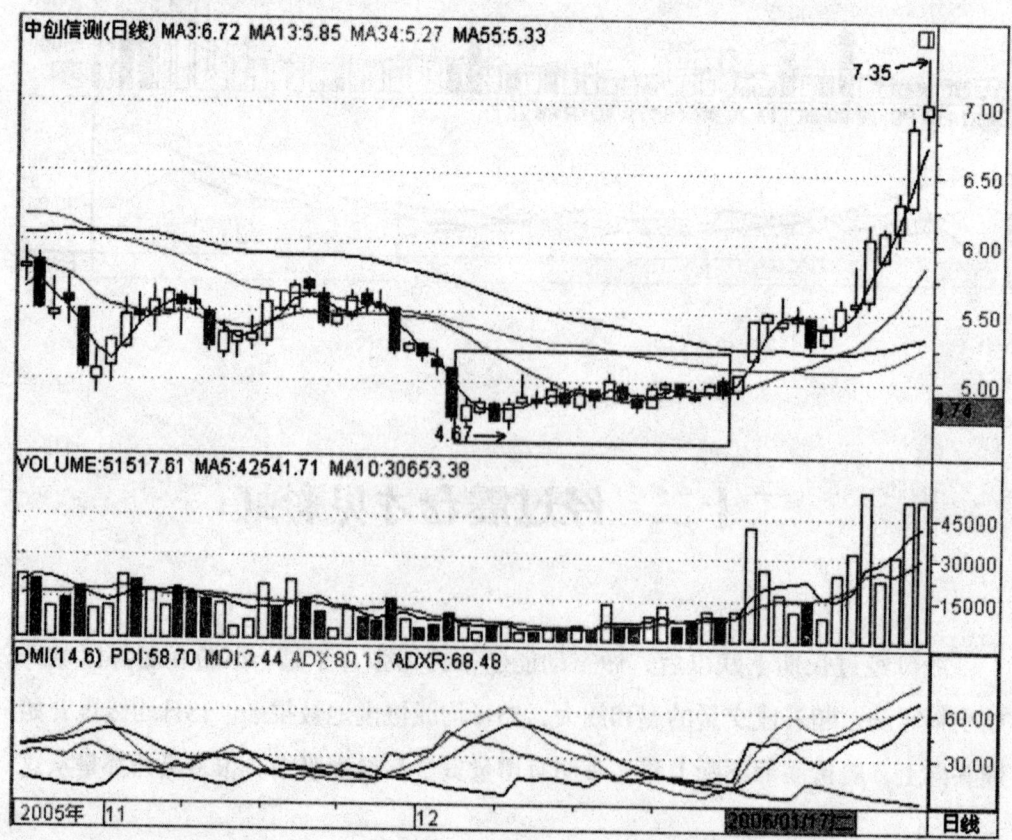

# 二十三、浪底捞金针

股价经过一波大幅下跌以后，又突然跳空低开，把股价打至很低，随后，股价迅速拉高，接近或超过昨天阴线的开盘价，且留下很长的下影线，这是一个转跌为升的见底信号，暗示底部承接有力，后市上升的可能性极大。底部区域这根带有长长下影线的阴线或阳线称为"浪底金针"。

股价经过一波急速下跌之后，获利盘早已退回了原来的利润，套牢盘正蹲在自己的股票下面生闷气，庄家为了再捡一些廉价筹码，刻意使股价低开低走，震慑恐慌盘出局，当庄家认为无筹可捡的时候，突然把股价迅速拉起。实际上，这是庄家精心设计的一个诱空骗局，遗憾的是多数人不识庐山真面目。

兆维科技（600658）股价经过快速下跌之后，继续低开低走，正当人们绝望之际，股价突然奇迹般地止跌了，然后又奇迹般地由阴线变成阳线，这种魔术般的变化，说明底部承接有力，这就是浪底金针给我们的启示。

浪底金针出现以后，股价开始反弹，由于均线系统的制约，所以股价反弹高度有限，运用底部形态，注意快进快出，因为股价的筑底过程是漫长的，如果不及时获利了结，就失去了抄底的意义，重要的是影响了资金的运作效率。从图上可以看到，从浪底金针到中阳，股价运行了36个交易日，但获利幅度也就十几个点，而从中阳介入到高点抛出，仅用了12个交易日，上涨幅度却十分可观。提高资金利用率的最好方法，就是严格按形态进出；特别强调一点，实战中多用55日均线以上的形态，少用或不用55日均线以下的形态。

# 二十四、巨阳穿均线掀起大浪

股价经过下跌，长期在底部区域横盘整理，均线系统呈黏合状态或间距极小的多头或空头排列。突然在某一天，股价从55日均线上腾空而起，这是主力资金大规模进场的标志，是股价开始拉升的明确信号。这根从55日均线线上腾空而起的巨量阳线称为"穿线巨阳"。

股价经过反复整理，紊乱的均线系统为了一个共同的目标终于走到了一起。均线系统的黏合移动，表明市场持股成本基本趋于一致，说明该抛的都已抛了，不抛的已经丧失了做空的动能，庄家采取蘑菇战术，极富耐心地限价买

入，让持股者因看不到希望而认赔出局，使场外资金感到无利可图而不愿进
场。股价的窄幅波动，暗示庄家正在悄悄地进入前沿阵地，当庄家认为时机成
熟时，就会发动突然袭击，迅速使股价脱离成本区，在携量攻击中完成最后的
掠夺。穿线巨阳是经典攻击形态，在这里勇敢追涨，就等于买在了这波行情的
起涨点上。

华工科技（000988）在穿线巨阳之前，股价的整理较为充分，所以当穿
线巨阳出现以后，股价毫不惜力地猛打猛冲。穿线巨阳攻击力度强，进攻速度
快，上涨幅度大，是实战中的首选。

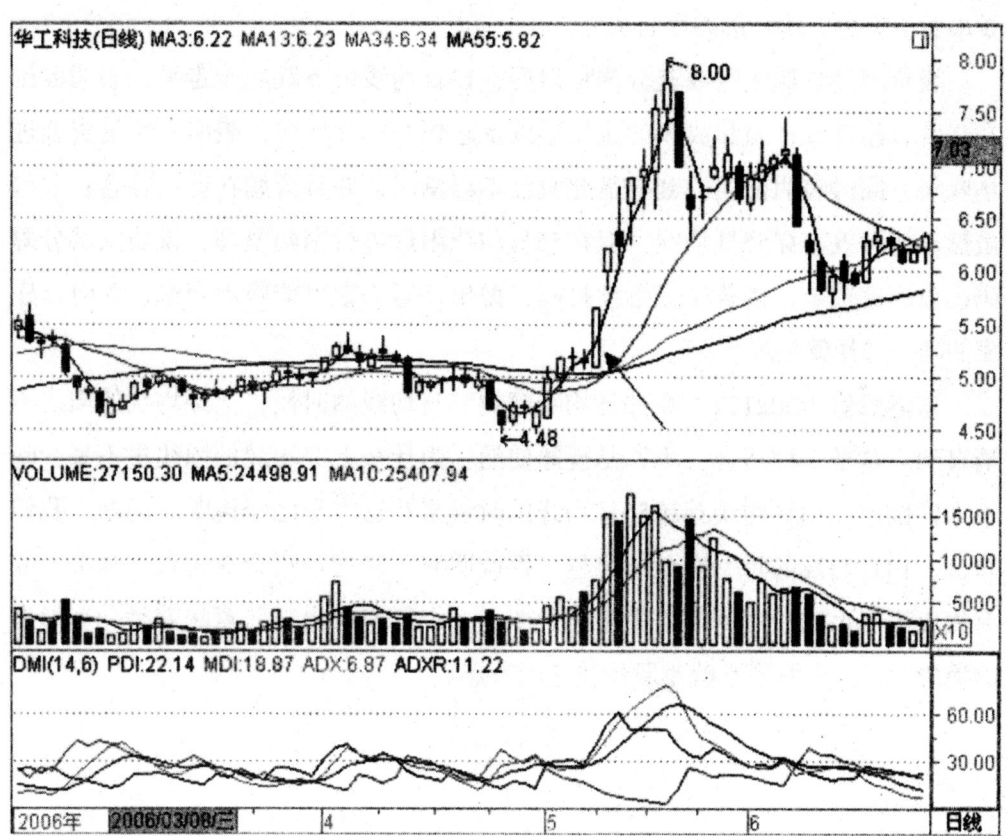

# 二十五、掌握浪前上攻形态

股价经过长期下跌或充分调整以后，55日均线基本处于水平状态，股价沿着13日均线爬至55日均线附近进行窄幅整理，在13日均线上穿55日均线之日，如果股价携量上攻，形态即告成立。

股价经过长期下跌或充分调整以后，13日均线由下跌趋于走平，表明股价有止跌企稳迹象；温和放大的成交量以及起翘的13日均线，表明有增量资金进场收集，同时表明前期的套牢盘此时已不再割肉，并且开始在低位补仓；股价虽然未能有效上穿55日均线，但在55日均线附近进行窄幅整理，说明大部分筹码已被庄家锁定；倘若庄家继续打压，抛出的筹码很可能收不回来，此时，庄家的唯一选择就是拉升。

东港股份（002117）在13日均线穿越55日均线的时候，上穿均线的阳线不请自到。这是一种巧合？不，是规律使然。为什么上穿均线的阳线早不来，晚不来，偏偏在13日均线穿越55日均线的时候来？这本身已经说明了问题。我们知道，13日均线的每一次金叉穿越，都说明有一股增量资金在涌入，金叉上如有相应形态出现，更可暴露庄家的意图。一个形态的出现，意味着另一个形态的消失，而这个新形态就是股价质变的节点。

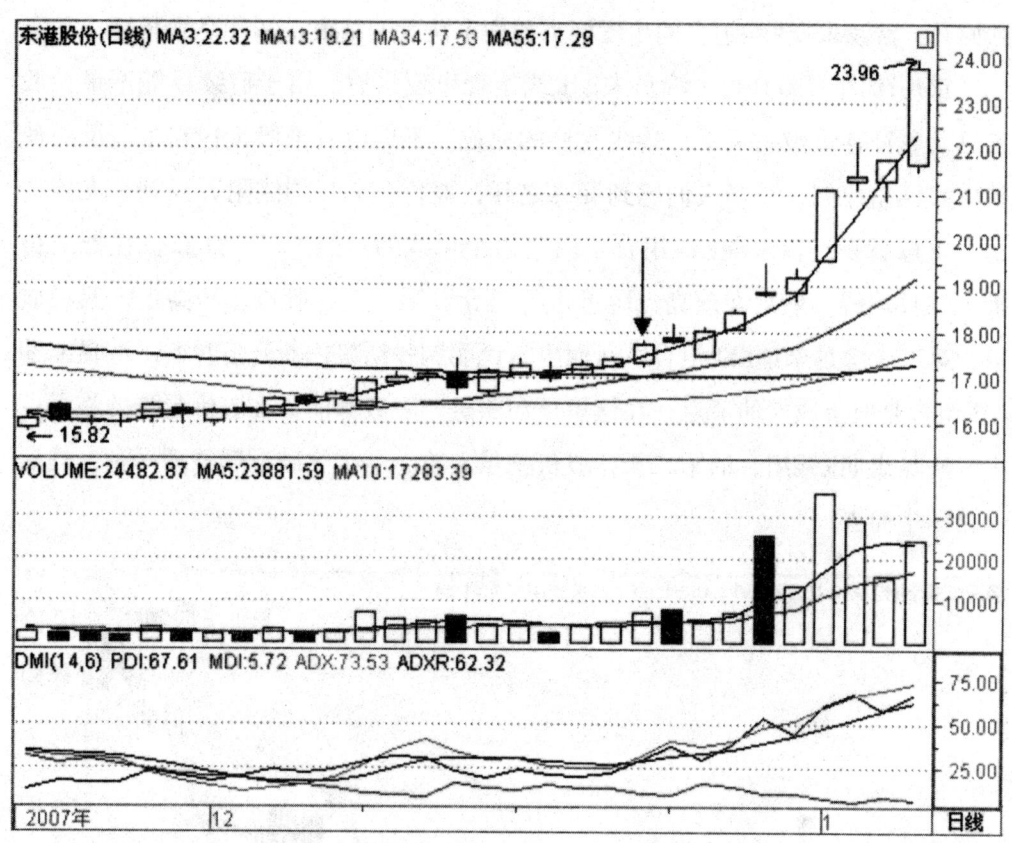

# 二十六、掌握洗盘完毕形态

　　股价在拉升途中，庄家经常采取意外的调整来清洗获利盘，但股价一般会在55日均线附近止跌企稳。洗盘末期K线组合由两根K线组成，第一根是多日回调后形成的中阴线，第二根是平开高走的覆盖第一根阴线的长阳线，这是庄家洗盘结束、新升浪开始的信号。

　　股价经过拉升，积累了一定的获利筹码，为了减轻未来的拉升阻力，庄家经常采用震仓手段驱逐获利盘，然而，庄家又不愿破坏自己的拉抬成果，因此，股价一般不破55日均线，就在人们普遍认为没有行情的时候，股价突然止跌回升，洗盘末期K线组合的出现标志着庄家洗盘的结束，新升浪的开始。

重庆啤酒（600132）洗盘末期K线组合出现以后，由于后续量能不足，股价只是象征性地敷衍一下，均线互换的完成，不但没有把股价托起来，反而使得庄家恼羞成怒，正当人们感到疑惑之际，股价在55日均线附近找到了支撑，这个支撑就是洗盘末期K线组合。由于这个阳线的量能不足，庄家仅仅把股价推上55日均线，然后在前高点附近进行震仓。第二天，股价低开高走，温和放量，第二个洗盘末期K线组合应运而生，说明调整结束，新升浪开始。洗盘末期K线组合是股价质变的节点，在这里适当跟进，一般都能买在股价起涨的临界点上。洗盘末期K线组合的第二天，股价携量上攻，一举突破近期整理平台，然后一路扬尘而去。

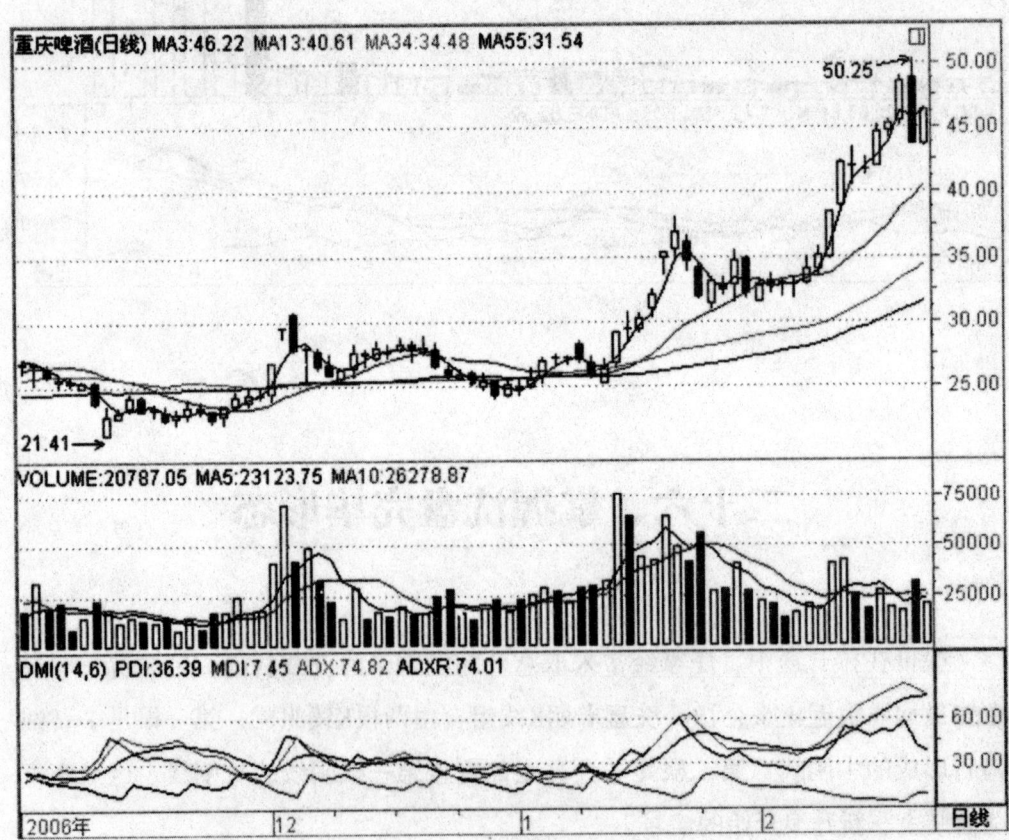

# 二十七、买在起浪点

股价经过长期下跌和充分整理以后，均线系统的下跌斜率开始趋缓并逐渐向一起靠拢，股价波幅日益收窄，在某一天，股价突然放量穿越所有均线，这是庄家展开大反攻的突出标志，是一次难得的进场良机。这根一举穿越所有均线的巨量阳线称为起浪点。

股价经过长期下跌以后，做空能量得到有效释放，成交量的日益萎缩，表明场内浮动筹码已经不多，随着时间的推移，成交量由小到大，表明有一股资金正在悄悄吸纳，而股价波幅的日益收窄，表明庄家的收集已进入尾声，如果有一天股价突然携量上攻，那一定是庄家大打出手了，快速跟进方显英雄本色。起浪点是股价起涨的临界点，从这个点位切入，一般都会获得一段可观的利润。

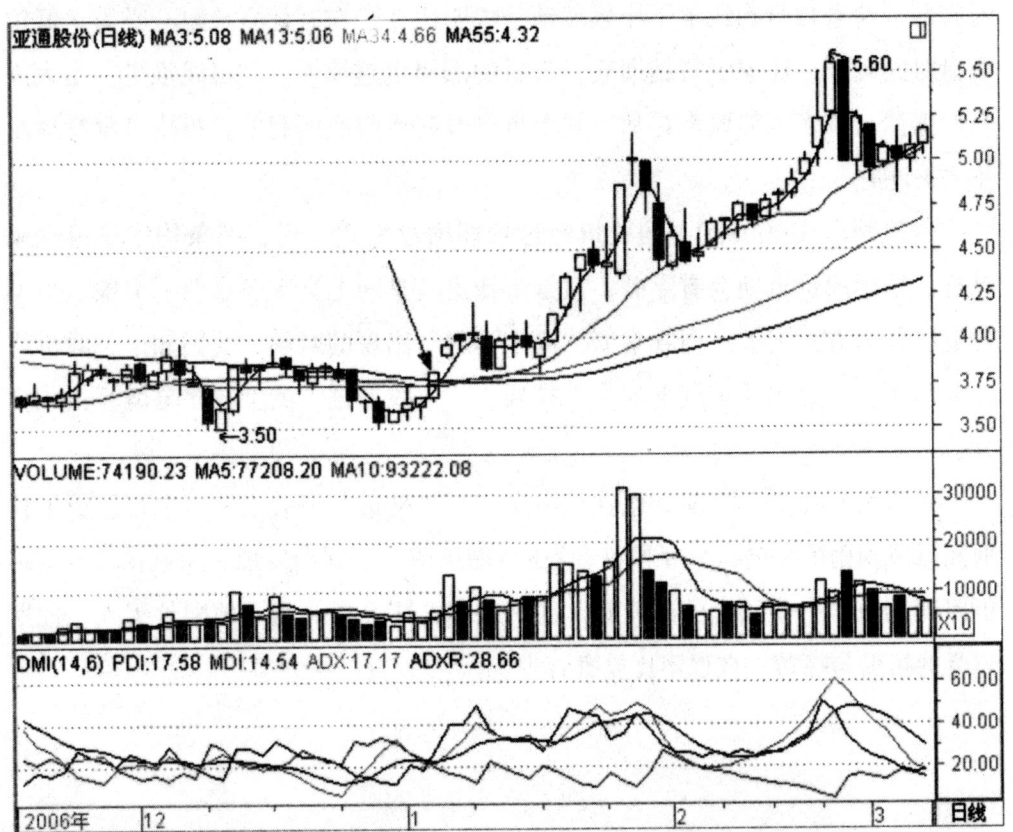

亚通股份（600692）在起浪点出现以后，股价一改过去的疲弱走势，走上升途。

# 二十八、三线推进前途无量

股价长期在底部区域昏昏欲睡，均线系统呈黏合状态或间距极小的多头或空头排列，股价始终在三条均线附近小幅波动，时间一般持续半年左右。如果有一天，股价突然出现中阳或从均线系统上突破，"三线推进"形态即告成立。"三线推进"是强势牛股的摇篮，须多加留意。中、长期均线长期水平移动，说明市场平均持股成本相当接近，多空双方力量基本趋于平衡，股价在相对底部围绕着13日均线上下小幅波动，说明庄家仍在有计划地耐心吸筹。低位横盘时间越长，庄家吸货越彻底，日后的涨幅也越惊人。"三线推进"是大黑马的摇篮，许多强势股都是从三线上冉冉升起或腾空而起的，投资者没有理由不去关注它。

一汽轿车（000800）的股价经过长期横盘整理以后，三条均线靠得越来越近，预示股价近期会有突破，只是不知道其是向上突破还是向下突破，更不知道以什么方式突破。当收集型"揭竿而起"出现的时候，我们知道，股价终于要动了。一旦均线系统形成多头排列，"三线推进"的上攻序幕就算正式拉开。

一汽轿车在走牛之前，也就是说在"三线推进"形成之前，也曾经历了长时间风风雨雨的折磨，只要投资者把K线图压缩一下就会发现，庄家花了一年多的时间构筑了一个硕大的圆弧底。在这期间，庄家极有耐心地限价买入，他所忍受的折磨与痛苦一点也不比投资者少。

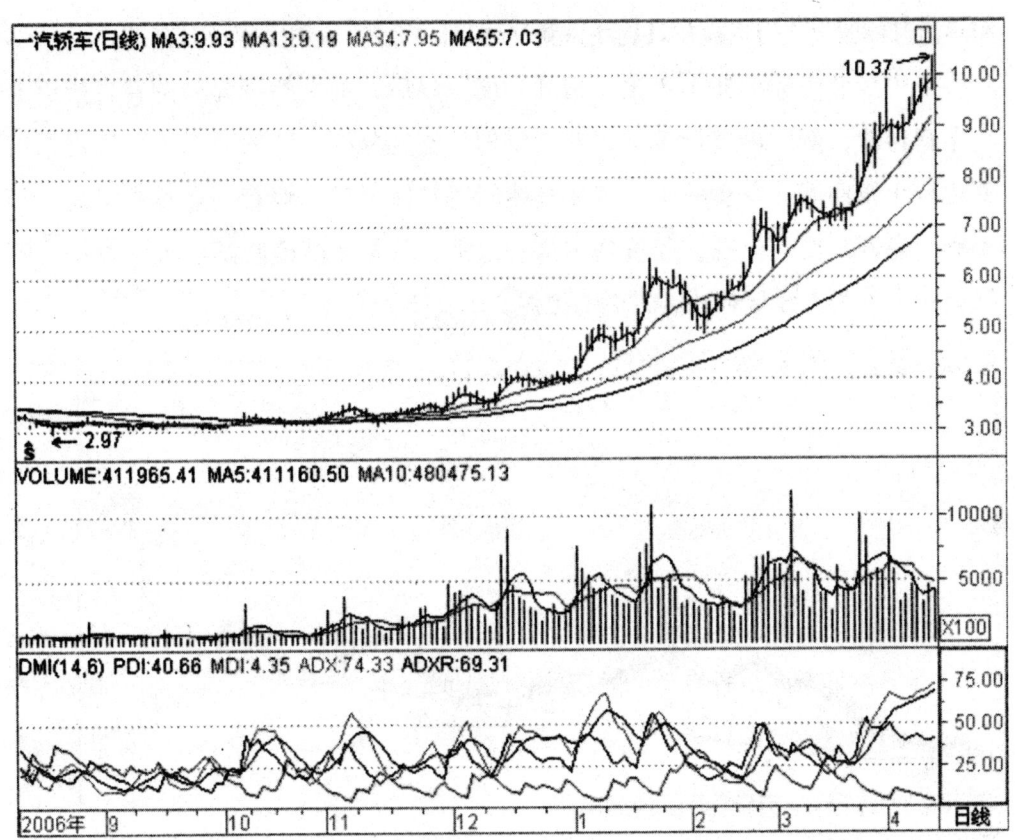

# 二十九、关注均线穿插位置

　　股价先有一波拉升，然后缩量回调，一般不破55日均线。在55日均线上，13日均线弱势下穿34日均线，随着股价的止跌企稳，13日均线又开始勾头向上二次穿越34日均线。在55日均线之上的13日均线下穿34日均线再上穿34日均线的过程称为"梅开二度"。

　　中、长期均线呈一定斜率向上爬升，说明股价仍处于强势状态。13日均线从前期高点缓缓滑落，预示盘中庄家暂时放弃拉抬，旨在消化获利筹码。13日均线弱势下穿34日均线以后，在离34日均线不远处做小半弧状运动，后在成交量的配合下，震荡盘升的股价强行提拉13日均线重新穿越34日均线，表明庄家拉升在即。

江中药业（600750）走出"梅开二度"以后，前期整理充分的就直接迈上一个新台阶，然后再进行整理，前期整理不够充分的，"梅开二度"出现以后就进行小幅回调。在实战中一定要具体问题具体分析，但有一点是肯定的，只要有"梅开二度"出现，股价基本都会上涨，只是早涨或晚涨、大涨或小涨的问题，这里的关键是对进场时机的把握。

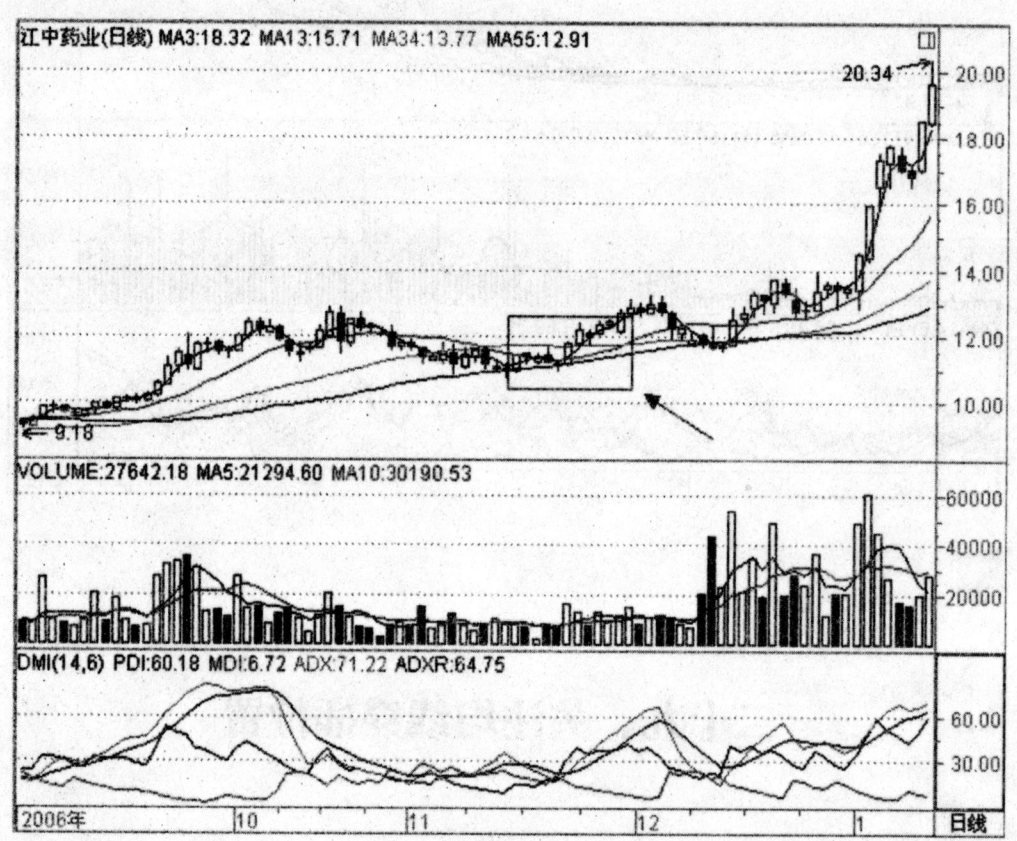

# 三十、关注起浪吹号兵

均线系统呈典型的空头排列，股价长期下跌并远离长期均线，这时，13日均线由下降趋于走平，股价从下向上突破13日均线，并且在13日均线上企稳。这根站在13日均线上的阳线称为"起浪吹号兵"。

股价的连续下跌使空方能量得到了有效的释放，导致股价远离平均成本，由于股价有向平均成本靠拢的趋势，而且远离均线的幅度越大，其回归的可能性和扭转力度也就越大。13日均线一旦由趋平或向上起翘，股价自然就会沿着此趋势运行一段时间。

美尔雅（600107）在"起浪吹号兵"之前，先后出现过两个"马失前蹄"和一个"日月合璧"，这些都是股价的见底形态。见底形态出现以后，股价可能涨，也可能不涨，但继续下跌的可能性较小。严格地讲，只有"起浪吹号兵"出现以后，才表明股价的底部被探明，才可以考虑适当跟进。

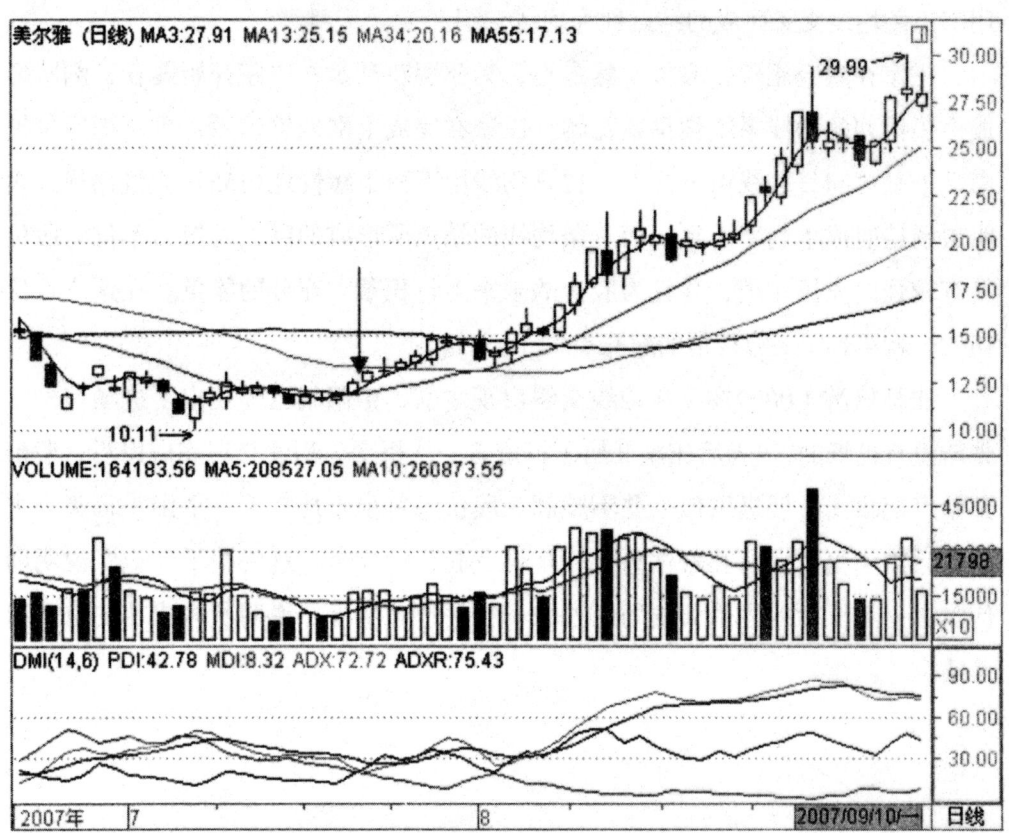

# 三十一、均线交织积蓄强势

　　股价先有一波拉升然后顺势回落，原有的多头均线系统遭到破坏，但主均线始终在右前方平行移动，后来经过股价的强行提带，13日均线由下向上，34日均线由上向下同时向55日均线靠拢。当三条线交会在一起的时候，就会产生一种市场共振，表明股价拉升在即。这个结点对未来的股价有较强的支撑作用。三条均线交叉而成的结点称为均线交织。

　　庄家在建仓尾段，股价自然走高，为驱逐获利盘，庄家开始震仓，刚刚形成多头排列的均线系统被重新瓦解。庄家在完成上涨调整以后，重新把股价推高，于是，34日均线由上而下，13日均线由下而上缓慢地向55日均线靠拢，表明市场持股成本趋于一致，而三条均线的结点所形成的巨大凝聚力不仅对股价具有较强的支撑作用，并且为股价的未来上行积蓄了充分的能量。在这个点位切入，就买到了一波行情的起涨点。

　　桂林旅游（000978）在均线交织出现之前，中阳就已经发出了进场信号，先前没有进场的，3天后庄家又给了投资者一次机会。均线交织完成以后，股价开始发起攻击，但进展似乎并不顺利。股价每每艰难地攻下一个山头，都会主动退兵二十里，安营扎寨休息上一阵再发起新的攻击。这说明了什么？说明即使掌握一只股票的生杀大权的庄家也不会一味地蛮干，说明所有成功的道路都是曲折的。

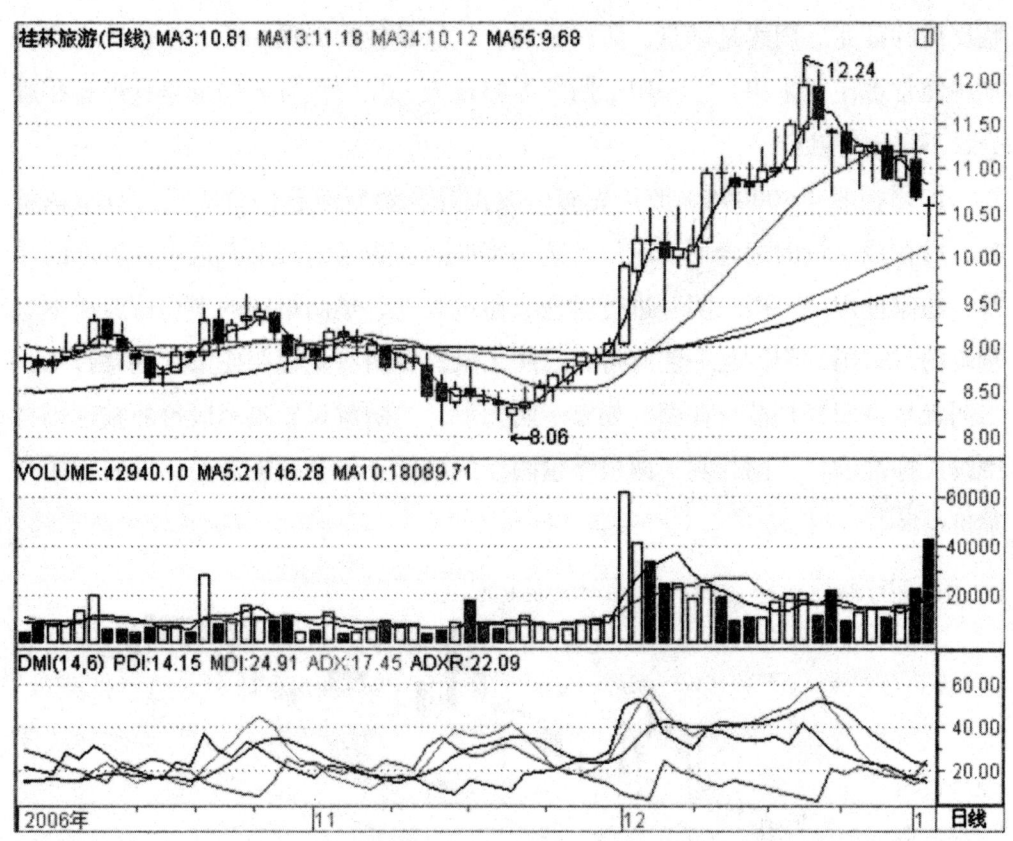

# 三十二、一阳二阴后浪多

　　股价经过长期下跌和充分整理以后，成交量开始温和放大，股价慢慢爬上55日均线，均线系统已呈多头排列，表明股价已进入上升通道，上升途中，庄家经常采用意外调整来清洗获利盘，这是股价上升过程中的暂时停顿，并非走软的迹象。

　　股价重新站上55日均线，说明有主力资金在运作，之所以不立即拉高，是为了消化获利盘，积蓄再度上攻的能量，但这种整理是温和的，不引人注目的。庄股爆发前一般都很平静，价格波动很小。价值区的日趋收窄，是股价面临突破的征兆。阳线是试盘，阴线是震仓，这是较为经典的震仓手法，在拉升途中经常被庄家采用。"一阳二阴"振幅较大。只要投资者知道这种形态是震仓，不是出货就行了。

广州控股（600098）股价先有一波拉升，然后沿着13日均线进行窄幅整理，后在成交量的配合下，股价继续小幅推高，为了清理上升途中混进来的浮筹，庄家使用"一阳二阴"进行震仓，通过震仓，垫高市场的平均持股成本。规范的"一阳二阴"是一阴有量，二阴无量。一阴有量说明庄家在刻意打压，二阴无量说明只是散户在抛。如果一阴无量，二阴放量，暗示股价的整理仍将继续。标准的"一阳二阴"两根缩量阴线的最低点不会跌破前面那根阳线的开盘价。

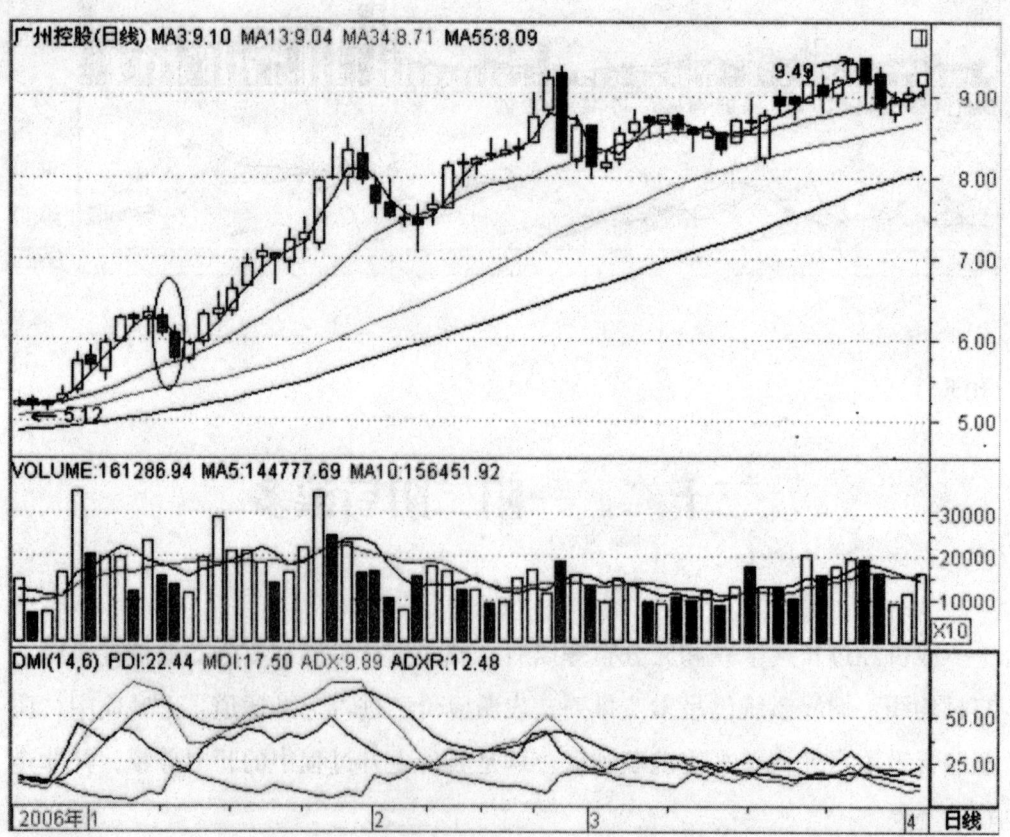

# 三十三、空中加油必有新高

均线系统通常以完美的多头排列列示，股价沿着13日均线强劲盘升，在股价的持续拉升过程中，出现两根并排跳空上扬的阴线或阳线，这是拉升途中的洗盘换手，是股价加速上涨的信号，投资者不必惊慌，股价仍将持续原来的升势上扬。股价拉升过程中出现的这两根并排跳空阴线或阳线称为"空中加油"。

制造良好的技术形态是庄家的拿手好戏，为了吸引散户跟风，所有的庄家都会努力维持良好的技术形态，为了保住来之不易的拉抬成果，庄家一般都不采取激烈的洗盘方式，但为了消化获利盘，垫高市场的平均持股成本，庄家控制着股价洗而不跌，这是典型的向上洗盘，"空中加油"出现以后，股价将进入急拉阶段，同时也预示着股价已进入顶部区域。

南京港（002040）走出中阳等形态后不但没有使股价涨起来，反而使股价出现下挫之势。如果看山是山，就会被这种表象迷惑；如果把股价的走势联系起来看，看山就不是山。因为中阳出现以前，股价的整理是充分的，股价的回调是缩量的，有节制的。庄家这样做的目的是淡化人们对中阳的热情，淡忘对中阳的记忆。

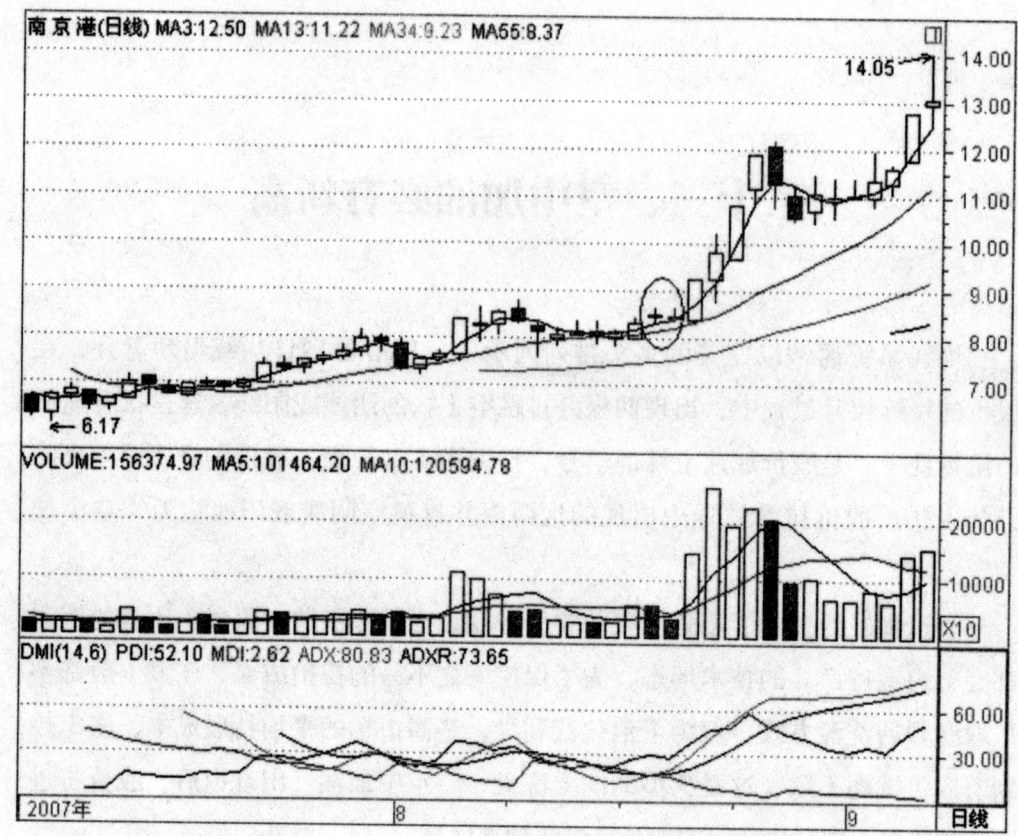

# 三十四、三剑客预示起浪在即

　　股价经过一波拉升，然后在一个狭小的股价平台里上蹿下跳，连续拉出三根高开低走的阴线，或低开高走的阳线，市场气氛极其恐怖，但股价一般都能在13日均线附近止跌企稳。股价平台上这三根持续阴线或阳线称为"三剑客"。

　　股价经过长期下跌或充分整理以后，庄家引领放量把股价温和推高。为消化获利盘，积蓄再度上升能量，庄家控制着股价在一个狭窄的整理平台上，刻意制造持续阴线，恐吓获利盘出局。这样既保住了原先的拉抬成果，又能达到清洗浮动筹码的目的。"三剑客"有阴阳之分，但市场意义并无太大差别。一

般出现在股价的上涨途中，是庄家为减轻未来拉升阻力，垫高市场平均持股成本而采取的一种震仓手段。

西宁特钢（600117）的股价经过反复筑底终于迎来了"红杏出墙"，说明股价的底部已被探明，股价站上了55日均线以后，庄家进行震仓。均线互换完成以后，股价开始加速上扬。上涨之前先挖坑，上涨之前先震仓，几乎成了庄家做盘的一种惯例，这种现象应该引起投资者足够的重视。

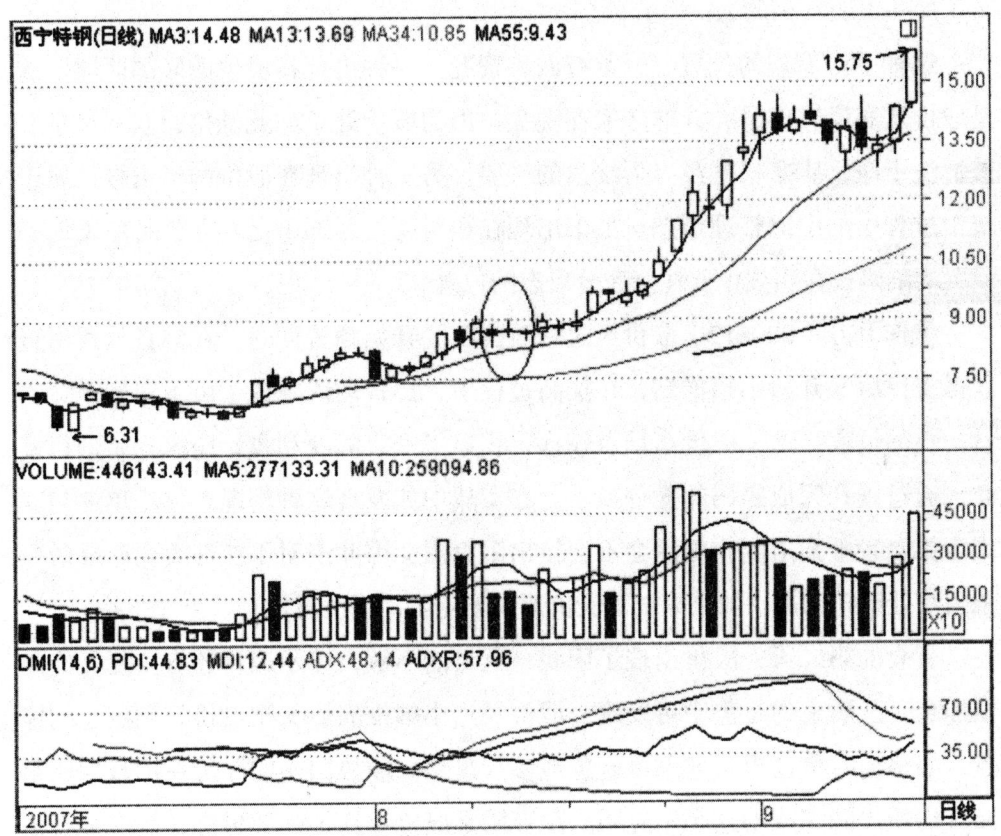

# 三十五、拿稳上升浪中的好股票

庄家在建仓过程中，股价有了一定的涨幅后，为了驱逐获利盘，减轻拉升时的阻力，庄家便开始洗盘，但又担心抛出的筹码收不回来，于是，股价在庄家的控制下高开低走，上蹿下跳，使人们在恐慌不安中抛出手中的筹码，庄家趁机接回一些散落的筹码，在人们的犹豫观望中股价或碎步盘升，或旱地拔葱，使前期出局的人后悔不已。

这作为一种震仓手段，已被某些庄家采用。相对于传统的洗盘手法来说，这种手法显然温和了许多，而且它具有时间短、振幅小、见效快的特点，只是苦了那些不明真相的人。

这种手法出现的位置，通常有两种情况：一种出现在股价的底部区域，这是股价见底反转信号，并非庄家在洗盘。因为股价处于如此低位，获利盘早已被清洗干净，庄家根本没有再洗盘的必要。另一种出现在股价的半山腰，属于拉抬过程中的中继整理形态。如果出现在相对高位，那十之八九就是庄家精心设置的陷阱，在实战中要注意区分形态的位置。

焦作万方（000612）股价经过一波拉升，开始顺势回落，在55日均线附近获得支撑后又开始小幅推高，在推高过程中，13日均线完成了由下穿到上穿34日均线的过程。由于股价离结点较远，积累了一定的获利盘，庄家开始进行震仓，通过震仓完成筹码的充分换手。在实战中如发现这种情况，可小单参与，因为投资者不知道震仓之后会不会拉出阳克阴，因此绝对不能在震仓的最后一根阴线处重仓出击。如果第二天股价形成阳克阴，可适量加仓。

震仓的第二天，股价出现了阳线，但量能不够，暗示股价还有反复，应谨慎加仓。从后来的走势中可发现，股价经过小幅推高后又把股价打到震仓的原点，如果当时重仓出击就不可避免地参与盘整。顺势回落的股价在13日均线与55日均线之间完成的这个阳克阴。阳克阴是股价重新走强的标志，是一波行情的起涨临界点。

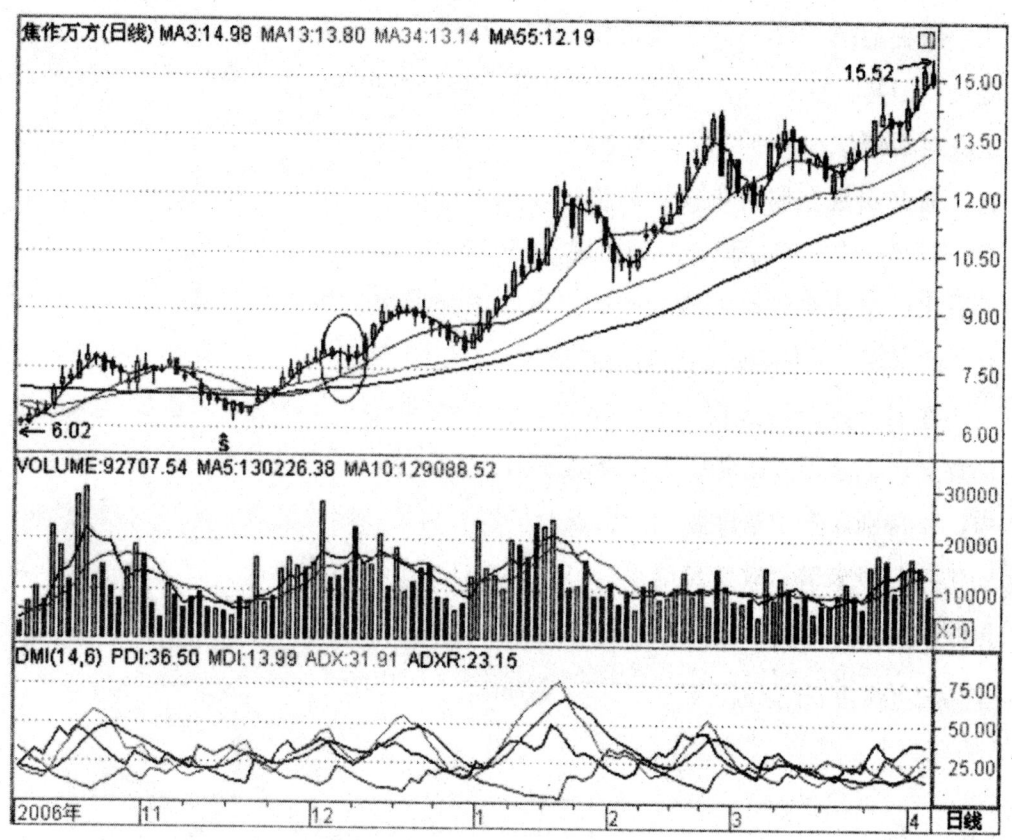

# 三十六、提防主力暗度陈仓

在拉升途中，股价莫名其妙地拉出一根缩量大阴线，但在第二天或第三天即止跌企稳，然后在成交量的配合下，股价重拾升势。这根缩量大阴线称为"暗度陈仓"。

股价经过拉升，盘中积累了一定的获利筹码，为减轻拉升阻力和以后能够顺利派发，庄家利用人们收阴线即跌的心理，刻意打压，于是，在上升途中庄家经常采用这种意外的调整来清洗获利盘，迫使人们在惊恐中落荒而逃，自己顺手再捡回一些散落的筹码。股价一般在第二天就能止跌回升。

烽火通信（600498）股价爬上55日均线以后，多空双方互不相让，各有胜负。但是，在一个回合里谁会占上风，谁会处下风，图上显示得一清二楚。上涨时柔情似水，下跌时狂风暴雨，是股价行进过程中的显著特点。"暗度陈仓"通常出现在股价小幅推高之后，庄家经常采用这种意外调整来清洗获利盘。但每一次"暗度陈仓"的出现，都会把股价推上一个新的台阶。从图上不难看出，第一个"暗度陈仓"的出现，引得股价一路攀升，第二个"暗度陈仓"的出现，又使股价创出历史新高。

在股价的行进过程中，"暗度陈仓"经常被庄家使用，知道了形态的市场意义后，就可以跟着庄家不断地高抛低吸，体验一下做差价的乐趣。在实战中，要特别注意"暗度陈仓"出现的位置，留意"暗度陈仓"出现时成交量的变化。一般来讲，成交量越小，第二天止跌回升的概率越高；成交量越大，调整的时间就会越长。

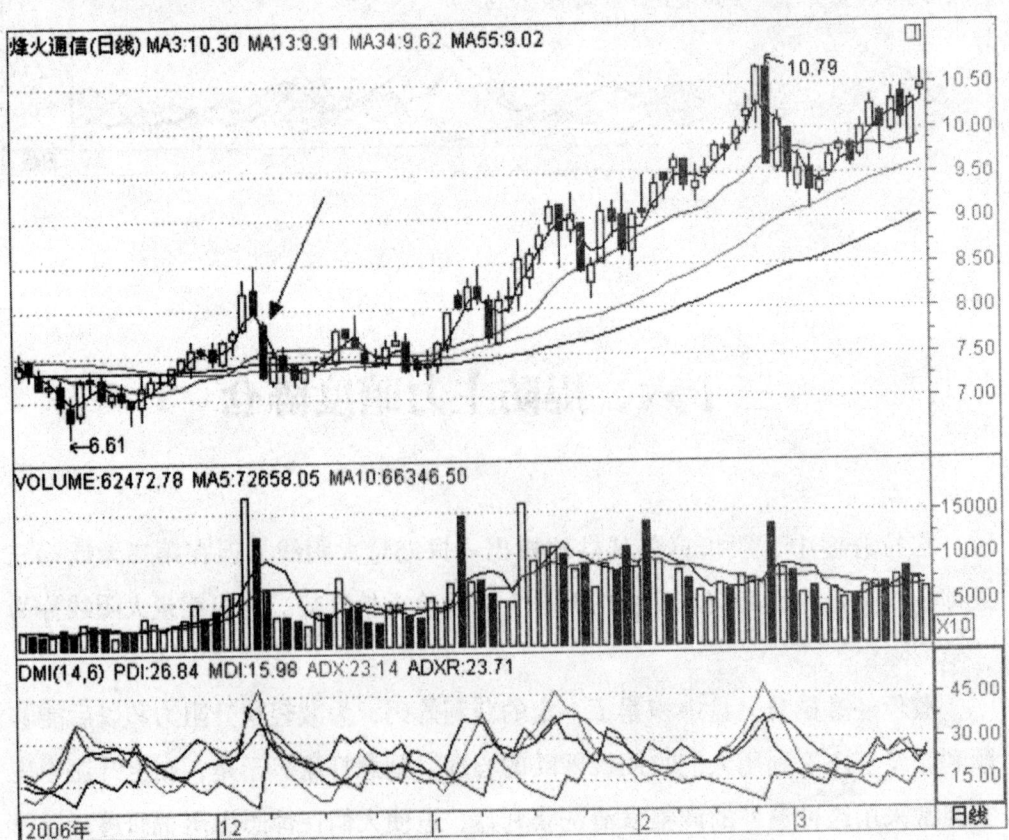

# 三十七、浪子回头金不换

　　均线系统的总趋势还保持完好，股价先有一小波拉升，然后顺势下滑，但在55日均线处获得有效支撑，后在成交量的推动下，股价重拾升势。均线系统之上的这几根连续阴线称为"浪子回头"。

　　中、长期均线依然坚挺向上，说明股价仍处在强势之中，庄家先是拉高股价，然后顺势打压，给人一种弃逃的假象，实际上，庄家利用连续下跌的阴线制造恐慌，引诱获利盘回吐，迫使短线客出局，借此达到洗盘的目的。从K线图上看，阴森的K线并未得到成交量的认可，而萎缩的成交量也反衬出"人造"的痕迹。庄家采取"浪子回头"进行洗盘，股价一般会在55日均线处获得强力支撑。

　　春晖股份（000976）股价爬上55日均线以后开始小幅推高，说明有增量资金进场，"均线互换"完成以后，表明股价的上升空间已经被打开，但股价的持续推高，也积累了一定的获利盘，如果不把这些筹码清洗出去，就会给未来的拉升制造很大的麻烦。于是，庄家开始用"浪子回头"进行清洗。遇到这种情况，先期介入的，应暂时出脱持股，然后耐心等待下一个买点的出现，持币观望的应密切关注股价的变化，然后在攻击形态出现时断然一击。

　　有人说，一旦错过最佳切入点位，以后就不知道该怎么办了。其实任何一只上升的股票都不会无休止地爬高，庄家经过一波拉升之后就会停下脚步，清洗一下获利盘，至于庄家清洗多长时间，股价调幅多大，投资者不晓得，但股价什么时候会涨，技术形态会在第一时间给投资者发出信号。

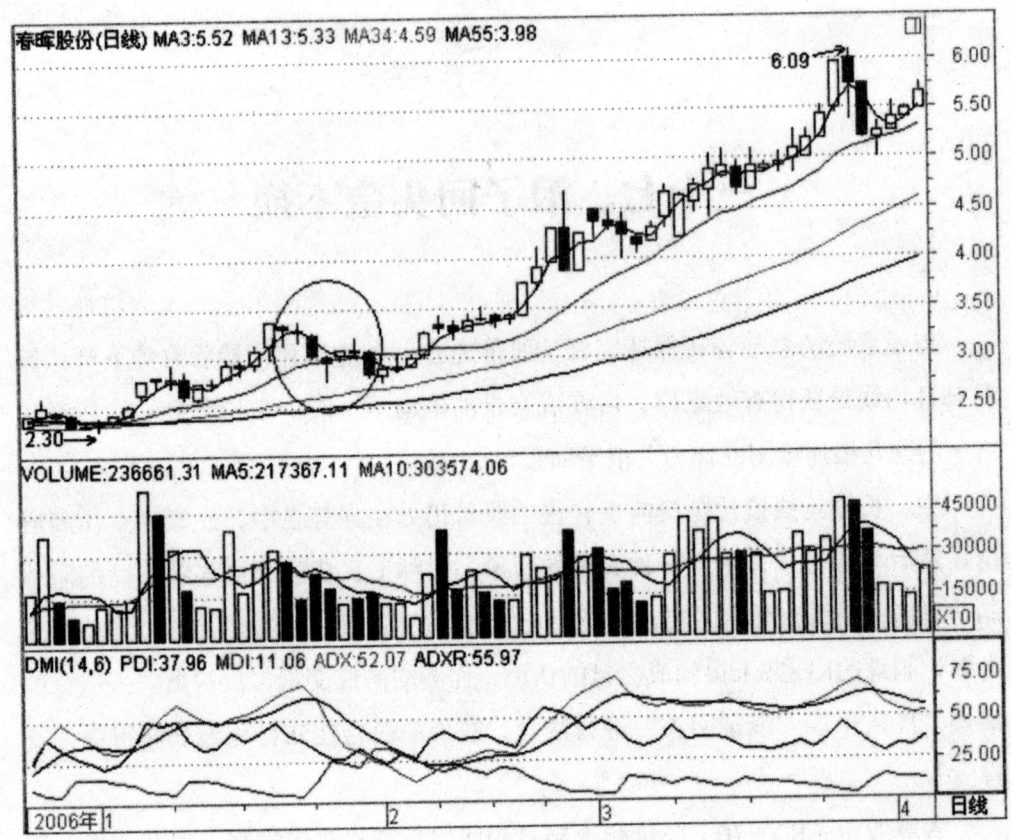

# 三十八、反向思维看洗盘

　　股价经过长期下跌或充分整理以后，突然在某一天走出中阳，表明主力资金大打出手，是行情的重大转折点。但第二天，股价又突然低开低走，给人一种形态失败的假象。其实，这是庄家刻意制造的恐慌，是为驱逐获利盘而使用的杀手锏，股价一般都会在第二天止跌企稳，重拾升势。躲在昨日阳线里面的这根缩量阴线称为"立竿见影"。

　　一般讲，中阳出现以后，股价往往会大幅攀升；但也有例外，有时候中阳的第二天，股价低开低走，开盘就给人们一个下马威，往往把人们弄得茫然不知所措。庄家的真实意图就是通过压价逼仓给人造成一种错觉和心理恐惧，然后让投资者作出错误的判断。看看递减的成交量，庄家意图就会昭然若揭，没有刚刚突破就出货的道理，那就只有一种解释，这是庄家为驱逐获利盘而精心制造的震仓。"立竿见影"是进场的良机，并非出局信号。有筹的暂时不动，无筹的轻仓试探。在多数情况下，"一阳穿三线"出现以后，股价一般会向上拉升，但也有个别庄家不按规则出牌。"一阳穿三线"的第二天，股价低开低走，给人一种形态失败的错觉，庄家的真实意图就是通过压价逼仓让人作出错误判断，然后导致错误操作。这就是"立竿见影"的市场意义。

獐子岛（002069）走出"一阳穿三线"的第二天，股价没有向上拉升，而是低开低走，吓得躲在前一日阳线里面大气都不敢出，这根缩量阴线就是"立竿见影"，庄家的意图是震仓，并非形态失败。"立竿见影"出现以后，股价小阴小阳，不露声色地在13日均线上方进行着窄幅整理，均线互换打开了股价的上升空间，一开始还不好意思涨，犹如小脚女人，一点一点往上挪，后来速度却愈发快了起来，这是股价行将暂时调整的信号，因为形态位置低，不能视为出货。

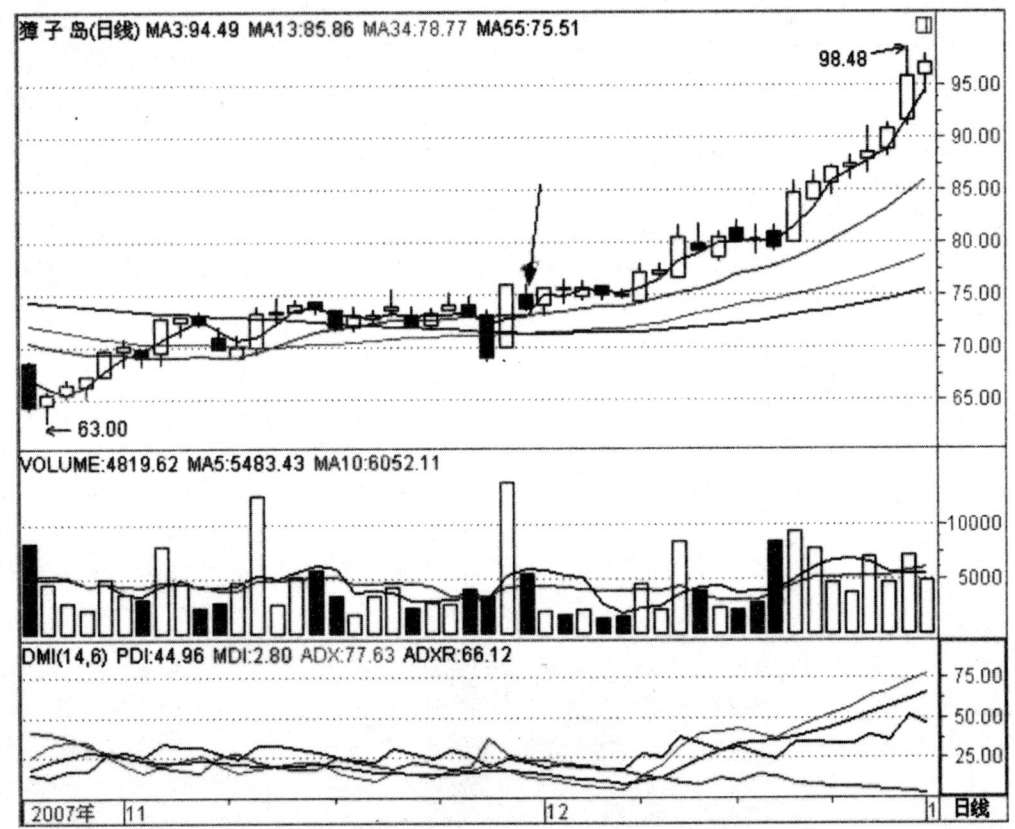

# 判断下跌浪的K线组合

# 一、高位一枝独秀要小心

股价经过上涨，在前期高点附近或绝对高位放量急拉，当天开盘后一路强攻，但留下长长的上影线，表明上攻受阻，抛压沉重，股价有调整要求。K线图上这根带有长长上影线的巨量长阳称为"一枝独秀"。

"一枝独秀"是庄家精心设置的诱多陷阱，这种利用对倒方式吸引跟风盘的做法很奏效，但庄家随后就会反手做空，甚至当天就会把跟风盘拴个结结实实。如果当天不慎落入庄家的圈套，第二天应在股价惯性冲高中抛出；否则，将遭深套，损失惨重。

股价经过持续上涨，积蓄了大量的做空能量，庄家为了顺利派发，不惜放量诱多，采用巨量对倒吸引买盘追涨，然后反手做空，庄家在高位与散户交换筹码以后，然后股价很快冲高回落，然后呈自由落体运动。

看盘经验不足的人很最容易被这种激烈的场面迷惑，有的甚至作出放量突破的误判。其实，这是庄家把筹码集中抛出。不到万不得已，没有任何一个庄家愿意拉高建仓。更何况，真正的放量突破，股价一般很少大幅回落，一般在阳线实体之上或阳线实体之内波动几天了事。凡是携量冲高后急速下跌的，说明庄家在放量诱多，股价短期内很难逾越"一枝独秀"形成的高点。

中国重汽（000951）在拉升途中，庄家边震边洗，边拉边出，这一连串的动作庄家玩得得心应手，找不出丝毫破绽，操盘技艺已达到炉火纯青的地步。跟这样的庄家一道出征，需要胆大心细，反应敏捷，既要忍受庄家的喜怒无常，又要具备坚韧的相持性，不然就有被庄家震仓出局的可能。经验表明，越是在拉升途中穷折腾的，股价就越不是顶。

该股经过一波大幅拉升发出调整信号，"一枝独秀"继续发出调整信号。仓位重的在这里就应该主动减仓了。由于这个"一枝独秀"的量不是很大，股价很可能维持震荡派发，但表面上会给人整理的假象。接下来的跌幅不大，但成交量却毫不客气地放了出来，说明庄家依然在悄悄地派发。接下来的两根阳线也是出工不出力，暗示庄家搞的是虚浪拉升。

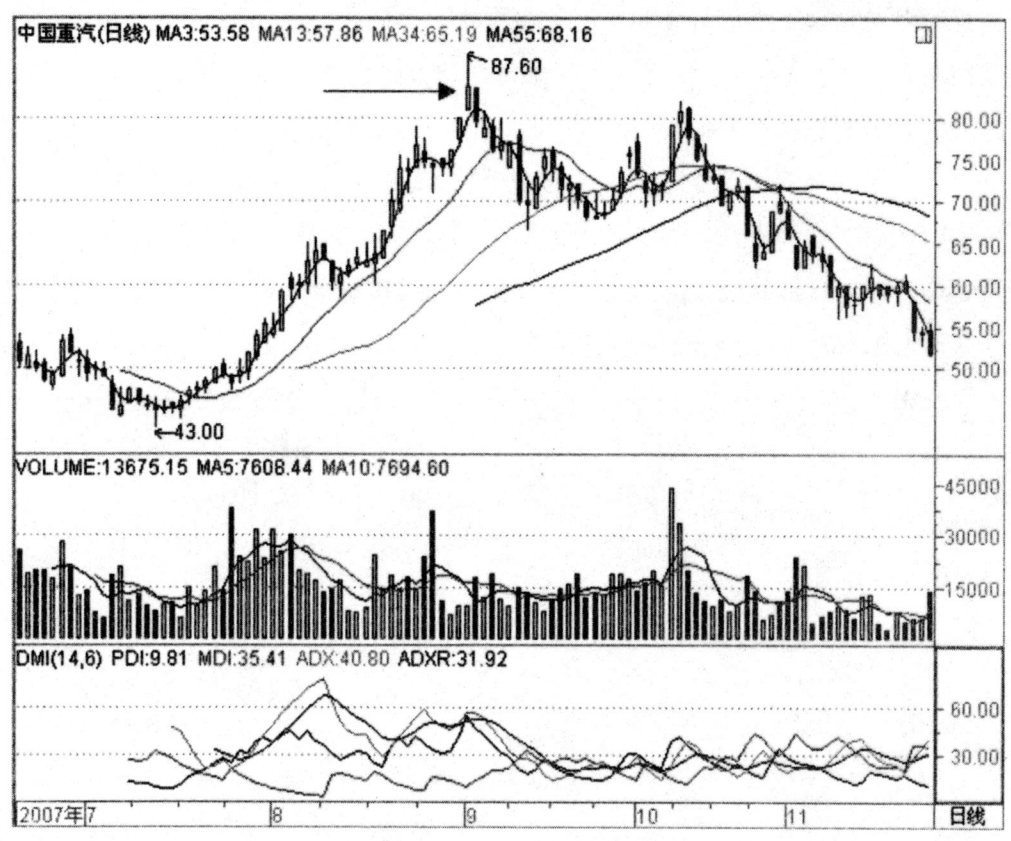

# 二、股价独上高楼需撤退

股价经过大幅扬升后，突然在某一天，股价跳空高开，且以涨停板开盘居多，然后逐波回落，主动性抛盘明显增多，表明庄家去意已决，盘中若涨时缩量，跌时增量，更是见顶信号，许多个股出现高位巨量阴线，十之八九会形成大头部，而且短期内不会再见到这根巨量阴线的高点。这根高位巨量阴线称为"独上高楼"。

　　庄家出货大多选择在行情火暴时，股价在高价区震荡，甚至有利好消息配合，成交量持续放大，但升势却显得极为凝重，一旦股价跌穿下档支撑位，呈现涨时缩量、跌时增量，说明庄家正在派发。当庄家事先预知某股有重大利空或判断大盘后市向淡时，经常采用不限价出局方式仓皇出逃，而K线图上留下的高开巨量阴线则是庄家集中派发的显著特征。

　　股价经过大幅上涨，庄家的作盘计划已基本实现，在对倒放量拉升时，庄家已派发了大部筹码，为了吸引买盘跟进，庄家继续放量诱多，在派发的尾段，往往以巨量涨停或接近涨停开盘，然后在盘中震荡出货。"独上高楼"是庄家集中派发时的显著特征，不可大意。

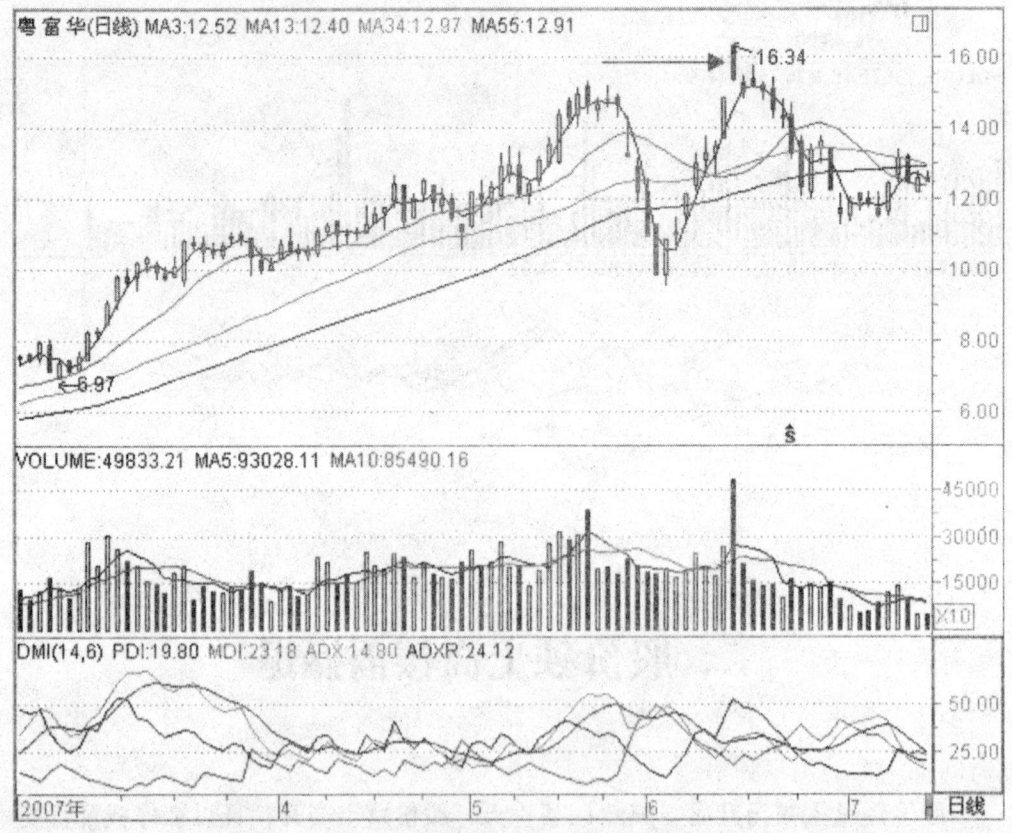

　　粤富华（000507）该股的止跌点是不规则的阴阳K线组合，之所以说它不规则，是因为它出现的位置不对和阳线没有完全把前面的阴线吃掉，但只要形态出现了就应该引起密切关注。从图上我们看到，止跌点出现以后，股价展开一波急拉，在前高点附近，又以涨停板开盘，遗憾的是，股价逐波走低，直至

收盘也没把股价收上去，其市场意义都是出货，在这种情况下，不管它是真是假，当某只个股有着潜在利好，庄家有意炒作时，一般会悄然建仓。而在大盘好转以后，如果庄家认为筹码还不够多时，有时也会把股价先拉起来，然后顺势下滑，故意做出一副冲高受阻状，此时别管有多少散落筹码，庄家都会照单全收。尽管我们知道这是庄家在压价逼仓，以后还会重拾升势，那也应在"独上高楼"出现时出脱持股，待股价调整到位后重新把筹码接回来。

# 三、涨幅过大见好就收

股价经过一波上涨之后，均线系统逐渐开始向上发散，这时先期买入的人们已有不同程度的获利，在赢利效应示范下，引来大量的跟风盘，殊不知，经过大幅拉升的股价，风险已开始悄悄地向投资者靠近。如何发现这种风险呢？当13日均线与55日均线的间距率大于10的时候，说明股价已进入顶部区域，如果又有相应的见顶形态出现，卖出信号则更可确认。这种态势称为"见好就收"。其计算公式为：

$$Y = （13日均线 - 55日均线） \div 13日均线 \times 100\%$$

在股市里，投资者经常能听到"见好就收"这样的忠告，它告诉投资者有利就走，不要太贪。然而在具体操作中，投资者早把这话抛到了九霄云外，一心想着涨呀、涨呀，结果获利不会及时了结，最后就会不赢反亏。

由于我国股市没有做空机制，若想获利就只能做多。因此，投资者把精力和时间都用在找黑马和捂股方面上了，而对股票的下跌趋势认识不足，心理准备不够，更是缺乏必要的防范手段，面对股价的突然暴跌往往感到手足无措，恐惧中除了被动守仓，几乎想不出任何补救措施。

在高抛的问题上，除了技术形态以外，投资者能否借助其他指标更准确地判断卖出信号？回答是肯定的。"见好就收"就是用具体的数字解决高抛的问题。

　　均线原理告诉我们：均线黏合在一起的时候风险最小，因为这时候市场的平均持股成本基本趋于一致。均线间距越大，风险越大，因为这时候股价面临获利盘和解套盘的双重抛压。那么，均线间的距离多大才算大呢？实战表明，当13日均线与55日均线的间距率大于10的时候，表明股价已进入顶部区域，应格外小心；如果又有明显的出局形态，阶段性顶部即可确认，应随时准备离场。

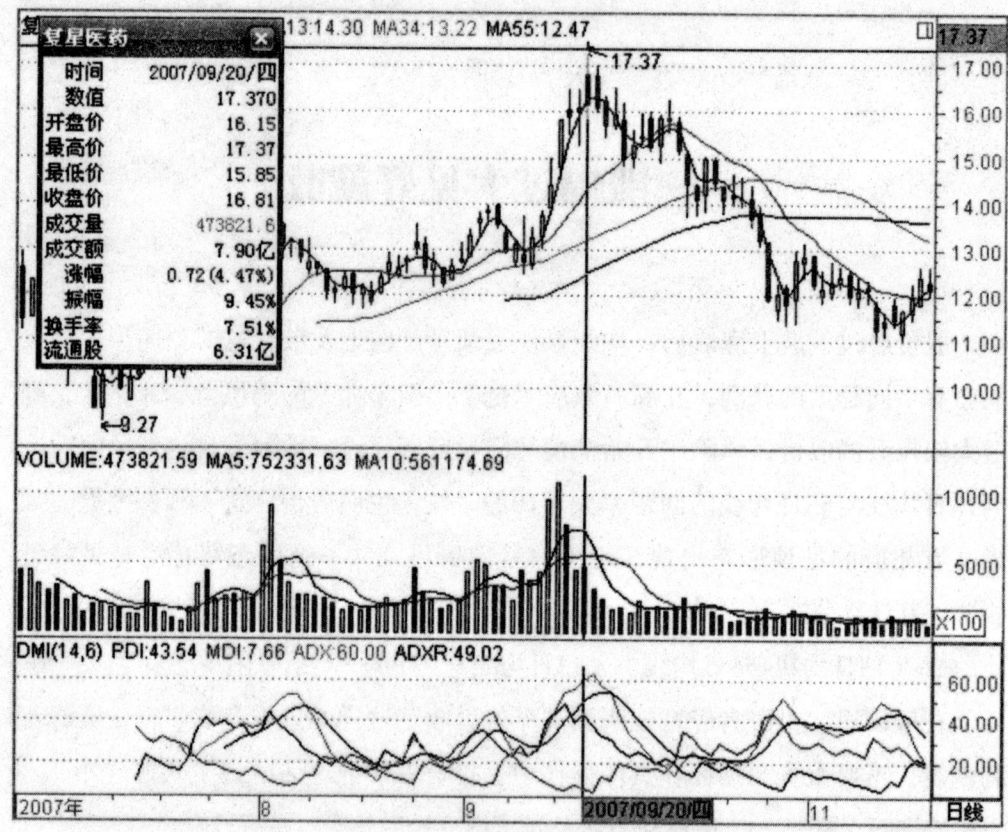

　　复星医药（600196）均线互换完成以后，均线系统形成多头排列，标志着股价的上升空间已经被打开，但由于股价离均线互换的结点较远，加上K线形态未到位，所以只能耐心等待股价止跌企稳后方可择低介入。均线互换以后，股价调整了4天，出现了阳克阴，股价小幅推高，顺势回落，在34日均线处获得支撑后进入急拉阶段，急拉后的股价使得均线开始向上发散，13日均线与55日均线的距离逐步加大，请看Y值：13日均线14.30，55日均线12.47，（14.30-12.47）÷14.30×100%=12.79%，大于10的Y值表明股价已进入顶部区域，如果

有相应的技术形态出现，股价的见顶形态更可确认。其实，在"见好就收"出现前两天，已发出调整信号，只是当时的Y值尚未超过10%，墨守成规的人往往顾此失彼，注意了Y值，却忽略了形态。

"见好就收"只是提示股价进入了顶部区域，但并不意味着要立即出局。卖出的依据是形态，Y值只是一个参照系数。在行情火暴时，Y值有时会超过20%，但只要不出现明确的顶部信号，依然可以持股待涨。

一般而言，在熊市Y值大于10，就预示着股价已经见顶，在牛市可适当放宽，放宽到没有明确的见顶信号不出局。炒股的根本是形态，量、价、线都是配合形态来使用的。

# 四、一剑封喉造就铁顶

股价经过一波拉升，突然携量上攻，股价呈加速上扬之势，但冲高回落后，出现放量滞涨，股价的上影线超出实体的5倍甚至10倍，这是较为经典的见顶形态，是清仓出局的好时机。这根带有超长上影线的巨量阴线或阳线（阴线居多）称为"一剑封喉"。

"上影线"是市场抛压的一种表现，也是庄家底气不足的真实写照（别有用心的除外）。在实际操作中，发现"一剑封喉"应毫不犹豫地抛出所持股票，无论在强市还是弱市，短期内股价一般不会再见到投资者当时抛出的价位。有些人害怕抛出后股价再涨起来，在这种情况下，应该看该股当天的放量情况，如果是巨量长阴且带有超长上影线，顶部就可进一步确认。那些封停后又被巨大抛压冲开的个股，只要图上出现"一剑封喉"的技术形态，立即出局避险，无论该股是从底部上攻还是正在持续拉升都是如此。如果投资者是中长期持股，在"一剑封喉"出现时，也应先出脱持股，然后再在相对低位把筹码接回来，这样既规避了风险，又多赚了股票。如果本身就是短线客，更应迅速撤离战场，投入新的战斗。

　　股价经过持续上扬，面临巨大获利盘和解套盘的双重抛压，庄家为了顺利出货，在拉升尾段，刻意放量诱多，吸引市场敢死队奋勇接盘，然后反手做空，股票在高位易手后，庄家放弃护盘，于是股价顺势而下。"一剑封喉"是庄家在出货时惯用的伎俩，在实战中必须引起高度重视。

　　西水股份（600291）经过一波大幅拉升之后，在相对高位又拉出涨停板，这是不祥之兆，涨停板的第二天发出调整信号，仓位重的即使不全清仓，也应作减仓处理。第三天股价平开高走，然后逐波回落，K线图上留下长长的上影线，这是冲高受阻、庄家开始阶段性派发留下的盘面痕迹。这时，不管该股以后还会不会涨，眼下先出局再说。只认指令是不够的，还要坚决执行指令。这样一来，就能够锁定利润，最大限度地回避市场风险。

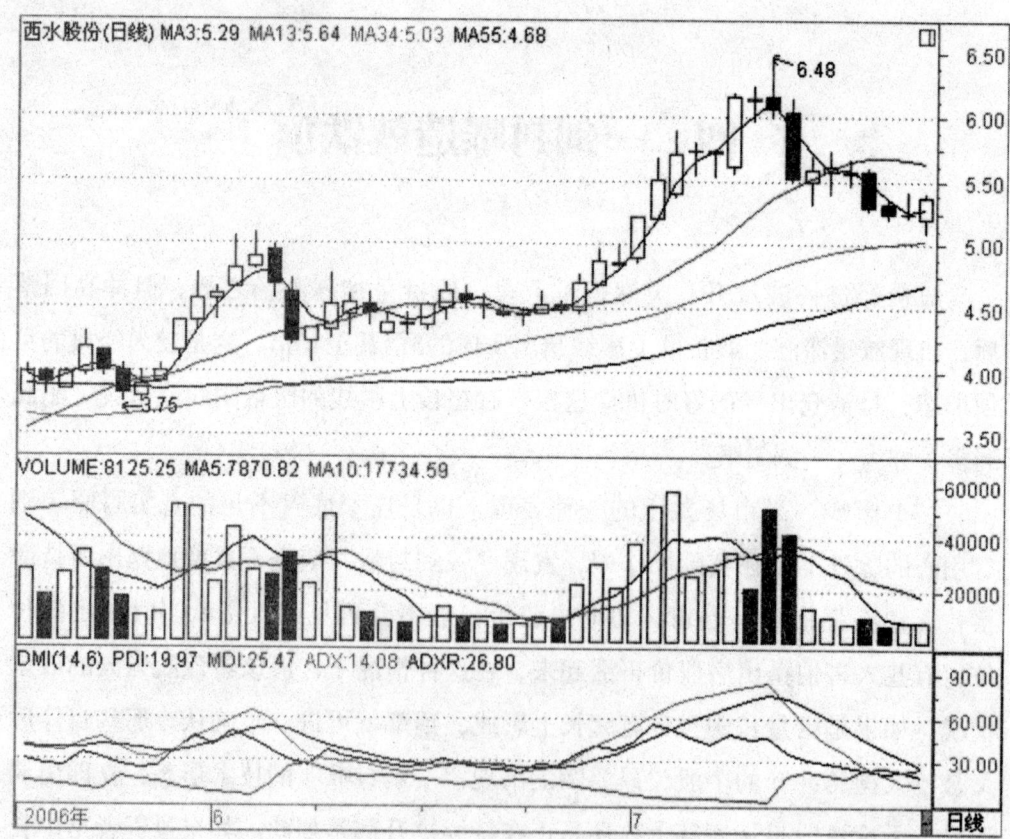

# 五、一箭穿心暴跌在即

股价在高价区震荡走低并破55日均线，中、长期均线由升趋平，13日均线开始下穿55日均线，表明庄家派发已进入尾声。股价在结点下方多以小阳报收，如果结点下方收阴线，说明该股已经没救了，更应该迅速离去。13日均线下穿55日均线的结点称为"一箭穿心"。

股价经过大幅拉升后，庄家就会伺机派发，由于仓位太重，不可能一次性地把筹码批发出去，于是就控制着股价在高位反复震荡。在派发的尾段，也就是在13日均线下穿55日均线的同时，庄家故意使K线收阳，进一步迷惑散户，碰上没风度的庄家，K线索性收阴。"一箭穿心"的出现，意味着一轮大的调整已经开始，这时候应不计成本地清仓离场，这样，尽管比前期出货多蒙受些损失，但可以保存有生力量。

华联股份（000882）的庄家还算仁义，"一箭穿心"以后还来了波小反弹。如果不领庄家的情赶紧逃命，接下来的日子纯属咎由自取。

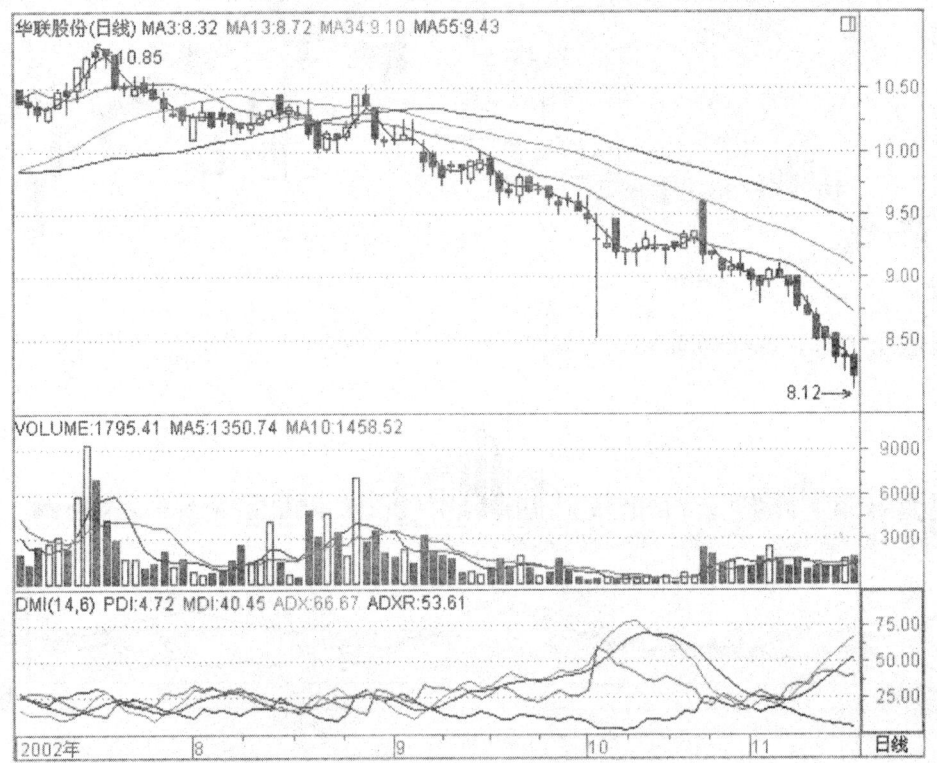

# 六、谨防主力明修栈道

　　股价经过一波大幅拉升之后，突然加速上攻，成交量急剧放大，多方力量显得极为强劲，股价当天通常以大阳线报收。这是庄家精心构置的诱多陷阱，在实战中应格外小心。这根巨量长阳线称为"明修栈道"。

　　股价扬升后，积累了一定的做空能量，为防止盈利盘获利回吐并吸引场外资金跟进，庄家刻意营造一种加速上扬的假象，引诱散户跟进，然后，在热烈的市场气氛中悄悄完成换手。这是庄家经常采用的一种出货方法，由于技术形态经过了精心包装，所以不易被人识破，因而上当的人很多。

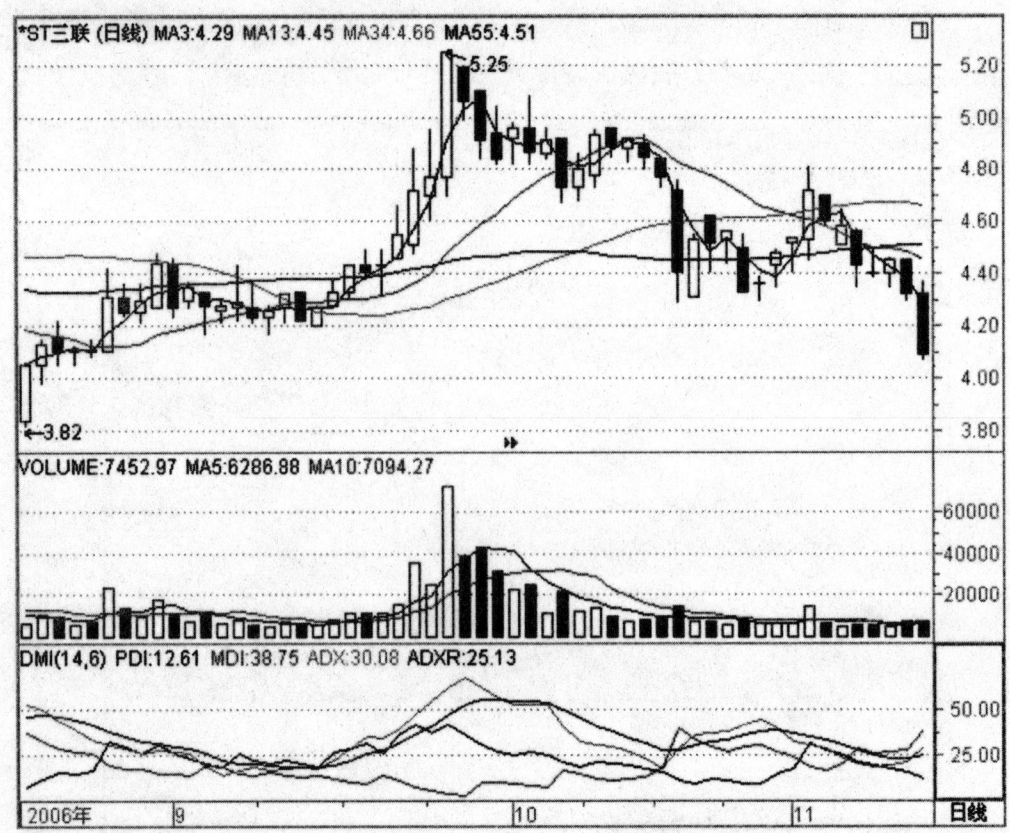

　　*ST三联（600898）的股价经过一波大幅下跌之后出现了见底信号。换言之，凡是在见底之前买进的统统被套。所以说，抄底要慢。底部出现以后，股价有了转机，先是爬上13日均线来了个中阳。中阳标志着股价的底部已被探明，于是股价朝着第二阶段出发，股价从55日均线上崛起以后，股价鼓足干劲，力争上游，然后在前高点附近拉出涨停板，给人一种势不可挡的假象。出现在初涨段的涨停板有实战价值，出现在大幅拉升之后的就是"明修栈道"，是经典的诱多出局信号。

# 七、狗急跳墙预示跌浪在即

　　股价经过拉升进入急涨阶段，突然在某一天，股价大幅跳空高开，然后放量上攻滞涨。这是庄家为集中派发而精心设计的一个诱多陷阱，如果不知是计，接过来的很可能就是最后一棒。经过一波拉升之后，在高位留下向上跳空缺口的带量阳线或阴线称为"狗急跳墙"。

　　庄家在出货时往往会营造一种良好的市场氛围，使出一些怪招，"狗急跳墙"就是非常经典的一种。股价一旦进入急拉阶段，便意味着行情已经进入尾声，为了掩盖自己的真实意图，吸引跟风盘，庄家刻意使股价跳空，制造一种向上突破的假象，然后将筹码在高位易手。"狗急跳墙"是庄家集中派发时惯用的伎俩，是股价下跌的临界点。

　　新五丰（600975）起涨前庄家又凶狠地打压了一次。但是随后股价又乖乖地爬上55日均线，然后在13日均线附近软磨硬泡，消极怠工。均线互换完成以后，情况就不一样了：股价一举突破整理格局，打开了股价的上升空间，股价自由自在地生长着。经过一波拉升后的股价，突然跳空高开，然后高举高打，直至把股价推到涨停板上。但不要让胜利冲昏了头，高位的跳空缺口是竭尽缺口，是股价的最后一涨，股价的最后一涨称为"狗急跳墙"。"狗急跳墙"是经典的出局信号，有筹的坚决清仓，无筹的坚决不进。

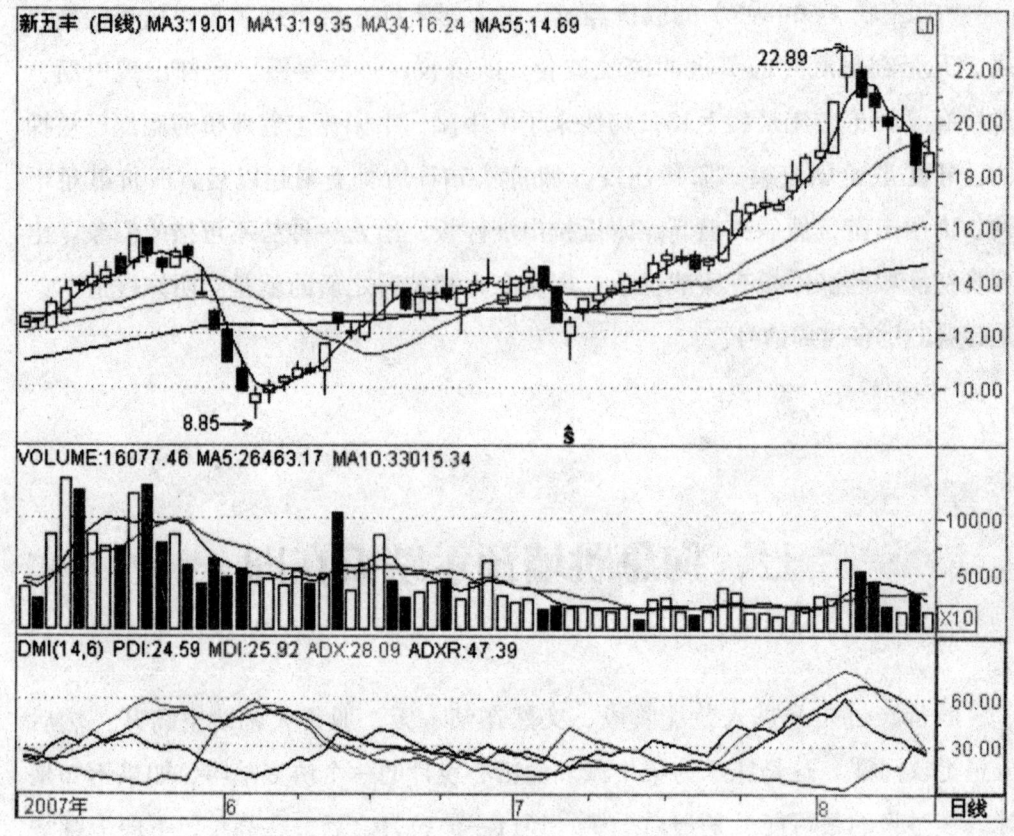

# 八、拖泥带水是假洗盘真下跌

　　股价经过大幅扬升，突然在某一天，跳空高开，以涨停板或接近涨停板开盘居多，然后逐波回落，主动性抛盘明显增多，表明庄家开始悄悄派发。由于庄家手中筹码太多，不可能一次派发出去，因此收盘前将股价强行拉起，以利于明天更好地派发，K线实体大多留下长长的下影线。这根带长下影线的阴线或阳线称为"拖泥带水"。

　　股价经过大幅拉升，庄家做盘计划已经实现，为了顺利出局，庄家往往采取边拉边派，然后在派发尾段实行清仓大甩卖。但为了掩人耳目，在收盘前强行将股价拉起，给人一种洗盘的假象。第二天，股价通常低开低走，开始是缓跌，然后逐渐加速，把套牢盘越锁越紧。

　　杉杉股份（600884）在中阳出现以后，股价在13日均线上方一路小跑，可是后来就有点不走正道了。短暂回调以后，股价开始重上55日均线，回踩以后，股价依然延续原来升势，股价势如破竹，一举扫平前高点。创新高必回调，该股也不例外，所不同的是，庄家采取的不是向下洗，而是向上洗。这个洗盘K线如果出现在一波拉升以后，其性质就可定为出货，而它出现在刚刚突破以后，所以把它定为震仓性质，震仓K线出现的第二天，股价吃掉这根阴线，说明庄家强势调整已经结束。前期没有进场的，现在不能再错过这个稍纵即逝的机会了。

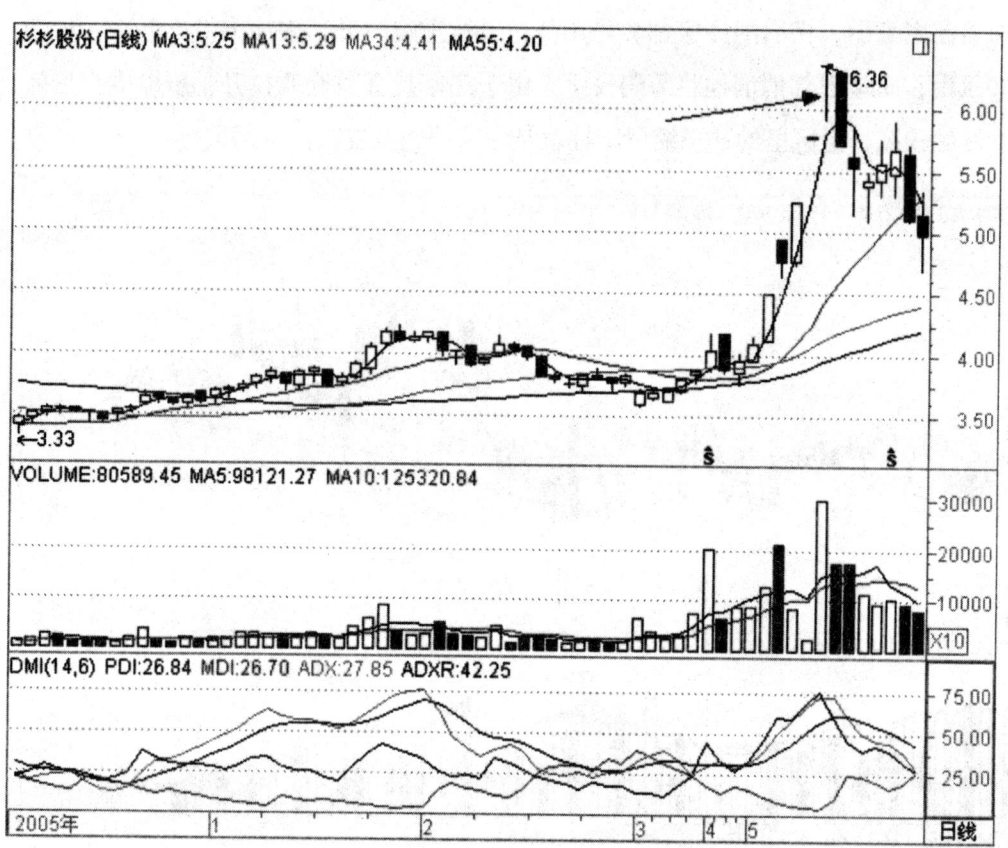

# 九、晨钟暮鼓是虚浪拉升

　　股价经过一波拉升以后，量能开始减弱，但股价依然创出了新高，表面上给人一种加速上扬的假象。其实，这是庄家刻意制造的一根诱多骗线，股价一般会在第二天反转向下。前面巨量阳柱后面的这根缩量阳柱称为"晨钟暮鼓"。

　　在拉升途中，庄家面临着获利盘和解套盘的双重抛压，为了稳住场内筹码，掩盖派发意图，精明的庄家都会采用技巧进行虚浪拉升，表面上极力制造一种做多氛围，暗地里却悄悄地将筹码易手，由于庄家是真减仓假拉升，所以成交量就会开始锐减，量区里的这根缩量阳柱就是庄家悄悄派发时留下的痕迹。

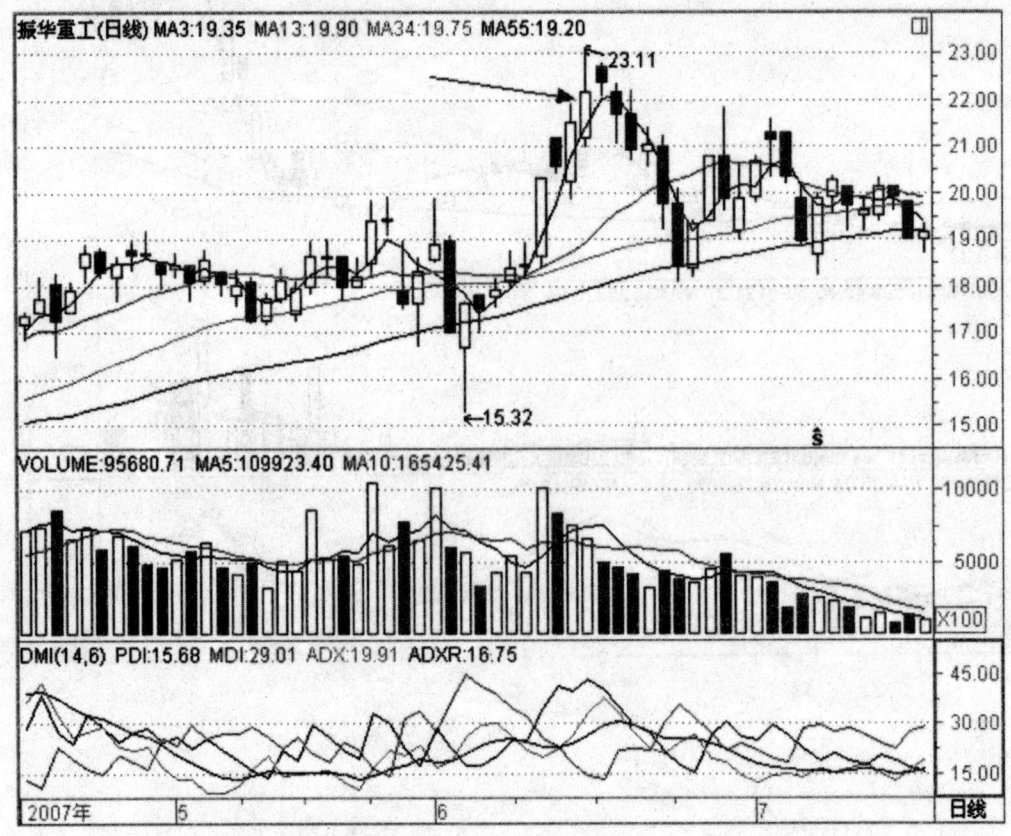

振华重工（600320）"晨钟暮鼓"出现以后，股价就开始下跌。"晨钟暮鼓"是庄家派发时进行的虚浪拉升，是诱多陷阱和出局信号。场内的立即清仓，场外的死活不进。

从理论上讲，买卖股票重要的是看形态，与持仓成本没有太大关系。可是，人们在卖股票时，不是依据卖出信号，而是根据自己是否赢利来决定。如果不能保本，即使股价跌得再狠，他们也会无动于衷，结果越套越深，最后实在吃不住劲就挥刀开斩，结果把股票卖在了地板上。买在第一根阳线、卖在第一根阴线是最起码的操作准则。

# 十、笑里藏刀最后一浪

在人们的一片欢呼声中，股价节节上扬。在股价的上扬过程中，股价冲高受阻留下长长的上影线，第二天，股价依然高开高走，但始终冲不破昨日上影线的制约，说明庄家的拉升只是在虚张声势，预示调整在即，应主动跳出界外。躲在阳线上影线里面的这根缩量阳线称为"笑里藏刀"。

在资金推动型市场，若想把股价拉上去必须凭借实实在在的买进，增量资金一旦停止买入，股价就会自然滑落，但庄家会利用技巧把股价推高一至两天，但缺少量能支持的虚浪拉升，终究无法掩盖股价即将调整的意图，因为"笑里藏刀"的庄家已经露出了杀机。

星马汽车（600375）在"笑里藏刀"出现以后，股价很快就走出大跌浪。

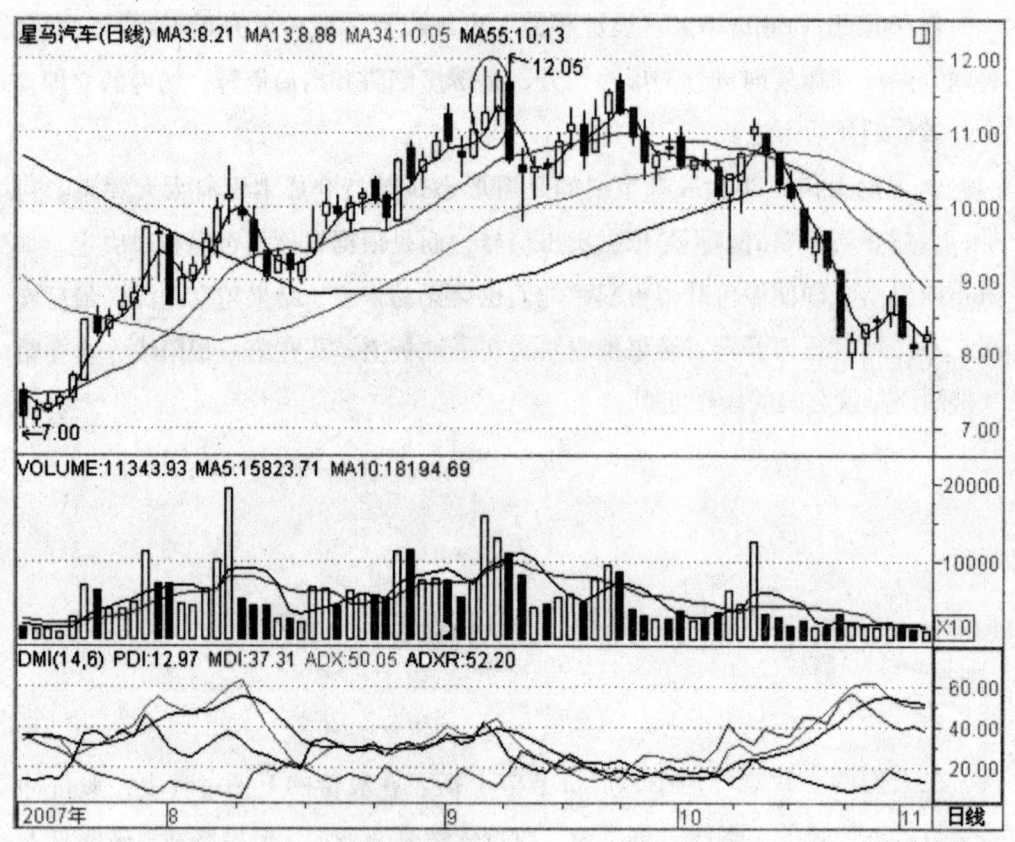

# 十一、落井下石跌浪来临

　　股价经过一波拉升之后，庄家在高位进行集中派发。为了减少抛盘压力，第二天，股价往往会低开低走，给人一种整理的错觉，其实，庄家的本意就是先用这根低开阴线锁定套牢盘，然后再慢慢进行派发。集中派发后的这根低开低走的阴线称为"落井下石"。

　　股价在上涨末段，庄家通常都会进行一次集中派发，由于庄家持仓量甚多，不可能几天内将筹码全部派发出去。为了不引起市场的集中抛压，庄家会突然拉出一根低开阴线，旨在锁定场内筹码，然后再不慌不忙地派发。"落井

下石"通常出现在集中派发之后，如果随后再出现进一步下跌，庄家的出货意
图即可进一步确认。"落井下石"是股价暴跌的临界点。

马钢股份（600808）在"落井下石"之前，已经有过两次出局信号，一个
是"一枝独秀"，一个是"笑里藏刀"。俗话说，事不过三，庄家连续3天发
出离场信号，给投资者非常富裕的出局时间。"落井下石"是股价暴跌的临界
点，"落井下石"以后，股价的跌速将会逐渐加快。

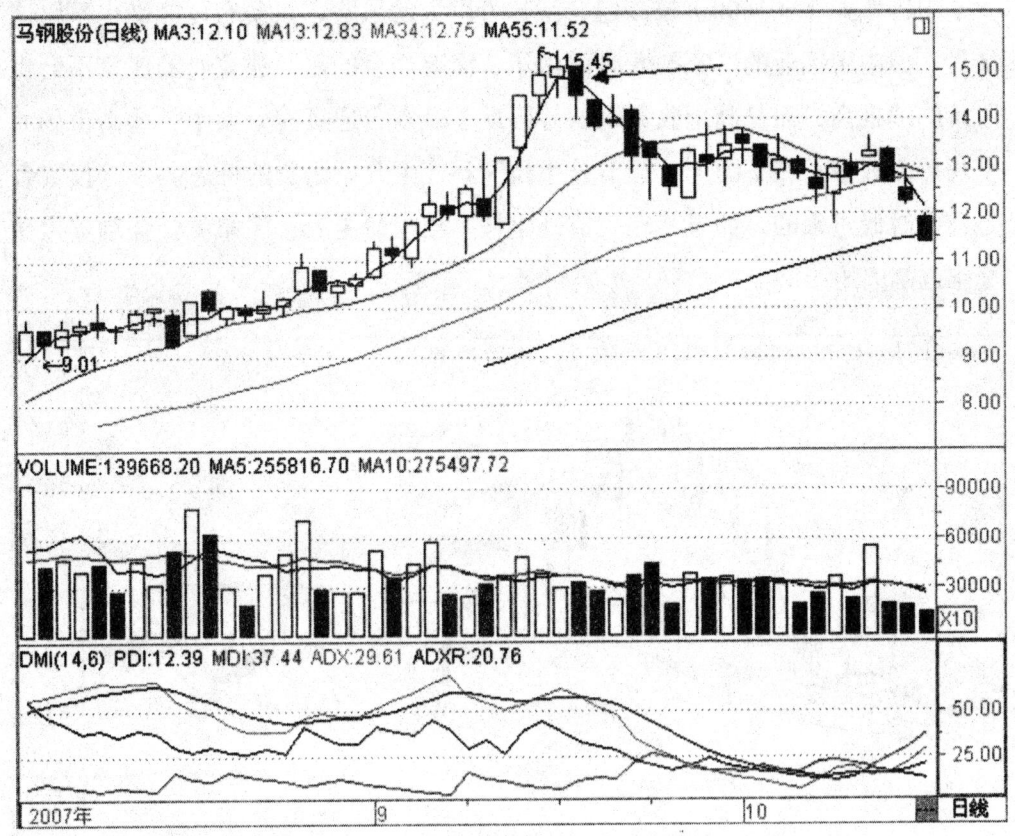

# 十二、升浪减弱节外生枝

股价经过一波拉升之后，上攻动能开始减弱，获利盘伺机出逃，为营造良

好的市场氛围，庄家通常会在最后一根阳线后面拉出一根与昨收盘相同或相近的星阳线或星阴线，这是股价即将调整的信号，应主动回避。经过一波拉升之后的阳线之后的这根星阳线或星阴线称为"节外生枝"。

股价经过一波上涨，庄家面临获利盘和解套盘的双重压力。为了垫高市场的平均持股成本，必须对筹码进行充分换手。但庄家又不想让别人识破意图，于是就作出一副强势整理的态势，引导市场进行换手。

中国铝业（601600）拉高建仓意味着巨大的风险，只要有可能谁也不愿这样做，但中国铝业的庄家拍着胸脯做了。需要注意的是，建完仓的庄家不会将股价继续推高，而是利用收集来的筹码反手做空，通过充分换手，垫高市场的平均持股成本。在下图上，"节外生枝"是庄家开始出货的标志。不管投资者是什么时候进来的，如果不在"节外生枝"出现时走人，庄家就会强制其接受套牢或割肉的结果。

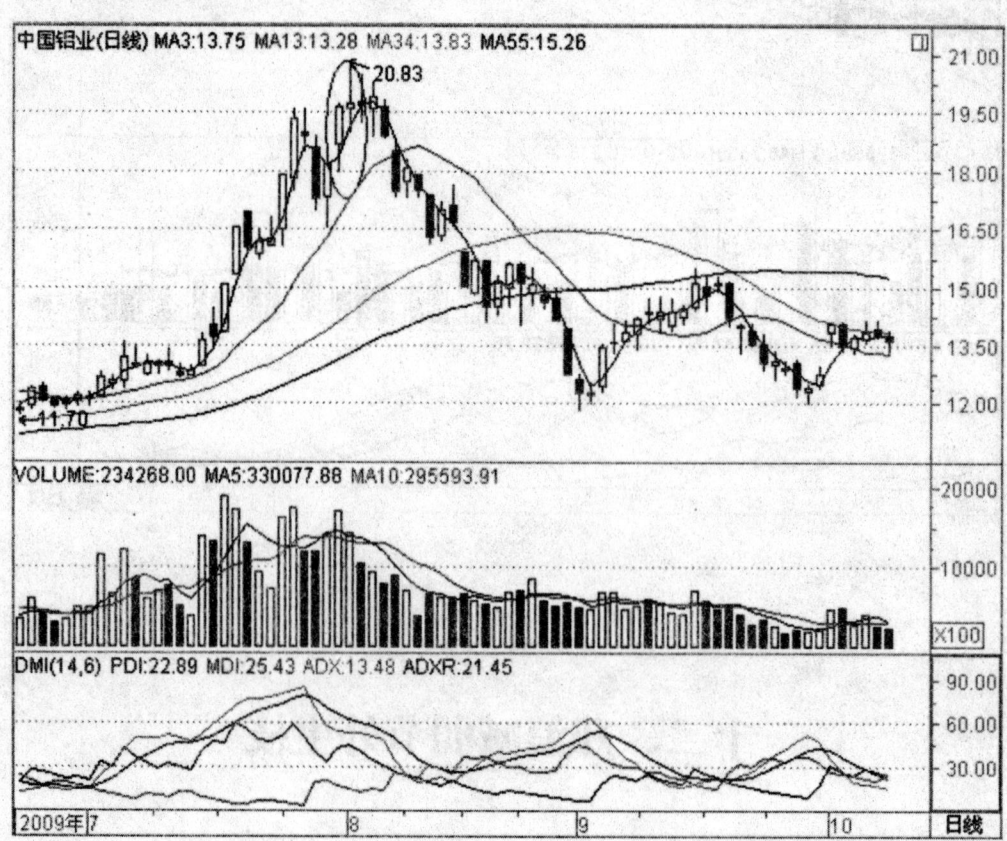

# 十三、过河拆桥筹码抛出

股价经过一波拉升之后，庄家自然要变着法子兑现利润。由于持仓量巨大，不可能一次性全都派发出去，于是就将股价维持在高位，震荡出货。由于接盘越来越少，13日均线缓缓地由翘到平，回落的股价开始下穿13日均线，这是行情进入尾声，股价加速下跌的前兆，是出脱持股的好时机。这根在相对高位下穿13日均线的中阴线称为"过河拆桥"。

庄家拉升股价的目的，就是为了在高位把它派发出去。由于庄家持仓量太大，只能维持震荡派发格局，在派发尾段，庄家放弃护盘，股价先是慢慢回落，然后加速下跌。倘若"过河拆桥"出现在大幅拉升之后，性质多为派发；出现在小幅拉升之后则是洗盘的开始。无论哪一种情况，都是股价行将调整的信号，都应出脱持股或进行减仓操作。

中金黄金（600489）股价经过一波大幅拉升之后出现了"一剑封喉"。"一剑封喉"是股价下跌的临界点，在实战中遇到这种情况，应该在第一时间清仓出局。"一剑封喉"以后，股价一直维持高位震荡，这是庄家派发时留下的盘面痕迹，当庄家派发得差不多的时候，13日均线就会开始走软，股价就会跌破13日均线，这根下穿13日均线的阴线称为"过河拆桥"。"过河拆桥"是股价新一轮下跌的开始。如果投资者没有在"一剑封喉"出现时将股票抛出，在"过河拆桥"出现时，应不计成本地杀跌出局。

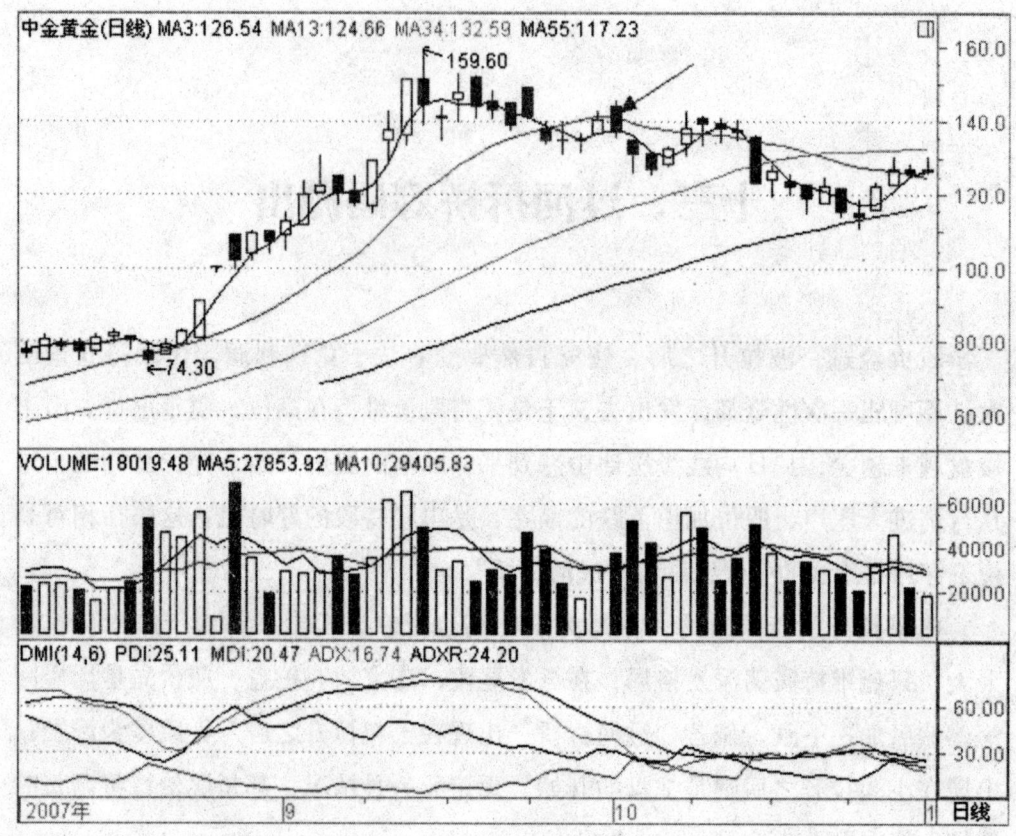

# 十四、金蝉脱壳主力出逃

在上升行情中，尤其是在高价区，出现一根平开低走或低开低走的阴线，但不破昨日阳线，显示一开盘抛压涌现，股价反弹无力，这是庄家弃庄的信号。这根躲在阳线实体内的阴线称为"金蝉脱壳"。

股价经过大幅扬升，为吸引散户全面跟进，这时，庄家往往会一边放量对倒，一边暗中派发。在出货尾段，股价跳空低开报收中阴线，量不太明显，给人一种整理的假象。实际上，这是庄家利用旺盛的市场人气悄悄地把股票在高位易手，让人们在欢乐和期盼中死去。庄家出货完毕，股价就像断了线的珠子。

中远航运（600428）在见顶的第二天，"金蝉脱壳"就出来了，表明该股的阶段性高点已经形成，但股价调整一段时间后又创出了新高，而且出现了第二个"金蝉脱壳"。在实战中，"金蝉脱壳"出现以后，股价很少有创出新高的。遇到这种情况，也应先出局，实在看好它，再找点位进去。

该股的涨跌在时间上和动作上都与大盘保持了惊人的一致。大盘涨它就涨，大盘跌它就跌，一切看着大盘的眼色行事。像这种唯命是从的跟屁虫，在股市里占有很大比重；只有少数个股另辟蹊径，走出独立行情。在表面看来，仿佛是齐涨共跌，其实个股中间早就出现了严重的两极分化。那些整理充分的、有着完美形态的个股不但涨幅大，而且持续时间长；而那些整理不够充分、形态上又有缺陷或什么形态也没有的，涨幅不但小，而且持续时间短。根据这种特点，在大盘反转向上时，应尽量选择那些形态完美的个股介入，因为有形态或形态完美的个股涨幅大，安全系数高。

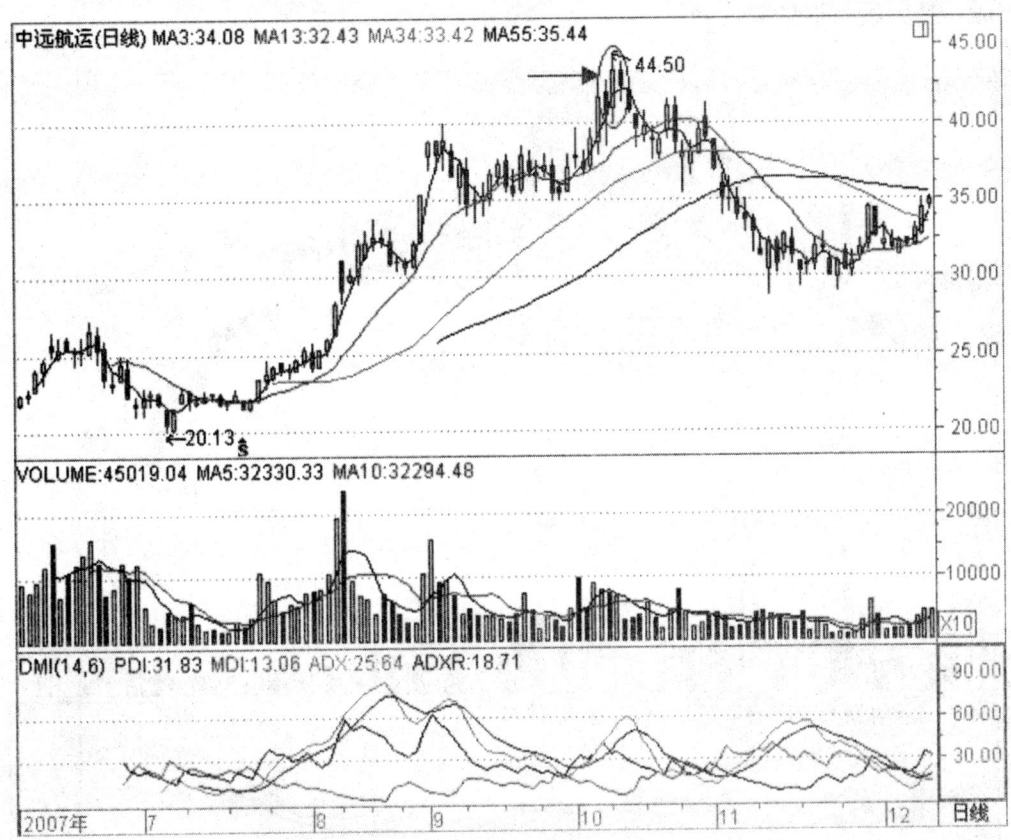

# 十五、多空歧见分道扬镳

　　股价经过一波拉升以后，开始在高位小幅震荡或横盘整理，13日均线由升趋平再到向下掉头，预示上攻能量消耗已尽，暗示庄家派发已进入尾声。此后的股价趋势将转向空方市场，主要任务是以下跌为主。13日均线下穿34日均线形成的结点称为"分道扬镳"。

　　庄家把股价拉到预期目标后就要开始派发，由于持仓量太重不可能一次把货出净，于是就在高位采取震荡出货，13日均线由升趋平，说明市场供求关系已发生变化，均线系统由携手并进演变为"分道扬镳"，标志卖方市场已经形成，是出脱持股的好时机。

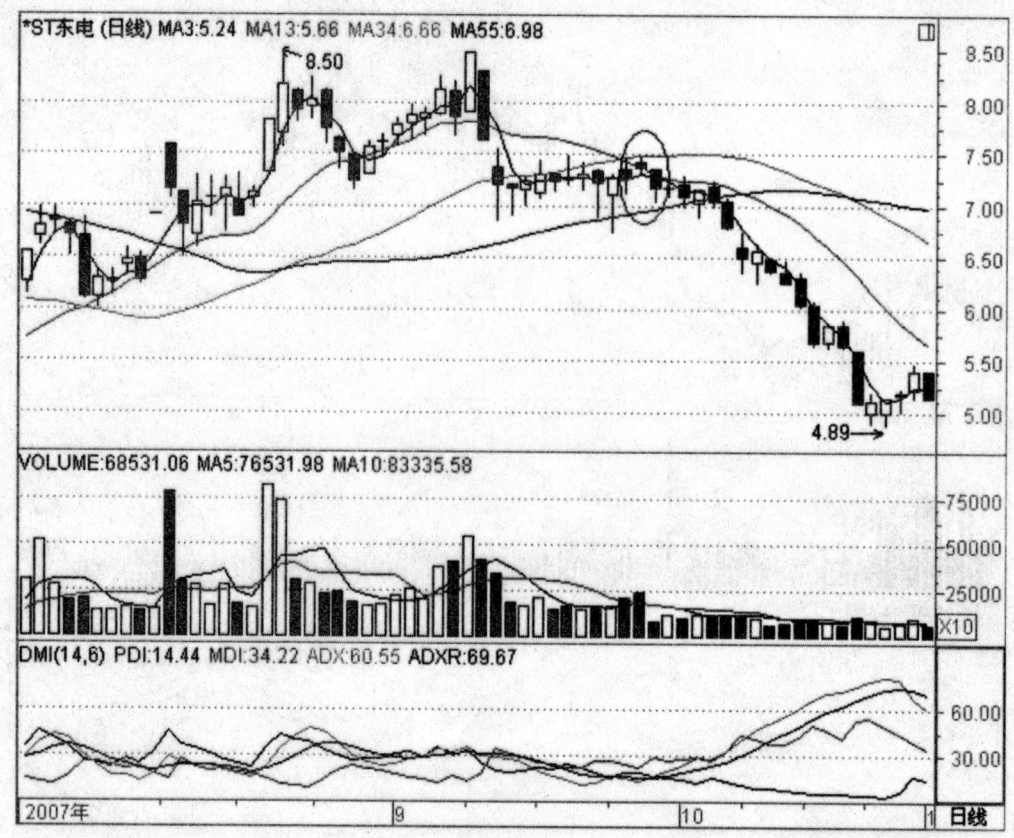

　　*ST东电（000585）股价经过一波拉升以后，庄家开始在高位震荡出货，在这中间，股价的单日见顶信号都非常明显，即使在离场信号出现当天没有及时抛出，以后还有出局机会，但需坚定抛出的决心。机会在哪里？均线系统开始"分道扬镳"，即13日均线开始下穿34日均线的时候，不管股票收阴收阳，都是抛出的好机会。卖出点位给得非常明确具体。

# 十六、大跌之际突出重围

　　股价在高价区反复震荡，庄家于震荡中分批出货，55日均线由升趋平，13日均线、34日均线由上而下向55日均线靠拢，然后在某一天三条均线打成了死结，这是股价大跌的信号，应果断地清仓离场。三条均线形成的死结称为"突出重围"。

　　庄家拉升股价是为了派发，由于持仓量太重，无法一次把货出清，于是，庄家在顶部区域反复拉升。当股价回落太多时又须护盘，维持高位震荡格局。由于庄家是以派发为主，追高力量逐渐减弱，上方抛压沉重，派发尾段，庄家放弃护盘，三条均线形成死结，表明庄家派发完毕。股价最终盘整向下，然后呈阴跌走势。

　　上海三毛（600689）庄家的派发是一个过程，因为庄家必须硬着头皮维持高位震荡格局，这就为投资者离场提供了非常从容的抛出时间。当庄家的派发进入尾声时，股价会逐渐走低，13日均线开始扭头向下，当三条均线在股价的下跌途中交汇在一起的时候，市场将会产生一种共振，此后，股价将会进入加速暴跌阶段。所以，发现三条均线打成死结的时候，要毫不犹豫地"突出重围"。

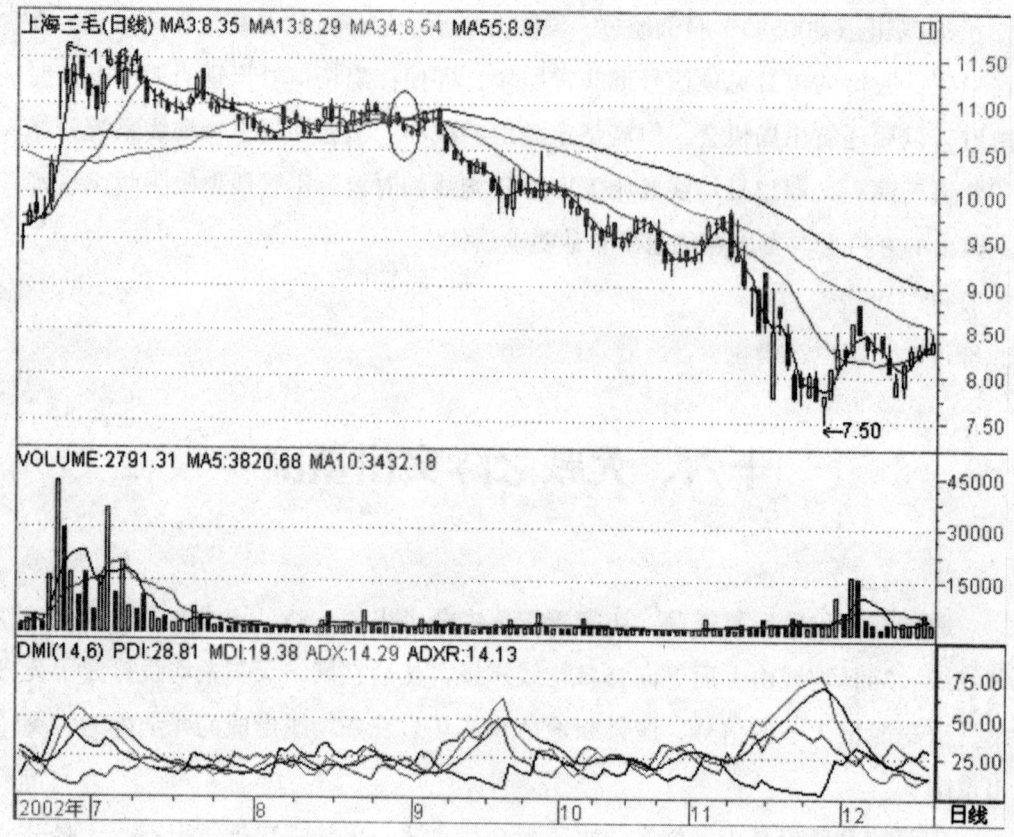

# 十七、一阴破三线果断离场

　　股价经过一波上涨之后，13日均线由翘趋平，股价依次跌破13日均线和34日均线，然后在相对高位维持震荡格局，均线系统逐渐向一起靠拢，突然在某一天，股价跌破所有均线，这是股价暴跌的前兆。这根跌破所有均线的阴线称为"一阴破三线"。

　　股价经过一波拉升之后，做多能量逐渐减弱，表明庄家由多转空，13日均线由翘趋平，表明庄家在悄悄派发，而均线系统的日益收拢，说明庄家的派发已进入尾声，如果有一天股价跌破所有均线，即可认定是庄家的清仓大甩卖。

急流勇退是最佳选择。"一阴破三线"是股价暴跌的临界点，切不可掉以轻心。

红豆股份（600400）庄家经过一段时间的震荡出货，股价最终还是选择了向下突破。"一阴破三线"是股价暴跌的临界点，是庄家清仓大甩卖的显著标志。"一阴破三线"之后，股价就像断了线的珠子，撒向人间都是愁。下跌途中的股价每次触摸13日均线，股价就会下跌一个新的台阶，因此说，下跌途中的股价每次上摸13日均线都是一次难得的出局机会。

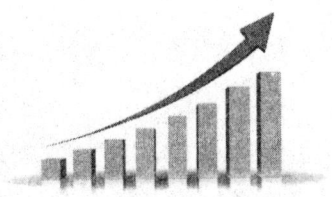